6/11

Brillante
en los .
negocios

SORPRENDENTES LECCIONES
DE LOS **MAYORES ICONOS**
EMPRESARIALES QUE SE
HICIERON A SÍ MISMOS

*Cómo
crear riqueza,
gestionar su
carrera y tomar
riesgos*

Brillante
en los.
negocios

Lewis Schiff

HarperCollins *Español*

Editora en Jefe: *Graciela Lelli*
Diseñado por: *Fritz Metsch*
Traducción y adaptación del diseño al español: *Ediciones Noufront /
www.produccioneditorial.com*

ISBN: 978-0-82970-161-6

Impreso en Estados Unidos de América
15 16 17 18 19 RRD 9 8 7 6 5 4 3 2 1

Nota del autor
y agradecimientos

Empecé a trabajar en este libro a inicios de 2009, justo cuando el mundo comenzaba a entender la envergadura completa de la crisis financiera que tuvo lugar tan solo unos meses atrás. Resulta que 2009 puede muy bien llegar a ser considerado como un hito histórico, marcando el fin del período más largo de expansión económica de que esta nación haya disfrutado nunca. Durante más de medio siglo, remontándonos a la Segunda Guerra Mundial, los estadounidenses podían seguir con seguridad un mapa definitivo hacia la prosperidad: obtener un título universitario, encontrar un trabajo en una buena empresa y trabajar lo suficientemente duro como para cubrir el seguro y una feliz jubilación. Este escenario común ya no es viable. Hoy, existen demasiadas presiones —expectativas mayores de vida, costes de salud crecientes, agotamiento de recursos naturales y globalización, por nombrar unas cuantas— que se ciernen sobre esa pintoresca idea.

En cambio, a medida que el mundo continúa volviéndose más complejo, también deben hacerlo nuestras estrategias para el éxito. Ha llegado el momento de restablecer nuestras metas y los modos por los que las obtenemos. *Brillante en los negocios* es la historia de cómo se construye ahora la riqueza. Retrata las historias de los mayores éxitos de nuestra época porque esa es la manera en que las buenas historias son contadas. Nadie quiere leer sobre el tipo que arriesgó su coraje para pedir a su jefe un aumento del cinco por ciento. Más bien leeremos sobre las exóticas aventuras de Richard Branson para levantar un imperio global. Pero no nos equivoquemos: tú, lector, y Sir Richard o cualquiera de los restantes grandes hacedores de fortunas presentados en este libro están en el mismo barco. Cada uno de nosotros debe imaginar cómo utilizar nuestros procedimientos, comportamientos, temperamentos y aptitudes para crear seguridad financiera para nuestras familias y para nosotros mismos. Aunque esto nos conducirá a diferentes resultados para cada uno (porque todos estamos capacitados de distinta forma), el proceso es básicamente el mismo.

Los siete principios para la creación de riqueza identificados en este libro no tratan solo sobre cómo hacerse rico, aunque para algunos de sus lectores será precisamente lo que ocurra. Tratan acerca de reorientar nuestras prácticas a la hora de desarrollar nuestras carreras en el mundo donde vivimos actualmente. El capítulo primero comparte unas cuantas historias de personas que tuvieron la voluntad de contemplar las viejas creencias con nuevos ojos. Este es el primer umbral que debes atravesar con el fin de alcanzar la seguridad financiera en la nueva economía y tu primer indicio de cómo te irá en este viaje.

Hay muchas personas a las que dar gracias por la información que encontrarás en este libro. Los últimos seis años han estado entre los más excitantes de mi vida en términos de mi propia educación como empresario y de creador de riqueza. Mis profesores incluyen al colaborador de mi anterior libro, Russ Alan Price, y a todo el equipo de la revista *Inc.*, en especial Bo Burlingham y Bob LaPointe. También los grandes emprendedores que forman parte de la comunidad *Inc.*, incluyendo a Norm Brodsky, Jack Stack, Paul Spiegelman y el resto de los «Pequeños Gigantes». Muchas gracias a Arthur Klebanoff por proporcionarme buenos consejos y a Hollis Heimbouch por ver las cualidades de esta historia al instante y con decisión. Y a Noel Weyrich por su inquebrantable compromiso con la excelencia.

Por último, me gustaría trasladar mis más profundos agradecimientos a los increíbles emprendedores que forman el Consejo de Propietarios de Negocios de *Inc.* Ellos me han enseñado lo que significa ser brillante en todo lo que haga.

Contenido

1

"Brillante en los negocios"

➤ El entrenador que quebró el código futbolístico

El fútbol es un juego de guerra. A los seguidores les gusta verlo porque cada partido tiene un ganador y un perdedor: no hay tablas. Pocos han encarnado esa singularidad tan plenamente como Joe Gibbs, el legendario entrenador de los Washington Redskins. Gibbs era tan apasionado de la victoria que se sabe que dormía en su despacho durante la temporada, tal era su dedicación al entrenamiento. Sus cuantiosos triunfos en la Super Bowl y un promedio en su carrera de .683 (solo por detrás de Vince Lombardi y John Madden) le hicieron ganarse un hueco en el salón de la fama del fútbol profesional y la lealtad de todos los aficionados a los Redskins. Charley Casserly, célebre analista de la NFL para la CBS y anterior director general de los Redskins bajo el mando de Gibbs, le nombra como «probablemente el mejor entrenador en la historia de la liga».

Entre las muchas facetas para construir un equipo de éxito está identificar el talento emergente y los ojeadores de Gibbs, como otros pertenecientes a los equipos de la NFL, rastrearon los campos de fútbol del país buscando a la próxima nueva promesa. Pero Gibbs estaba frustrado con las limitaciones de los exámenes tradicionales de aptitud que se usaban ampliamente, incluyendo los de selectividad, para medir las habilidades de los jugadores potenciales.

«Buscábamos un examen que no fuera únicamente educativo», dice Casserly. En otras palabras, uno que no dependiera de leer y escribir, dos tareas que se emplean poco en el campo, en un juego donde se gana o se pierde en base a decisiones tomadas en décimas de segundo.

Comenzando en 1984, Gibbs trabajó con los especialistas en visión Harry Wachs y Ron Berger, optometristas de la Universidad George Washington, para desarrollar una nueva prueba que pudiera ser adaptada a las aptitudes singulares que se requieren para el triunfo en el fútbol americano. Gibbs conoció al doctor Wachs cuando trató con éxito a su hijo, mejorando tanto su actividad escolar como la futbolística. Para diseñar el test, Gibbs ofreció a Wachs y Berger a cuatro de sus mejores jugadores, aquellos que él creía instintivamente que sabían cómo hacer la mayoría de las jugadas, a modo de prototipos para las capacidades que el examen debería identificar.

«Nos especializamos en la visión, no solo en la vista». Así es como el doctor Wachs, ahora retirado, describía su campo de estudio. «Por ejemplo, ¿conoces la expresión "Ya veo lo que quieres decir"? Pues eso tiene que ver con la visión». El examen Wachs-Berger que ellos crearon evaluaba la visión, la coordinación, la motivación y la habilidad del jugador para permanecer calmado bajo el estrés.

Los Redskins se beneficiaron del examen Wachs-Berger porque calibraba la capacidad de un jugador para pensar durante un partido, mientras que los test tradicionales solo medían la capacidad del jugador para pensar, nada más. «Digamos que estás defendiendo», dice Casserly. «Hay un ensayo y un jugador está en movimiento. Ahora cambian las jugadas y los jugadores tienen que visualizar ese cambio en conjunto». Los ojeadores del equipo viajaron por todo el país con un conjunto de herramientas Wachs-Berger compuesto por unas gafas que distorsionaban las líneas de visión y unos pequeños bloques y otras piezas de plástico del tamaño de una ficha, entre otros singulares elementos. Después de que los cazatalentos empezaran a usar el examen Wachs-Berger para analizar a los jugadores, los Redskins ganaron dos Super Bowls (en 1988 y 1992) bajo la dirección del entrenador Gibbs.

Wachs contó a *Los Angeles Times* que este examen «despierta el potencial humano en todas partes». Gibbs estaba de acuerdo pero solo se centraba en una cosa: ganar partidos. Gibbs no necesitaba saber si un jugador era listo en general. Adoptó el examen Wachs-Berger porque creía que podía tasar si un sujeto era o no era de verdad «brillante en el fútbol».

Del mismo modo que el entrenador Gibbs buscó identificar qué convertía en geniales a ciertos jugadores en el campo deportivo, este libro trata de identificar qué convierte a la gente en brillante en el entorno de los negocios, qué hace falta para ser «brillante en los negocios».

En las próximas páginas, verás cómo ser brillante en los negocios, igual que ser brillante en el fútbol, tiene poco que ver con el coeficiente intelectual o la educación. Aprenderás cómo Richard Branson se convirtió en multimillonario *porque* no podía leer una hoja de cálculo financiero. Descubrirás cómo un payaso de circo universitario usó su genialidad en los negocios para convertirse en el millonario fundador del Cirque du Soleil. Entenderás por qué un emprendedor de Brooklyn necesitó escuchar a sus empleados peor pagados, y cómo eso resultó en un negocio de cien millones de dólares. Verás cómo el conocido e irreflexivo fundador de JetBlue usa su astucia para los negocios para lograr éxitos colosales, por encima de sus muchos y estrepitosos fracasos.

En el proceso, serás testigo del desprestigio de varios mitos populares acerca del éxito. Verás cómo Warren Buffett se hizo rico tan pronto como *detuvo* su aplicación del «Método Warren Buffett». Cómo Suze Orman obtuvo su riqueza personal ignorando su propio evangelio de la austeridad. Cómo Bill Gates hizo el negocio del siglo no porque fuese un genio informático o un «talento atípico», sino porque trabajó tenazmente en una simple estrategia de tres pasos que cualquiera puede aprender. Verás cómo Steve Jobs se tropezó con su mayor éxito por puro accidente... y entonces reescribió la historia para que pareciera como si ese fuera su plan desde siempre.

Pero lo más importante de todo, los siete principios para ser brillante en los negocios de los próximos capítulos te ayudarán a aprender sobre ti mismo. Verás por qué es tan importante perseguir el dinero como perseguir tu pasión. Por qué una «gran idea» no contribuirá a tu éxito, pero puede que sí lo haga la persona que tienes en el despacho de al lado. Por qué tu sistema de trabajo requiere menos personal, y no más. Y por qué eres mejor cuando únicamente haces esas pocas cosas que haces excepcionalmente bien. También aprenderás sobre algunos comportamientos que puedan ser un lastre para ti. Por qué te equivocas al preguntarte qué quieres conseguir en los muchos momentos en que estás cerca de conseguirlo. Por qué te sientes mal cuando *ganas* en una negociación. Y por qué fracasar es en sí mismo algo malo únicamente si, como la mayoría de la gente, tratas de sacarlo de tu mente empezando algo nuevo.

Yo no pude darme cuenta de estos principios por mí mismo. Son el producto de años de búsqueda inexperta, de cuidadoso estudio, de persistencia ante los contratiempos y de cuantiosa ayuda de otras personas. De hecho, el libro que tienes ante ti es el producto de los siete principios para ser brillante en los negocios que este explora. Es un proyecto que tuvo sus inicios hace doce años, cuando formé equipo con un buen amigo llamado Russ Alan Prince.

➤ El hombre que susurraba a las riquezas

Todos conocemos a gente que tiene trucos para hacer dinero. Lo hacen de forma natural. Las oportunidades parecen encontrarlos. Siempre conocen a la gente apropiada. Sus inversiones rinden beneficios más a menudo que pérdidas, o al menos así lo parece.

Los últimos veinticinco años, Russ Prince ha trabajado con algunos de los individuos más ricos con el fin de descubrir los secretos detrás de sus conductas, de la misma forma que Joe Gibbs aplicó un proceso de retroingeniería a las actuaciones de sus mejores jugadores para descubrir los elementos fundamentales de la genialidad en el fútbol. Detrás de unas gruesas gafas y una complexión alta y esbelta de atleta, Prince, un antiguo contendiente de artes marciales mixtas en Hong Kong en la década de 1980, trabaja hoy en un escondido recinto de siete hectáreas en la Connecticut rural.

Después de un encuentro casual y subsecuente amistad con una de las personas más ricas de Asia durante su época de competición de artes marciales (él nunca ha revelado quién es esta persona), Prince se acomodó en un entorno de riqueza que la mayoría de nosotros jamás conoceremos. Desde entonces, ha investigado y estudiado las mejores prácticas y creencias personales de cada persona de éxito, incluyendo probablemente más conversaciones profundas con multimillonarios que cualquier otro científico social en el mundo.

«Soy un académico frustrado», dice Prince, cuyo marcado acento de Brooklyn no puede ocultar una infancia lejos de la riqueza en el barrio de Canarsie. «Pero sé lo que hace rica a la gente».

Su vida de estudio ha convertido a Prince en un «susurrador de riquezas» de todo tipo, un asesor para algunas de las familias más ricas que pagarán o harán casi cualquier cosa en la búsqueda de más tesoros. Prince enseña a sus exitosos clientes cómo alcanzar metas financieras que la mayoría de nosotros no podríamos ni imaginar, tales como entrar en la lista de los 400 de *Forbes*: el listado anual de los individuos más ricos del país.

Impresionado por sus años de exitoso asesoramiento, le pedí a Prince que compartiera sus métodos en este libro. Quería identificar el tipo de astucia que permite a los ricos que se han hecho a sí mismos aprovechar la mayoría de las oportunidades de negocio, del mismo modo que Gibbs trató de descubrir qué convertía en brillantes a algunos de sus jugadores.

Prince y yo nos conocemos desde hace mucho. Aparte de haber pasado incontables horas rodeados de batidos de chocolate discutiendo sobre si pueden o no ser aprendidas las técnicas que llevan a la riqueza, trabajamos juntos por primera vez en el año 2000 cuando colaboramos en un plan para enseñar a asesores financieros cómo apoyar a sus clientes más ricos. En 2006, Prince y yo volvimos a coincidir en un proyecto de investigación que dio como resultado el libro que ahora se conoce en su edición de bolsillo como *The Influence of Affluence* [La influencia de la abundancia]. Ese proyecto se centró aún más en mi área de interés, relacionado con aquello que la industria de servicios financieros llama la «afluencia de masas» y lo que nosotros denominamos la «clase media millonaria».

Queríamos observar los pensamientos, conductas y tomas de decisiones de personas que habían logrado un estatus de millonario pero ascendiendo de niveles de clase media.

Restringimos nuestra investigación únicamente a personas que recibieron poco o nada en el sentido de bienes o herencias familiares y que ahora están situadas en un rango de ingresos netos entre el millón y los diez millones de dólares. Para efectos de comparación, nuestros investigadores hicieron las mismas preguntas de un muestreo de habitantes de clase media con beneficios por encima del promedio en un rango de entre cincuenta mil y ochenta mil dólares; el tramo superior de la mediana de los ingresos de los hogares estadounidenses.

Desde el principio, descubrimos que las personas de clase media cuya riqueza acumulada los incluía en el diez por ciento de los hogares estadounidenses no eran, de promedio, más inteligentes que el resto de la clase media. De hecho, a pesar de la gran disparidad en la riqueza de los hogares, estos dos grupos tienen mucho en común en lo que respecta al rendimiento educativo y los valores personales.

Alrededor del noventa por ciento de ambos grupos eran licenciados universitarios y al menos un cuarenta por ciento de cada uno incorporaba titulados de grado superior. Tres cuartas partes de ambos grupos estaban casados, y solo dos tercios de ellos lo estaban por segunda vez. Las familias de clase media eran un poco más grandes de promedio, aunque más del noventa y cinco por ciento de ambos grupos tenían como mínimo un hijo.

Incluso las aspiraciones financieras eran similares. En este sondeo de 2006, una amplia mayoría de encuestados de ambos grupos de clase media y de millonarios hechos a sí mismos informaron de lo que podría llamarse la típica consideración saludable de la clase media hacia el dinero. Coincidían casi por unanimidad en que el amor y la salud son más importantes que el dinero, pero también estaban de acuerdo con que «el dinero es esencial para llevar una vida plena». Más del ochenta y cinco por ciento de los dos grupos aprobaban la frase: «El dinero puede comprar la felicidad».

Nos pareció que casi todos nuestros encuestados sentían que tener dinero era importante para su felicidad personal y la satisfacción con la vida. Donde diferían era en sus creencias acerca de cuál era el mejor modo de obtenerlo.

Por ejemplo, la mayoría de encuestados de clase media creían que «si te dedicas a lo que te gusta, el dinero vendrá solo», pero solo un dos por ciento de los millonarios hechos a sí mismos creían lo mismo. De igual modo, la importancia de «recortar gastos en los pequeños desembolsos» era común en la clase media, pero totalmente rechazada por los millonarios. La gran mayoría de la clase media estaba de acuerdo en que «arriesgar tu propio capital», «diversificar los modos de hacer dinero», tener «una actitud exitosa» y «pensar como un millonario» eran todas fórmulas importantes para alcanzar el éxito financiero. Y en cada uno de estos supuestos, los millonarios de la clase media respondían: Mal, mal, mal, mal.

En cambio, descubrimos que los millonarios hechos a sí mismos suscribían un conjunto de prioridades totalmente distinto. La mayoría coincidía abrumadoramente con que, entre otras cosas, si quieres tener éxito deberías conseguir una participación en la propiedad de tu trabajo, persuadir a otros para invertir en ti, conocer a mucha gente y aprender de tus malas decisiones en los negocios. Y aun así, *¡la importancia de cada una de estas ideas fue rechazada por la considerable mayoría de la clase media!*

La dimensión del abismo entre los dos grupos era sorprendente. También era un poco descorazonadora. Después de todo, la gran mayoría de los encuestados de clase media reconocieron que querían lograr el éxito financiero. En aras del bienestar de sus familias y su propia felicidad personal, querían hacer más dinero. Pero sus ideas acerca de cómo conseguir ese éxito entraban en conflicto con las prácticas de aquellos que *realmente lo habían alcanzado.* Imagina a una persona que tiene la desesperada necesidad de llegar a una ciudad lejana, pero se niega a conducir por la autopista. Esa sería nuestra imagen de la clase media.

➤ La magia de lo cotidiano

Revisando los resultados de los sondeos de aquel proyecto de 2006, me quedó claro por qué tantos miembros de la clase media considerarían a los ricos como una especie aparte, como personas con dones o talentos únicos e incluso misteriosos para hacer dinero. Igual que el examen Wachs-Berger identificaba las habilidades de brillantez futbolística que los exámenes tradicionales no podían medir, nuestra encuesta revelaba un abismo entre las conjeturas de la clase media sobre el dinero y las prácticas y actitudes reales de sus semejantes que se habían convertido en millonarios. Nuestros encuestados de clase media parecían estar ciegos ante los mecanismos de cómo se produce la riqueza de maneras que nuestros encuestados ricos no lo estaban.

Si el éxito financiero supone un misterio para la clase media, puede deberse a que el proceso de creación de riqueza practicado por Prince y sus clientes no son de ningún modo semejantes a las nociones de la clase media sobre el progreso constante y estable. El sistema para ser brillante en los negocios descrito en este libro se encuentra caracterizado por una «sinergia» de sus distintas partes. *Sinergia* es una palabra frecuentemente mal empleada en la prensa económica para describir fusiones o adquisiciones que pretenden que las compañías resultantes sean más fuertes que el total de sus partes. En verdad, la sinergia describe el modo en que sistemas y procesos complejos (tales como una jugada de fútbol, o el modo en que un gas venenoso se combina con un metal explosivo para producir sal) pueden producir resultados que son inesperados e irreconocibles para sus componentes individuales. En un sistema de sinergias, un conjunto de factores individuales simples y comunes pueden interactuar y actuar unos sobre otros de formas improbables, dando lugar a resultados que pueden parecer impresionantes y (para los desinformados) de origen misterioso.

Más tarde, le encargué a Prince que pusiera en marcha otra encuesta, a la que llamamos «Encuesta de Brillantez para los Negocios». La nueva encuesta, efectuada en la primavera de 2009, era similar a nuestros trabajos previos, pero contenía más cuestiones que estaban basadas en los exitosos métodos de adiestramiento de Prince. Queríamos investigar en profundidad los detalles que intervienen en el éxito y averiguar si el antiguo patrón de suposiciones erróneas de la clase media se sostendría. Preguntamos acerca de objetivos, autonomía personal, hábitos laborales, relaciones de negocios, jubilaciones y mucho más. Volvimos a los dos mismos grupos de población del estudio anterior, pero añadiendo otras dos categorías: millonarios hechos a sí mismos en un rango de entre diez y treinta millones de ingresos netos, y millonarios hechos a sí mismos en un rango superior a los treinta millones de dólares. Fundamentalmente, queríamos descubrir qué creencias y comportamientos separaban a la masa de la clase media de la clase pudiente, pero también nos picaba la curiosidad sobre qué factores podrían marcar la diferencia entre los meramente acaudalados (en el rango de un millón a los diez millones) y los *verdaderamente ricos*.

Este libro es el resultado. Representa mi intento de exponer los misterios de la creación de riqueza en el siglo XXI. Usando el método del entrenador Gibbs, invirtiendo la ingeniería de los resultados que Prince estaba consiguiendo con sus clientes ricos y comparándolos con una muestra estadísticamente significativa de estadounidenses, fuimos capaces de identificar siete principios clave que han permitido a los nacidos en la clase media transformarse en ejemplares ricos de lo que yo denomino brillantez para los negocios.

A través de estos resultados y de historias y discusiones complementarias, serás capaz de apreciar por primera vez los factores esenciales para el éxito financiero en estos tiempos turbulentos. Este libro muestra que mientras la fortuna suele sonreír a la gente de modos que aparentan ser arbitrarios, fortuitos e impredecibles, es la sinergia, y no la casualidad, la que generalmente trabaja detrás de la escena. Hay factores elementales que explicar, y sencillos pasos imitables que puedes dar, con el fin de encaminarte hacia lo que solo parece, a cierta distancia, una confluencia de afortunadas conexiones y felices coincidencias. Comenzando por el modo en que persigues tu sustento, cuáles de tus talentos desarrollas y cómo negocias los aspectos de tu trabajo, cada uno de estos y otros factores conspiran para determinar lo lejos que puedes llegar.

¿Pienso que cualquiera que lea este libro puede convertirse en millonario? Por supuesto que no. Incluso Prince tiene serias dudas sobre la capacidad de la gente normal para aprender y adoptar sus técnicas para la creación de riqueza. Pero este libro no ha sido escrito para todo el mundo. Ha sido escrito para un segmento de la población muy concreto: los millones de personas educadas e intelectualmente curiosas que han trazado un buen plan de vida según unas reglas que quizá ya no les convengan.

Si eres una de estas personas, creo que si dominas la mitad o tan solo un tercio de las técnicas para ser brillante en los negocios descritas en este libro, tu renta crecerá. Si lo haces muy bien en la mayoría de ellas, o en todas, quizá tu riqueza crezca lo suficiente para ser uno de los clientes de Prince.

Pero primero debes tener la voluntad de aceptar que cambiar tu comportamiento y seguir unas pocas prácticas diarias puede traerte un éxito financiero con el que solo has soñado. ¿Parece demasiado simple? ¿Demasiado obvio? Antes de que sigas, quiero contarte una historia que demuestra exactamente cómo esta maestría en técnicas simples y cotidianas pueden producir resultados casi milagrosos con bastante más acierto que todas nuestras ideas tradicionales sobre el talento, la educación y la preparación. La historia cuenta cómo un hospital de Pittsburgh salvó vidas en una proporción sin precedentes adaptando sus procedimientos de cuidados intensivos a un proceso sin fallos tomado de la industria del automóvil. Verás la magia de lo cotidiano en esta historia, pero también por qué hay resistencia a esa magia, y por qué tantos secretos para el éxito están condenados a permanecer justamente así: secretos.

➤ El modelo de Toyota de asistencia médica

En mayo de 2003, el doctor Richard Shannon se hizo cargo de un proyecto que muchos daban por totalmente imposible. Como director médico del Allegheny General Hospital de Pittsburgh, Shannon confió a su equipo de cuidados intensivos una misión para erradicar completamente las amenazas infecciosas.

Decenas de miles de pacientes de hospital mueren de infecciones cada año. Una estimación fija un número de 250 al día, una cifra mayor que las muertes por cáncer de mama, accidentes aéreos y automovilísticos y SIDA juntas. Se han organizado incontables conferencias médicas para abordar esta terrible pérdida de recursos y vidas humanas, y la mayoría de los administradores hospitalarios insisten en que hacen todo lo humanamente posible por limitar, tratar y contener las infecciones. Pero ningún hospital había intentado antes lograr cero infecciones.

El año anterior, Shannon había realizado un curso de cinco días con un consorcio de salud local que desarrollaba un proceso de cuidados sanitarios adaptados del sistema de construcción de vehículos de Toyota. Empezó la semana muy escéptico con que esos simples métodos de fábrica usando tramos estandarizados pudieran ser trasladados al tratamiento de pacientes con una interminable variedad de enfermedades. Para cuando acabó la semana, sin embargo, Shannon era un creyente. Según su visión, el control de calidad de Toyota con su objetivo de cero errores era no solo aplicable a la medicina, sino absolutamente esencial en un campo dedicado a la preservación de la vida humana.

Los pacientes de cuidados intensivos de los hospitales son más susceptibles a las infecciones en el momento en que se les insertan los catéteres en las arterias. Estas infecciones se denominan CLABs (por sus siglas en inglés): infecciones asociadas al torrente sanguíneo (o del sistema circulatorio central). En 2003, hubo cuarenta y siete CLABs documentadas en dos unidades de cuidados intensivos del Allegheny, y diecinueve de los pacientes infectados habían muerto. Shannon quería reconfigurar las operaciones de ambas unidades usando el modelo de la fábrica de Toyota. El objetivo era cero infecciones y cero muertes en un plazo de noventa días.

El modelo de Toyota es una filosofía de organización legendaria construida sobre catorce principios que enfatizan la calidad, la eficiencia y la constante mejora. La mayoría de los principios se refieren a aspiraciones naturales («Conviértete en una organización que aprende» es el consejo del principio número catorce), pero otros enfatizan la importancia de regular cada tarea concebible, organizar herramientas y procesos para que ningún problema quede sin exponer, analizar cada error y, más seriamente, permitir a cada miembro de la plantilla detenerse para reparar cualquier defecto o desviación del protocolo estándar.

El Allegheny jamás había estudiado cómo se contagian los pacientes cuando están bajo su cuidado. Existían procedimientos fijos, pero cada doctor y enfermera confiaba en emplear su juicio profesional a la hora de cambiar catéteres y aplicar vendajes. No había un sistema para rastrear las causas de una infección, ni siquiera para informar de un caso sospechoso.

Todo eso cambió con la táctica de Toyota. El equipo para el uso de catéteres fue regulado, así como cada paso en la prevención, observación y tratamiento de una infección. Los pacientes transferidos de otras instalaciones tenían que llevar un catéter reciente insertado bajo las nuevas normas de regulación. Las guías de catéter cercanas a la arteria femoral debían evitarse porque una revisión de infecciones pasadas reveló que las guías en la arteria subclavia tenía muchas menos posibilidades de infección.

Cada miembro del equipo sanitario se ocupó de ejecutar los nuevos estándares. Un día, cuando el ocupado departamento de radiología se negó a insertar un nuevo catéter a un paciente de acuerdo a los procedimientos, una enfermera lo detuvo todo y llamó a Shannon a su teléfono móvil. En dos horas, el jefe de radiología instaló él mismo la nueva guía.

El efecto de la táctica de Toyota sobre las cifras de infecciones fue profundo e inmediato. En un mes, la tasa de infecciones había descendido drásticamente y en sesenta días, el hospital había conseguido lo imposible: cero infecciones durante un mes. Durante el primer año bajo este modelo, hubo tan solo seis infecciones y una muerte, comparadas con las cuarenta y siete infecciones y diecinueve muertes del año anterior. Un estudio posterior sugería que el hospital había reducido quinientos mil dólares en costes sanitarios y podría haber ahorrado un millón si los mismos controles de infección se hubieran extendido por todo el hospital.

En los siguientes tres años, las infecciones en las unidades de cuidados intensivos del Allegheny General Hospital se produjeron en muy raras ocasiones. El cero era la nueva normalidad.

Hay dos cosas muy interesantes en la experiencia del Allegheny General. La primera es que no hubo necesidad de traer personal nuevo, más experimentado o dotado para trabajar en cuidados intensivos. Esta es normalmente la respuesta en la mayoría de lugares de trabajo donde un departamento tiene problemas. Cambia el personal. Consigue nuevos líderes. Pero el talento no era un problema. Shannon fue capaz de producir resultados de primera clase con la misma gente brillante y altamente capacitada que, un año atrás y con diferentes prácticas de funcionamiento, había permitido que diecinueve de sus pacientes murieran a causa de una infección.

El segundo punto interesante es que el modelo de Toyota requería poca, o ninguna, innovación en los procedimientos médicos. Shannon no pidió al hospital que invirtiera en caros láseres, cámaras, sondas o maquinaria. Él reguló el modo en que los catéteres se habrían de insertar y proteger, pero de ningún modo era algo poco familiar ni requería nueva formación.

Piensa en ello por un momento. Estos profesionales médicos altamente cualificados y entrenados (y, en muchos casos, muy bien pagados) estaban matando por accidente a sus pacientes, en una tasa de más de uno al mes. Ningún aumento de personal, formación avanzada o tecnología superior hubiese cambiado la cifra de muertes. Todo lo que hacía falta era la sinergia de mejores prácticas, fielmente cumplidas. El sistema que emplearon en este caso, la táctica de Toyota, es tan elemental y fácilmente comprensible que trabajadores con el equivalente educativo de un estudiante de secundaria lo usan para producir resultados de cero defectos en factorías automovilísticas de todo el mundo.

¿Cuál de los numerosos pasos dados por el Allegheny General fue el más importante para salvar vidas? Nadie lo sabe. Esa es la magia que hay detrás de cualquier sistema de sinergias, tanto si es el modelo de Toyota, la genialidad futbolística del entrenador Gibbs, o los principios para ser brillante en los negocios de este libro. Al ejecutar fielmente (no impecablemente) el conjunto apropiado de hábitos diarios y reproducibles, los resultados que produces pueden ser espectaculares, impredecibles y, a veces, inimaginables.

➤ El problema con lo que todo el mundo sabe

En los últimos seis años, los ingresos de la población de Estados Unidos han caído en billones de dólares. La Oficina del Censo estima que los estadounidenses perdieron más de un tercio de sus ingresos entre 2005 y 2010. El desempleo en la administración, mientras tanto, se ha estancado en un seis por ciento, una cifra que no se ha visto desde la recesión de 1983, hace treinta años. Detrás de estas tasas de desempleo administrativo hay millones de trabajadores preocupados por la estabilidad de sus empleos y preguntándose por la viabilidad a largo plazo de sus profesiones y carreras escogidas.

En febrero de 2009, cuando empezamos con la investigación de la brillantez en los negocios, Wall Street estaba a punto del colapso. (El mercado de valores apuntaba a la mayor bajada en catorce años el 9 de marzo.) No sabíamos en realidad qué esperar de los resultados, puesto que todo el mundo hablaba del muchísimo dinero que estaba perdiendo cada día. ¿Tendría esta pérdida en la inversión algunos efectos medibles en algún grupo?

Cuando llegaron los resultados, a Russ Prince y a mí nos pareció que los dos grupos se habían distanciado aún más. El colapso financiero de principios de 2009 parecía haber afianzado las posiciones de ambos grupos, y la clase media y los millonarios hechos a sí mismos parecieron quedar entre sí más distantes que nunca. Al mismo tiempo, los extraordinarios resultados que Prince continuaba obteniendo con sus clientes a través de su instrucción elevó mi nivel de urgencia para compartir los principios de la brillantez en los negocios. Pero antes de poder hacerlo, necesitaba estudiar la evidencia más profundamente y confrontar los resultados con la realidad. Quería descubrir las señales de genialidad en los negocios entre las historias de éxito más importantes de nuestro tiempo. He estado haciendo esto los últimos tres años, y no siempre ha resultado fácil, porque, como verás, la gente altamente exitosa trata de minimizar u ocultar los auténticos secretos de su éxito.

En el próximo capítulo, tomaré el dicho «Haz lo que te apasiona y el dinero te seguirá» y le daré la vuelta. El capítulo te mostrará cómo el payaso más rico del mundo, el artista más acaudalado del planeta y el actor secundario más famoso de *Seinfeld* han logrado enormes riquezas haciendo lo que les apasionaba a la vez que siempre, siempre, *seguían el dinero*. El siguiente capítulo demostrará por qué los millonarios hechos a sí mismos ignoran el mantra de ahorra-e-invierte de la industria de servicios financieros y por qué tres cuartas partes de las personas que leen este libro están mal pagadas. Los siguientes capítulos explorarán principios de la brillantez en los negocios tales como «Conocer el cómo es bueno. "Conocer el quién" es aún mejor», que revela las virtudes de la aproximación a cualquier proyecto llevando «todas las de ganar», e «Imitar, no innovar», que intenta desterrar de una vez por todas el mito de que el éxito requiere de una «gran idea».

Cada capítulo de este libro dinamita un mito popular acerca de la creación de riquezas y revela los secretos del éxito de los millonarios que se hicieron a sí mismos y de los multimillonarios que no siempre están ansiosos por debatir. La mayoría de fundadores de la lista de la revista *Inc.*, «Inc. 5000» (con las compañías privadas que más rápidamente crecen en Estados Unidos), dicen que las ideas usadas en sus negocios fueron más o menos robadas de sus anteriores empleadores, aunque nunca verás noticia alguna al respecto. Durante años, eBay mintió a los medios sobre la «gran idea» que condujo a su fundación porque su verdadero origen, como el de otros tantos imitadores de subastas en la red, no era demasiado apasionante. Kinko's Copies nunca hubiera existido si su fundador hubiera sido bueno conservando un trabajo normal. Quizá Adam Mackay no hubiera producido y dirigido ninguna de sus películas con Will Ferrell de no haber escuchado a su representante ni mantenido una imposible negociación con Lorne Michaels en el *Saturday Night Live*.

En el último capítulo, me arriesgaré ofreciendo mi propio programa de cuatro puntos para ser brillante en los negocios, basado en mi interpretación de las mejores prácticas entre los millonarios hechos a sí mismos. Yo llamo a este programa LEAP (*salto*, en inglés), en parte porque seguirlo requiere un cierto salto de fe para alcanzar la *brillantez en los negocios*. También se llama LEAP porque creo que si tomas en serio todos los puntos y los ejecutas con cada uno de los diecisiete pasos que los acompañan, disfrutarás de un notable *salto* en tus ingresos. Como escribí antes, no puedo prometer que sé cómo acuñar nuevos millonarios. Esto es algo para los anuncios de madrugada sobre cómo hacerte rico de la noche a la mañana. Pero sí puedo prometer que tu visión sobre hacer dinero cambiará esencialmente y tus resultados mejorarán si tomas el programa LEAP como una prioridad en tu vida.

A la vez, acepto que forma parte de la naturaleza humana resistirse a la nueva información respecto a un tema tan familiar y poderoso como el dinero. Considera, por ejemplo, la tibia recepción con que el estamento médico ha acogido el fenómeno de cero infecciones del Allegheny General. Podrías pensar que después de producirse esos asombrosos resultados, todos los administradores de hospital de Estados Unidos rogaron a Richard Shannon que fuera a enseñarle a su personal cómo dejar de matar a pacientes.

Pues te equivocarías.

La gran mayoría de hospitales todavía ven las infecciones como hechos desafortunados pero inevitables, a pesar de la impresionante evidencia de lo contrario. El ejemplo del Allegheny General fue seguido de otras demostraciones a gran escala de reducciones de infecciones gracias al dominio de lo cotidiano. Pero el estamento médico permanece indeciso a la hora de incorporar a sus clínicas el modelo de Toyota y sistemas de control similares. A pesar de la espectacular tasa de ejemplos de cero infecciones de Shannon y un puñado de otros pioneros, la cantidad de infecciones en hospitales y muertes en todo el país desciende muy lentamente, y solo en años recientes.

Podría ser una cuestión de motivación. Muchos expertos industriales han señalado que si bien a la Administración Federal de la Aviación le resulta bastante fácil convencer a los pilotos de las aerolíneas para que cooperen con las listas de verificación y otras medidas de seguridad, los hospitales deben rogar y engatusar a los doctores para cumplir incluso con las medidas más simples, tales como lavarse las manos. ¿Por qué esa exagerada diferencia cuando pilotos y cirujanos tienen tanto en común? Ambas profesiones requieren velocidad mental, preocupación por el detalle y personalidades responsables. La única distinción obvia entre las dos profesiones es la motivación.

¿Cómo decirlo con delicadeza? Los pilotos están sentados en los mismos aviones que sus pasajeros. Los cirujanos no están bajo los mismos bisturíes que sus pacientes. Parafraseando un viejo dicho, los cirujanos deben interesarse por la seguridad, pero los pilotos están obligados.

Lo que me lleva a tu motivación para leer este libro.

Es probable que nunca hayas oído hablar de Umair Haque, pero el *Harvard Business Review* sitúa al joven asesor londinense entre uno de los cincuenta pensadores sobre gestión más importantes. En marzo de 2012, Haque publicó una insólita entrada en el blog del *Harvard Business Review*. Escribió: «Últimamente he estado en medio de una enorme crisis vital del tipo "madre mía, qué diantres está pasando y adónde conduce todo esto y para qué sirve"». Haque añadió que muchos de sus colegas se sentían del mismo modo, lo que le llevó a preguntarse si estábamos viviendo en una época marcada por un «titánico error institucional».

«Todo lo que nos rodea», escribió, «las instituciones del pasado están cediendo y desplomándose, agrietándose y quebrando (mercados, gobiernos, universidades, empresas)». Contamos con las instituciones para que nos provean de estabilidad social y de reglas según las cuales vivir, pero Haque dice que es obvio que las reglas se están rompiendo: «Ustedes lo saben y yo también. Si juegan según las reglas de hoy, probablemente acaben en bancarrota, solos, miserables, explotados y vacíos».

Incluso antes de la crisis económica mundial de 2008, estaba claro que las viejas reglas de la generación del *baby boom* estaban desfasadas y ya no serían aplicables en un nuevo mundo de comunicación global y competitividad. En palabras de Haque, los *boomers* crecieron protegidos por instituciones estables que eran «autopistas cuyo destino es la prosperidad: sigue recto, toma la salida a la derecha, y *voilà*». Pero hoy esas carreteras son a menudos caminos a ninguna parte, y hay una confusión masiva sobre dónde girar a continuación. Muchos sospechan que no hay nada que se pueda hacer. Por primera vez en la historia de Estados Unidos, menos de la mitad de los adultos creen con seguridad que sus hijos tendrán una vida mejor que sus padres. Una encuesta Gallup destapó que este pesimismo es mayor entre las personas con más de 75,000 dólares de ingresos anuales, de las cuales solo el treinta y siete por ciento cree que el futuro será un lugar mejor.

Estas observaciones, y otras parecidas, son el motivo de que vea una necesidad urgente de este libro. En mi opinión, el asunto principal durante décadas ha sido el riesgo. Cada vez más riesgos financieros se han ido amontonando sobre los miembros de la clase media en forma de planes de pensión perdidos, reducción de la cobertura sanitaria, costes de tasas educativas por las nubes y la burbuja inmobiliaria. Las grandes empresas y otros empleadores gubernamentales solían protegernos de estos riesgos a cambio de nuestra diligencia, conformidad y lealtad. Pero ese acuerdo, común hace cincuenta años, está muerto. Ahora la cosa más arriesgada que puedes hacer es intentar retrasar la negociación y esperar que tu empleador ofrezca reciprocidad. En otras palabras, ahora todos somos agentes libres. Todos somos emprendedores, tanto si queremos como si no.

Un tema principal que se observa a lo largo del estudio sobre la Brillantez para los Negocios es que los millonarios hechos a sí mismos, la mayoría de los cuales han vivido de hecho como emprendedores, están mejor preparados para desenvolverse en esta nueva economía liberal porque están más cómodos tratando con el riesgo. No quiero decir que sean muy arriesgados. Como verás, particularmente en los capítulos 5 y 6, son más eficientes controlando los riesgos en sus relaciones financieras que la clase media. Pero estos millonarios hechos a sí mismos han vivido mucho tiempo con el riesgo como un hecho de la vida y un desafío que requiere atención constante. A medida que el riesgo continúa creciendo para millones de personas que pueden haber pensado hace tan solo unos años que estaban en esa providencial autopista hacia la prosperidad, mi creencia es que los principios para ser brillante en los negocios proveerán una nueva y más atractiva ruta hacia la abundancia para cualquier persona inteligente e instruida que desee ponerlos en práctica.

Convencerte no va a resultar fácil, me doy cuenta. Considera por un momento que la mayoría de entrenadores de la NFL no han adoptado el innovador método del entrenador Gibbs para medir la genialidad futbolística, aun cuando este ayudó a que Gibbs fuera aceptado en el Salón de la Fama. Y la mayoría de administradores de hospital todavía hoy se adhieren a lo que Richard Shannon llama «una teoría de lo inevitable» sobre las muertes por infección, incluso aunque Shannon y otros han demostrado que las infecciones pueden ser totalmente erradicadas a través de un simple proceso escalonado. Estas dos historias de campos tan dispares demuestran lo fácil que es para la mayoría de profesionales consumados evitar reconsiderar sus creencias y hábitos preconcebidos... incluso si haciéndolo puede servirles para conseguir sus objetivos.

Veo una cualidad común e inspiradora que une a Gibbs, el entrenador del Salón de la Fama, con Shannon, el eminente médico, y que les distingue del resto de sus colegas. Gibbs y Shannon estaban dispuestos a cuestionar la sabiduría heredada en la que habían confiado tanto tiempo. Su curiosidad, su valentía, dudar sobre lo que todos «sabían» que era cierto, ver lo familiar con nuevos ojos, les permitió obtener impactantes resultados para ellos y para sus equipos.

Así que, ¿quién eres? ¿Eres el piloto aéreo pragmático, dispuesto a dominar algunos métodos habituales con la idea de llegar donde quieres ir? ¿O eres el cirujano orgulloso, enquistado en la tradición, en la práctica y el privilegio para meditar el cambio, incluso cuando la evidencia dice que una nueva mentalidad es desesperadamente necesaria? ¿Qué es lo que «sabes» que es correcto hoy acerca del dinero que quizá no sea tan cierto? ¿Qué sabes sobre ti mismo, y de tu habilidad para ofrecer unas cuantas ideas nuevas? ¿Estás preparado para considerar, como una vez necesitaron hacer el entrenador Gibbs y el doctor Shannon, que la mayor parte de lo que «sabes», de lo que siempre has conocido, tal vez merezca un segundo vistazo?

2

Haz lo que te apasiona, pero sigue el dinero

MÁS DE SIETE DE CADA DIEZ ENCUESTADOS DE CLASE MEDIA AFIRMARON QUE «HACER LO QUE ME APASIONA Y DEJAR QUE EL DINERO LLEGUE» ERA IMPORTANTE PARA SU ÉXITO FINANCIERO.

SOLO DOS DE CADA DIEZ DE LOS MILLONARIOS HECHOS A SÍ MISMOS QUE FUERON ENCUESTADOS ESTUVIERON DE ACUERDO CON ESTA DECLARACIÓN.

➤ El músico callejero millonario

Si hubieras sido uno de los progenitores de Guy Laliberté en 1983, probablemente habrías estado un poco preocupado por tu hijo de veintitrés
años.

El franco-canadiense Laliberté había abandonado la universidad después del instituto y se había ido a Europa durante un año. Se mantenía
precariamente como intérprete de acordeón o *busker*, el término británico para artista callejero. Cuando llegó a Londres tenía menos de mil
dólares en su bolsillo, y para conservarlos, pasaba las noches durmiendo
sobre un banco en Hyde Park.

El inglés de Laliberté no era muy bueno, y pronto se mudó a París. Allí
convivió con otros artistas callejeros, que le enseñaron a hacer malabares,
caminar sobre un cable y «escupir fuego», probablemente uno de los ac-
tos más peligrosos del circo callejero. Primero Laliberté se quitaba la camiseta y se recogía el pelo por seguridad. Entonces tomaba un trago de un
líquido tóxico inflamable y, con una antorcha ardiendo en la mano, pul-
verizaba una lengua de fuego anaranjado de tres metros de altura. Escupir
fuego se convirtió en la especialidad de Laliberté para atraer al público.

Educado en una extensa familia de clase media encabezada por un
padre ejecutivo, Laliberté siempre pensó que iría a la universidad. Pero

cuando regresó a casa de Europa, en lugar de eso se unió a un colectivo sin ánimo de lucro de zancudos y acróbatas llamado Le Club des Talons Hauts [El Club de los Tacones Altos]. Pasó los siguientes veranos viviendo en un hostal para jóvenes mientras ayudaba a organizar festivales callejeros de los Tacones Altos en la pequeña localidad turística de Quebec Baie-Sant-Paul. El dinero y las posesiones nunca parecieron demasiado importantes para Laliberté. Cada invierno se gastaba todo lo que había ahorrado escapándose a las playas de Florida y Hawái.

A comienzos de 1983, el gobierno de Quebec anunció planes para la celebración del 450 aniversario de la provincia, que tendría lugar el verano siguiente. Se apartaría un dinero para las festividades que exhibirían el talento local de Quebec, y los Tacones Altos recibieron un millón seiscientos mil dólares para un circo itinerante que visitaría catorce ciudades de todo Quebec durante doce semanas. Laliberté lideró la planificación. Incluso se inventó el nombre: Le Grand Tour du Cirque du Soleil.

El circo itinerante fue un caos que flirteó a menudo con el desastre. La nueva «carpa» de actuaciones era casi imposible de instalar. Un día se derrumbó en una tormenta durante un preestreno para la prensa. Las condiciones laborales de los intérpretes eran tan pobres que casi se produjo una revuelta de los artistas de circo europeos que fueron traídos para complementar a los aficionados habituales de los Tacones Altos. El espectáculo del Cirque du Soleil, sin embargo, ganó por derecho propio encendidas alabanzas de parte de la prensa y del público a lo largo de todo Quebec.

Le Grand Tour había sido concebido como un proyecto de un año, pero Laliberté estaba decidido a mantener el Cirque du Soleil en marcha. Convenció al gobierno para suscribir otra temporada de actuaciones en 1985. Fuera de Quebec, no obstante, la reacción estaba dividida. Los espectáculos de Toronto y las Cataratas del Niágara tuvieron una pobre asistencia y la novata organización acabó el año con 750,000 dólares de deuda. Una gira nacional por ocho ciudades canadienses al año siguiente fue mucho mejor, y terminó con una exhibición en la feria mundial de Vancouver.

El Cirque tenía una forma de organización despreocupada y colaborativa en la que Laliberté tomó de facto el cargo de productor ejecutivo. Insistió al equipo creativo del circo para que hiciera los espectáculos más largos, más teatrales y visualmente espléndidos. Aunque el público fue creciendo en 1986, también lo hacía la deuda. Laliberté parecía decidido a gastar un dinero que el Cirque no tenía. Fue a Francia y trajo una gigantesca carpa nueva, a pesar de que la compañía no podía pagarla. Durante casi tres años, la dirección fiscal del Cirque du Soleil incluía la devolución de cheques, gimoteos a los prestamistas y súplicas de ayudas del gobierno.

Entonces, en 1987, Laliberté embarcó al Cirque en la apertura del Festival de Arte de Los Ángeles. Las finanzas eran tan precarias en ese momento que algunos de los miembros más importantes del elenco abandonaron por lo que ellos consideraron una jugada imprudente. Pero el Cirque se convirtió rápidamente en la sensación del festival. Las treinta actuaciones tuvieron lleno absoluto y los asientos de diecinueve dólares fueron ofrecidos en la reventa por doscientos. Elton John y Francis Ford Coppola estaban entre las celebridades que se contaban a sí mismas como seguidores. Jane Fonda dijo que vio el espectáculo siete veces durante su gira de dos semanas. La compañía regresó a Quebec con un millón y medio de dólares: sus problemas monetarios eran cosa del pasado. En cinco años, las actuaciones del Cirque estaban de gira por Europa y Asia. Los siguientes veinte años, el Cirque du Soleil creció hasta ser una de las marcas de entretenimiento más grandes y rentables del mundo.

En la actualidad, Laliberté lidera un equipo de tres mil personas instaladas en las ultramodernas oficinas centrales y centros de entrenamiento en Montreal. Su equipo directivo desarrolla y coordina seis espectáculos diferentes que funcionan durante todo el año en Las Vegas, otro espectáculo permanente en Disney World y nueve compañías que actúan por todo el mundo. Los ochocientos millones de beneficios anuales por venta de entradas del Cirque se equiparan a la taquilla de todos los teatros de Broadway juntos.

Gracias a su participación mayoritaria en la compañía matriz del Cirque du Soleil, los ingresos totales netos de Laliberté se estiman en

2,500 millones de dólares. En 2009, destinó treinta y cinco millones de esa fortuna personal en una estancia de doce días en la Estación Espacial Internacional. Con una narizota roja y autoproclamándose «el primer payaso en el espacio», Laliberté le dijo a un entrevistador mientras estaba en órbita: «Estoy cumpliendo el sueño de todo niño... escapar y unirse al circo».

La historia de Laliberté se ha considerado a menudo como el clásico triunfo *de pobre a millonario*. Su tremendo éxito sugiere que cualquiera (incluso un artista callejero) que persigue una visión con trabajo duro y determinación puede acabar aterrizando sobre una enorme pila de dinero.

Pero hay algo más en esta historia, aparte de la pasión y el deseo. Después de todo, hay personas llenas de pasión y creatividad que trabajan duro toda su vida y aun así luchan para llegar a fin de mes. Laliberté no es multimillonario únicamente porque persiguió su pasión durante más de veinte años. Es multimillonario porque persiguió su pasión *y* porque se las arregló para tener una participación grande en el capital de su negocio, incluso incrementándola por el camino a expensas de sus demás colegas. Es por eso que este capítulo se titula «Haz lo que te apasiona, *pero sigue el dinero*».

Soy consciente de que es mucho más habitual ver esta ecuación ligeramente distinta: *haz lo que amas, el dinero te seguirá*. Suena como mucho menos trabajo cuando se escribe así, y es una declaración de fe más atractiva. En la encuesta de Brillantez para los Negocios, esta cautivadora idea alcanzaba un elevado nivel de aceptación entre la muestra de clase media. Más de siete de cada diez dijeron que «hacer lo que me apasiona y dejar que el dinero llegue» era importante para su éxito financiero. Pero los millonarios hechos a sí mismos que encuestamos se mostraron en desacuerdo. Solo dos de cada diez tenía alguna confianza en que el dinero acudirá cuando haces lo que te apasiona.

Haz lo que te amas, el dinero te seguirá no es solo una idea popular entre la clase media, es también el título de un clásico superventas de la autoayuda escrito por Marsha Sinetar. El libro ha vendido más de un millón de copias y continúa reimprimiéndose casi veinticinco años después de su primera edición.

➤ El engaño del «Haz lo que amas»

Marsha Sinetar dijo que la idea la tuvo en 1984 mientras se dirigía al trabajo. Ella era por entonces administradora de un colegio público en Los Ángeles, prolongándose en un trabajo seguro que ya no encontraba estimulante. Lo que verdaderamente quería hacer era convertirse en una asesora de dirección independiente, escribir libros y vivir en el campo. Pero tenía miedo de asumir todos los riesgos que requiere lograrlo.

Entonces una mañana, mientras conducía por Wilshire Boulevard, Sinetar tuvo una epifanía: «Haz lo que amas, el dinero te seguirá». El pensamiento entró en su mente completamente formado, dijo, «como si alguien me hablara». En el tiempo que le tomó llegar al trabajo, había decidido empezar a cambiar su vida, aunque le llevaría dos años realizar una completa transición. Sinetar empezó a realizar trabajos de consultoría aparte como mediadora en conflictos de contratos corporativos. Se mudó a una casa en la tranquila comunidad rural de las afueras de Los Ángeles. Una vez que su trabajo de consultoría hubo acumulado suficientes clientes, Sinetar dejó finalmente el distrito escolar. Por entonces coleccionaba historias para el libro que planeaba escribir. Trataría sobre personas que habían hecho cambios radicales similares en sus vidas laborales.

Haz lo que amas, el dinero te seguirá fue publicado en 1987, en una pequeña editorial católica, y se convirtió en un inesperado superventas. La premisa de Sinetar era que con el fin de encontrar felicidad y prosperidad al hacer lo que te apasiona, debes superar los miedos y dudas acerca del origen del dinero. El libro encontró un nicho de lectores entre los miembros de la generación de los sesenta en las postrimerías de su crisis laboral de media edad.

Entre las personas que ella retrató había una profesora que dejó de dar clases para convertirse en ceramista, un ebanista con una insólita matrícula de honor en inglés, una antigua secretaria que se dedicó a la decoración con papel de pared y otra exsecretaria que se introdujo en el negocio del alquiler de oficinas. Uno de sus personajes favoritos era un anciano de setenta y cinco años llamado Wayne que había dejado los estudios durante la Depresión y montó un próspero negocio de contratación general.

«Siempre me gané la vida por lo que yo era, no por lo que podía hacer», le contó Wayne. «Durante la Depresión, con veinte personas aspirando a cada trabajo, yo trabajaba. Simplemente iba a un lugar y les convencía de que podía proporcionarles un excelente servicio. No sólo me alimentaban, también me pagaban... ganaba cien dólares diarios durante la Depresión, limpiando tejados. No tenía nada que ver con el hecho de que yo pudiera trabajar en la obra. Tenía que ver conmigo».

Aunque Sinetar nunca lo señaló explícitamente, la amplia mayoría de las personas que citó como dedicadas a lo que les apasionaba eran propietarias de pequeños negocios como Wayne o autónomos y trabajadores desde casa. La satisfacción que expresaban al hacer el trabajo que amaban estaba motivada en gran medida por tener una participación en la propiedad de lo que hacían. La misma Sinetar no era diferente. Ella no buscó otro trabajo en el sector público que pudiera gustarle. Persiguió lo que le apasionaba aparte, como asesora empresarial y autora, donde poseía una aportación en su éxito y podía exhibir su brillantez para los negocios.

Tal vez un título más exacto para el libro de Sinetar habría sido *Haz lo que amas, pero sigue el dinero*. Casi todas las personas que describió en su libro estaban siguiendo el dinero y haciéndolo con alegría. No se trataba de perseguir al todopoderoso dólar. Se trataba de hacer crecer sus estilos de vida y de crear servicios y elementos de valor para los demás. Esto era parte esencial de lo que amaban. Había un desafío creativo en encontrar nuevas cosas que les apasionaran hacer y nuevas fuentes de ingreso para hacer que estas sucedieran.

Y ese era el caso de Guy Laliberté. En casi cualquier encrucijada crítica en la historia del Cirque du Soleil, toda la empresa pudo haberse colapsado o dirigido hacia una dirección completamente diferente si no fuese por la devoción personal de Laliberté a seguir el dinero. No es que él estuviese guiado por la avaricia o los beneficios. De hecho, en determinadas situaciones, se resistió al encanto del dinero fácil porque comprometía su control creativo. A pesar de sus erráticos hábitos de gestión, la única constante en la carrera de Laliberté fue el apoyo y la protección de su interés personal en la prosperidad futura del Cirque du Soleil.

Cuando Laliberté tomó el liderazgo para guiar al Cirque durante sus primeros años, la condición sin afán de lucro de la compañía fue esencial para su supervivencia. Así fue como Laliberté alcanzó a donantes privados y al gobierno para cubrir la factura de los tempranos errores del Cirque. El gobierno fue indulgente y los prestamistas fueron pacientes porque nadie esperaba que un encantador conjunto de payasos de circo fueran responsables con el dinero. Hasta el punto de que el banco sencillamente le perdonó al circo doscientos mil dólares en cheques sin fondos.

Laliberté diría más tarde que todo aquello fue parte de una fase transitoria. «Les dije a los organismos de financiación del gobierno que en cinco años nos liberaríamos de necesitar su apoyo», citó en *Cirque du Soleil: 20 Years Under the Sun* [Cirque du Soleil: 20 años bajo el sol], la historia oficial del Cirque du Soleil. Una vez dio orden de devolver un subsidio del gobierno porque el circo tuvo una temporada con beneficios.

Aquellos años de gastos más allá de los medios del Cirque estuvieron dedicados a una visión muy específica de Laliberté y el resto del equipo creativo de la compañía. Querían mostrar las artes del circo como parte de una experiencia teatral, una que fuera más participativa emocionalmente que el típico espectáculo circense de los Ringling Brothers. Para ello, cada nuevo montaje del Cirque requería un conjunto único de diseño de vestuario, utilería, efectos de iluminación y una banda sonora original. Así que los intérpretes también necesitaban recibir mayores sueldos por las semanas extra de ensayos, de manera que todas las actuaciones pudiesen encajar en un todo narrativo y teatral.

Era una visión cara, pero Laliberté vio una mina de oro al final del arcoíris. Los espectadores de teatro, como él sabía bien, están acostumbrados a pagar precios más altos que los tradicionales asistentes al circo. El circo teatral implicaba mucha producción, pero también era potencialmente muy beneficioso.

Poco después de la exitosa gira canadiense de 1986, Laliberté y otros dos administradores punteros del Cirque incubaron su plan para convertir la compañía en una empresa privada y rentable, con cada uno de ellos como propietarios de un tercio de la misma. Algunos miembros abandonaron la compañía indignados por el cambio, incluyendo al viejo amigo y mentor de Laliberté, Guy Caron, director artístico del Cirque. Pero Laliberté supuso correctamente que la mayoría de los miembros se quedarían, porque estaban felices de poder seguir trabajando.

La visión de circo teatral para el Cirque du Soleil pertenecía tanto a Caron como a Laliberté. Pero ambos hombres tenían enormes diferencias en sus ideas sobre el modo de hacerla realidad. Caron fue el fundador de la escuela de circo de Quebec, y mantenía una firme creencia en la toma de decisiones en consenso y en la propiedad colectiva sin afán de lucro. Laliberté, por el contrario, afirmaba que «siempre he tenido metas de negocios, tantas como de viajes y de diversión... siempre he dicho que si el Cirque se hacía grande, sería por el éxito de unir arte y negocio».

Bajo Caron, el Cirque du Soleil tal vez se habría desarrollado dentro del circo nacional de Quebec como una extensión de la escuela circense. Quizá habría crecido como un grupo regional bien visto, con un calendario de giras por temporadas, como la Filarmónica de Los Ángeles o el Mormon Tabernacle Choir. Pero Caron nunca habría guiado al Cirque hacia su transformación en un fenómeno cultural global. El Cirque de Caron jamás habría vendido diez millones de entradas al año, o empleado a más de mil artistas, profesores y entrenadores.

Laliberté y Caron se separaron en amargas condiciones, y según algunas versiones, Caron comentó al personal del Cirque que Laliberté estaría mejor como vendedor de coches usados. En todo caso, el comentario demostraba su pobre comprensión de los motivos verdaderos de Laliberté. En el momento de esta ruptura, Laliberté rechazó una oferta potencialmente lucrativa de Hollywood por la que cualquier vendedor de coches usados babearía. Era un trato que hubiese solventado todos los problemas económicos del Cirque de un plumazo.

Mientras el Cirque estaba en Los Ángeles para el festival artístico, un equipo de Columbia Pictures acudió a él con una propuesta para una película sobre el Cirque du Soleil. El estudio puso un montón de dinero sobre la mesa y, tras años de vivir al borde de la insolvencia, resultaría comprensible que Laliberté se hubiera aferrado a ello. Pero durante las negociaciones, él consideró que Columbia quería que cediera el control total sobre el nombre del Cirque du Soleil. A cambio de una gran paga, él y su equipo de dirección habrían quedado confinados a trabajar para Columbia, no como socios sino como subalternos. Rechazó la oferta.

Hay una razón por la que elegí abrir este capítulo con una historia de las artes del espectáculo. Los siete principios de la brillantez para los negocios son tan elementales y básicos para la creación de riqueza que quería demostrar que pueden aplicarse a cualquier profesión del mundo, incluso en campos donde hacer dinero está lejos del interés principal, como en las artes. Incluso en las artes, donde el talento y la destreza están presuntamente valorados por encima de todo lo demás, las personas que hacen la mayor cantidad de dinero tienden a ser aquellas que se encuentran más centradas en perseguir el dinero. Descubrí, por ejemplo, que el ascenso de Laliberté como el payaso más rico del mundo traza sorprendentes paralelismos con la historia de Damien Hirst, el artista más rico del mundo.

Hirst nació en circunstancias bastante menos favorables que las de Laliberté. Nunca conoció a su padre biológico, y su padre adoptivo abandonó a la familia cuando Hirst tenía doce años. Su adolescencia de clase trabajadora en Leeds estuvo marcada por las malas notas en la escuela y un par de arrestos por hurto. «Crecí en un ambiente bastante empobrecido», contó a la revista *Time* en 2007. «No veía ninguna posibilidad de que alguna vez me pagaran por hacer algo que me gustara».

Desde pequeño, a Hirst siempre le gustó dibujar, pero fue rechazado por la escuela de bellas artes en Leeds. Se mudó a Londres y durante dos años trabajó como peón de construcción. Finalmente, en su segundo intento, fue admitido en la Escuela de Artes de Goldsmiths, en la Universidad de Londres.

Hubo una recesión en el mundo del arte durante los años de formación de Hirst, y las galerías no se fijaban en los nuevos talentos. Así que en 1988 Hirst comisionó y organizó una muestra independiente con los trabajos de los estudiantes de Goldsmiths en la desolada zona de los Docklands londinenses. Hirst reunió todo el dinero que pudo para alquilar un almacén vacío, montó la exposición e imprimió los programas. Del mismo modo que Guy Laliberté empezó a organizar los pequeños festivales callejeros de Baie-Saint-Paul a una edad temprana, Hirst dio sus primeros pasos en el mundo artístico con un papel de promotor, como comisario, no como artista.

La exposición se llamaba *Freeze* [Congelar] y se convertiría en legendaria por lanzar las carreras de una nueva generación de artistas conceptuales británicos. La contribución personal de Hirst a la exposición, sin embargo, no destacó. Era un montaje con cajas de cartón pegadas entre sí y decoradas con pintura sintética. En aquella época Hirst vivía en un albergue público, y no podía permitirse el lujo de imprimir la obra que había diseñado en su ordenador. No obstante, gracias a *Freeze* conoció a un marchante de arte que estaba dispuesto a adelantarle seis mil dólares para llevar a cabo su primer trabajo importante.

Hirst no se lo pensó dos veces. Hizo lo que amaba. Siempre se había sentido fascinado por la muerte y la descomposición, y había pasado cierto tiempo trabajando a tiempo parcial en un tanatorio, donde hacía bocetos de cadáveres. Con seis mil dólares en la mano, produjo *A Thousand Years* [Mil años], una gran urna de cristal con la cabeza de una vaca sacrificada en su interior. Sellada dentro de la urna había también una colonia de moscas que criaban sus larvas en la carne putrefacta de la vaca. Sobre la cabeza cortada había un exterminador de insectos eléctrico. «En su ansiedad por comer, son masacradas», escribió un columnista sobre arte de Londres al describir la obra. «Vivir es morir».

Era repulsiva. Desagradable. Y cuando fue exhibida por primera vez en 1990, Charles Saatchi, el coleccionista de arte más famoso del mundo, se plantó ante ella boquiabierto. Le pagó a Hirst una comisión de sesenta mil dólares para que produjera su siguiente trabajo, un tiburón tigre de cuatro metros suspendido en un enorme tanque de formaldehído. Se titulaba *The Physical Impossibility of Death in the Mind of Someone Living* [La imposibilidad física de la muerte en la mente de alguien que vive] y se convirtió en la obra insignia de Hirst, un icono del arte conceptual británico de los años noventa. En 2004, Saatchi vendería el tiburón embalsamado de Hirst a un magnate del negocio de los seguros por una cifra que se rumorea en los doce millones de dólares.

Para entonces la reputación de Hirst se había consolidado como propia de uno de los más ricos y exitosos artistas de todos los tiempos. En 2006, a la edad de cuarenta años, su patrimonio estimado era de unos 160 millones de dólares, mayor que los beneficios de Andy Warhol, Pablo Picasso y Salvador Dalí *juntos* a la misma edad.

Lo logró con la ayuda de 120 empleados en un estudio al estilo de una fábrica, donde se producían obras «originales» de Damien Hirst bajo su supervisión, aunque normalmente sin ir más allá de un leve toque. Tiene pinturas hechas con *spin art* y producidas en tres minutos tasadas en diez mil dólares. Tiene una serie de pinturas «con puntos» (puntos de color sobre un lienzo blanco) de las que admite carecer de destreza para hacerlas correctamente. Las mejores, confiesa, están hechas por una ayudante llamada Rachel.

Y como Laliberté, algunos de los movimientos magistrales de Hirst han sido realizados en el cruce donde se encuentran el arte y el comercio. En 2003, Hirst pagó quince millones para recuperar quince de sus primeras pinturas que estaban en manos de Charles Saatchi, con la idea de ayudar a controlar el recuento y la demanda de su trabajo preliminar. Los expertos no son capaces de recordar a algún otro artista que realizara semejante maniobra de inversión, visionaria y audaz.

Luego, en septiembre de 2008, solo una semana después de la crisis de deuda que hundió a Lehman Brothers y sacudió a los mercados financieros de todo el mundo, Hirst desafió a los alarmistas y subastó un valor total de 198 millones de dólares de sus obras en Sotheby's, sobrepasando hasta las estimaciones más altas. La subasta fue inusual porque fue la primera vez que un artista dirigía la venta de su trabajo directamente al público, suprimiendo las fuertes comisiones que normalmente disfrutaban sus marchantes de Londres y Nueva York. Hirst tomó la idea de su experiencia previa con Pharmacy, un restaurante de Londres del que era parcialmente propietario. Cuando el restaurante cerró en 2004, Hirst supervisó personalmente la subasta de todo lo que había en su interior, incluyendo las cajas de cerillas. Recaudó veinte millones de dólares con ese método, mucho más de lo que el propio restaurante valía.

Pero la creación financiera más controvertida es una pequeña escultura titulada *For the Love of God* [Por el amor de Dios]. Es la obra de arte más cara jamás realizada. En 2006, Hirst tenía una talla de platino fabricada a partir de una calavera humana del siglo XVIII que había comprado en un anticuario. Entonces el cráneo se revistió con 8,601 diamantes perfectos de un coste registrado de veintiocho millones de dólares. Hirst anunció un precio de cien millones y en agosto de 2007 afirmó que lo había conseguido, en efectivo, de una corporación anónima. Pero los críticos especulan que él y su encargado de los negocios eran parte de esa corporación secreta, y que el precio real no alcanzó los cien millones. De ser así, no significaría nada, solo que Hirst aún conserva la propiedad de su pieza más preciada, una inversión que siempre puede vender más adelante.

Por la época de ese anuncio, una editorial del *New York Times* reconvenía que «el señor Hirst... ha pasado de ser un artista a ser lo que podría llamarse encargado de asegurar el arte de Damien Hirst. Ningún artista ha dirigido la escalada de precios de su propio trabajo de forma tan magnífica como el señor Hirst. Este es el verdadero concepto de su conceptualismo, que ha culminado en su más reciente comedia: una calavera humana cubierta de diamantes».

Resulta curioso que esta editorial del *Times* no registrara ninguna desaprobación de la alocada escalada de precios en el arte en general. El artículo parecía decir que está bien que los marchantes y coleccionistas especulen y se aprovechen de los precios al alza, pero si un artista sobresale en el aprovechamiento de su propio trabajo, de algún modo sufre una pérdida de integridad artística.

Puede ser que la editorial del *Times* refleje una cierta ambivalencia entre la clase media en cuanto al seguimiento del dinero. Todo lo que Hirst ha hecho es exponer el interés de la típica clase media millonaria en la riqueza que su trabajo crea. La encuesta de Brillantez para los Negocios notó que ocho de cada diez millonarios hechos a sí mismos tienen una sustancial participación personal en su trabajo, mientras que uno de cada diez dice que aunque aún no la tienen de momento, están buscándola.

Hay aquí un enorme abismo de experiencia entre la clase media y los millonarios hechos a sí mismos. Entre la clase media, solo uno de cada diez tiene una copropiedad de su trabajo, y solo dos de cada diez dicen que la buscan. Pero aquí hay un resultado de la encuesta que encuentro mucho más interesante. Más de seis de cada diez coinciden en que ser copropietarios de su trabajo es importante. Así que, en términos sencillos, casi dos tercios de la clase media comprende el valor de tener copropiedad en el trabajo propio, ¡pero menos de un tercio está haciendo algo al respecto!

¿Por qué no hay más personas de clase media que hacen lo que les apasiona *y* siguen el dinero? ¿Por qué un tercio de la clase media conoce el valor de tener equidad en el trabajo propio mientras no hace nada para perseguirla? ¿Es como dijo Marsha Sinetar, que necesitas superar tus dudas y dejar de permitir que el miedo te detenga?

Verdaderamente, nadie acusaría a Laliberté y Hirst de padecer dudas e inquietud. Pero la autoconfianza tampoco lo es todo. Hay muchos artistas con autoconfianza y audacia en todo el mundo que también cosechan riqueza y éxito justamente. ¿Cómo es que ninguno de ellos compraron sus primeros trabajos o emprendieron sus propias subastas, como hizo Hirst? Controlar el abastecimiento y suprimir intermediarios inútiles son prácticas fundamentales en los negocios desde hace literalmente siglos. ¿Por qué fue Hirst el primer artista en aplicar tal estrategia históricamente comprobada a su carrera?

Y piensa en esto. Cuando Laliberté anunció a los sesenta o setenta miembros del incipiente Cirque du Soleil que él y sus dos compañeros querían tomar propiedad del Cirque como una rentable compañía privada, necesitaba que sus artistas y su equipo creativo continuaran adelante con el plan. Las filas del Cirque ya habían disminuido por entonces por alguna disensión. Laliberté se encontraba en una posición vulnerable.

Cualquiera de los miembros clave del Cirque pudo haberle pedido una pequeña porción de la tarta (tal vez un uno por ciento de acciones de la nueva compañía, sin derecho a voto) como condición para quedarse. Unos cuantos de ellos probablemente lo hubieran conseguido.

Hoy, un uno por ciento del Cirque du Soleil sería aproximadamente unos veinte millones de dólares. Pero ninguno de ellos lo pidió.

¿Por qué?

➤ La parálisis del sueldo

En la primavera de 1969, un joven investigador de psicología llamado Ed Deci inició una serie de experimentos en la Universidad de Carnegie Mellon que incluía la observación de los estudiantes jugando al Soma, un puzle de la compañía Parker Brothers. Los resultados de los experimentos de Deci, que han contado con el apoyo de docenas de otros estudiantes desde entonces, desafiaban muchas de las ideas tradicionales relacionadas con cómo y por qué la gente trabaja, aprende y juega.

Los experimentos también arrojan una luz interesante sobre por qué algunas personas pueden tener un período más propicio que otras para encontrar el trabajo que les apasiona y seguir el dinero.

Soma es un aparentemente sencillo puzle tridimensional. Tiene siete bloques de plástico de formas peculiares que encajan en un perfecto cubo de ocho centímetros si se disponen de la manera correcta. El puzle Soma puede ser resuelto también con otras formas, por ejemplo un diván, un avión y un perro sentado sobre sus patas traseras.

Para su experimento, Deci situó a dos grupos de estudiantes en habitaciones separadas y les dio a todos puzles Soma. Les pidió que resolvieran los puzles de tantas maneras diferentes como les fuera posible en media hora. A los estudiantes del primer grupo simplemente se les pidió que lo hicieran lo mejor posible. A los estudiantes del segundo grupo se les dijo que conseguirían un dólar de recompensa por cada forma que obtuvieran. Media hora después, Deci anunció a ambos grupos que el experimento se había terminado. Les pidió que esperaran unos minutos mientras dejaba la habitación para imprimir algunos cuestionarios.

Los estudiantes no lo sabían, pero el experimento no comenzó de verdad hasta que Deci se fue. Estuvo ausente durante ocho minutos exactos. En ese tiempo, otro investigador observaba a los estudiantes a través de un espejo de visión unilateral. Tomaba notas de lo que hacían con sus ocho minutos de tiempo libre.

El experimento reveló algunas diferencias curiosas en el comportamiento de los dos grupos. Muchos de los estudiantes del primer grupo, aquellos que no habían sido pagados, continuaron intentando resolver los puzles Soma durante los ocho minutos que Deci estuvo fuera. Pero la mayoría de los estudiantes del otro grupo, a los que se les había ofrecido el dólar de recompensa, dejaron los puzles en cuanto Deci se marchó de la habitación. Deci concluyó que para este segundo grupo de estudiantes, la recompensa monetaria había interferido en cualquier otro sentido intrínseco de desafío y entretenimiento que el puzle Soma pudiera haberles proporcionado. El primer grupo, al no habérsele ofrecido ninguna recompensa, probablemente se divirtió más. Esto explicaría por qué continuaron jugando con el puzle incluso después de habérseles comunicado que el experimento había terminado.

Los estudiantes a los que se pagó para jugar al Soma experimentaron más bien que su recompensa de un dólar era una herramienta de control. Deci cree que este es el motivo por el que dejaron de jugar una vez que el dinero se detuvo. La retribución de un dólar frustró cualquier sensación de diversión que pudieran haber tenido mientras resolvían los puzles. «La gente experimenta (el control) como algo antagónico frente a su autonomía», escribió Deci. «Así que estas situaciones agotan el sentido de entusiasmo de la gente y el interés en las actividades controladas».

Hoy Deci ocupa una cátedra de psicología en la Universidad de Rochester. Dirige un centro académico dedicado al estudio de lo que se conoce como teoría de la autodeterminación (SDT en inglés). Los psicólogos del campo de la SDT han catalogado más de cien experimentos que demuestran cómo las recompensas inmediatas para el comportamiento generan una pérdida a largo plazo del interés y el entusiasmo. Una vez que los donantes de sangre fueron retribuidos por donar sangre, eran bastante menos propensos a donarla otra vez gratis. Los niños recompensados con un diploma por colorear con fluorescentes perdían su interés por colorear. Los redactores voluntarios de un periódico universitario abandonaron el voluntariado después de haber sido pagados por escribir durante una semana.

«[Esto es] lo que millones de nosotros (padres bien intencionados, profesores y supervisores) hacemos a las personas que recompensamos, tanto si nos damos cuenta de ello como si no», escribió Alfie Kohn en su superventas de 1993 *Punished by Rewards* [Castigados por los premios]. «Matamos su interés en muchas de las cosas por las que les sobornamos». Cuando una cadena de pizzerías nacional empezó a ofrecer libros gratis para los niños que visitaban sus restaurantes, un destacado psicólogo predijo amargamente que el resultado final acabaría con «un montón de niños gordos a los que no les gusta leer».

Kohn señala que los premios en sí mismos no son el verdadero problema. Está en cómo experimentamos vívidamente el premio como «herramienta de control». Los experimentos con el control común en otros lugares de trabajo, como estar supervisados de cerca, ser evaluados en una tarea, o entrar en competición con otros, han mostrado como resultado una disminución del interés en el trabajo. Esto es especialmente cierto si el trabajo demanda algún grado de pensamiento creativo. Ofrecer recompensas y vigilancia a la vez (palos *y* zanahorias) es malo para todos. Los entornos laborales conducidos por incentivos económicos y una vigilancia estrecha tienden a debilitar el entusiasmo del trabajador por unas tareas que de otro modo tal vez encontraría interesantes. La productividad puede caer porque los empleados sienten una abrumadora necesidad de reafirmar su sentido personal de autonomía. En consecuencia se vuelven pasivos, frenan su participación, o fallan al procurar un esfuerzo completo.

Deci y sus colegas de Rochester han detectado que estos tipos de pensamientos negativos y dubitativos se incrementan cuando nos sentimos controlados y nuestra autonomía es atacada. La necesidad emocional de autonomía se expresa de forma más sutil que las necesidades físicas como el hambre o la sed. Probablemente no dirías que sientes «deficiencia en tu autonomía» después de una semana trabajando en un puesto exigente. Eres más propenso a preguntarte si estás hartándote del negocio... un negocio que una vez creíste que te encantaría. Al final de la semana de trabajo, solo quieres hacer algo diferente para sentirte mejor.

Deci no ha acuñado un nombre sugestivo para esta situación, aunque por lo común se refiere a ella como el «efecto de agotamiento». Para nuestro propósito, me gustaría llamarlo de otra manera: parálisis del sueldo.

Puede que hayas empezado una carrera porque disfrutas del trabajo. A medida que tus habilidades se desarrollan y tus capacidades se extienden, deberías disfrutar de ello aún más, pero el entorno laboral del palo y la zanahoria mina esos sentimientos placenteros. Eso es la parálisis del sueldo. Aun cuando sigues perfeccionando lo que haces mejor, pierdes la pasión que necesitarás para ir y tomar una participación como propietario. La parálisis del sueldo puede hacerte perder el interés por lo que haces... justo lo suficiente para que nunca consigas seguir el dinero mientras lo haces.

Y lo que es peor: si realmente amas tu trabajo, eres aún más propenso a sufrir de parálisis del sueldo. La ecuación es muy simple. La gente que siente verdadero orgullo y pasión por lo que hace tiene mucho más que perder cuando las recompensas y el control del lugar de trabajo bloquean su entusiasmo. Los sentimientos resultantes de la pérdida de autonomía, de ser un peón, llegan a ser más severos que si nunca se hubieran preocupado por el trabajo desde el principio.

Antes he señalado cómo más de seis de cada diez encuestados de clase media en el estudio sobre la Brillantez para los Negocios cree que es muy importante obtener una participación en el trabajo personal, pero casi ninguno (ocho de cada diez) de los encuestados estaba ni siquiera *intentando* obtenerlo de verdad. ¿Por qué tantos están desmotivados con algo que afirman considerar tan importante?

¿Podría la parálisis del sueldo explicar parcialmente por qué la profesora de inglés nunca escribe su libro o el contable nunca abre su propio despacho privado? El carnicero, el panadero, el fabricante de velas... algunos de ellos nunca siguen el dinero por su cuenta porque están bajo una especie de hechizo desmotivador, uno del que ni siquiera son conscientes.

Fueron los experimentos originales de Deci con los puzles Soma los que revelaron una rara inmunidad ante la parálisis del sueldo. Un pequeño porcentaje de los estudiantes que jugaron al Soma por dinero parecía ser inmune a sentirse debilitado. Estaban en el grupo que recibió el dólar de recompensa para resolver los puzles pero, cuando el período de media hora hubo terminado, siguieron tratando de resolverlos. Por usar una frase de Deci, estos estudiantes no experimentaron los premios «como controles que eran antagónicos a su autonomía». En cambio, parecían experimentar las recompensas como dinero gratis por hacer algo divertido que harían alegremente de forma gratuita. A diferencia de todos los demás, disfrutaban de los rompecabezas *y* del dinero.

Deci afirma ahora que estos estudiantes ocupan una elevada posición en lo que él y sus colegas de Rochester llaman «autonomía orientada». Las personas que se consideran altamente orientadas a tener autonomía son más propensas a buscar tareas porque son interesantes y desafiantes. También son más propensas en general a asumir la responsabilidad de su propio comportamiento en lugar de culpar a las circunstancias o a otras personas. En el polo opuesto se encuentran las personas que tienen una «orientación controlada», lo que sugiere una dependencia de los premios y de lo que los demás piden, en lugar de lo que quieren para sí mismos. La orientación controlada (junto con un rasgo de fatalismo y ansiedad llamado «orientación impersonal») está en la raíz de la parálisis del sueldo.

En la web del programa de SDT de la Universidad de Rochester (www.psych.rochester.edu/SDT/questionanaires) hay un cuestionario de diecisiete puntos que te ayuda a localizar dónde estás en la Escala de Orientaciones de Causalidad General. Por ejemplo, si te ofrecen un nuevo puesto en una empresa donde has estado trabajando mucho tiempo, ¿qué probabilidades hay de que la primera pregunta que te venga a la mente sea «Qué ocurre si no puedo cargar con la responsabilidad», o «Ganaré más dinero en este puesto»? Estas son las respuestas de orientación impersonal y orientación controlada. El primer pensamiento de autonomía orientada podría ser: «Me pregunto si el nuevo puesto será interesante».

Si haces el test y puntúas bajo, al menos sabrás que tiendes a tener parálisis del sueldo. Esas parecen ser las malas noticias. Las buenas noticias son que, si eres como la mayoría de la clase media y quieres seguir el dinero pero no lo has hecho, puedes parar de acusarte a ti mismo de procrastinar, tener miedo al riesgo, o de pereza. Estás teniendo lo que para ti es una reacción natural a sentirte controlado. El primer paso para acabar con la parálisis del sueldo y afirmar tu autonomía es entender cómo y por qué puedes estar bajo su hechizo.

La adopción de una autonomía orientada puede ayudarte en un montón de situaciones que la mayoría de la gente consideraría controladoras, preparadas para lo que estoy llamando parálisis del sueldo. La razón es que las acciones que decides tomar ayudan a crear el contexto social en el que vives. Ciertamente, ese fue el caso de Laliberté y Hirst. En lugar de lamentarse por los bajos salarios y las escasas oportunidades de trabajo para los artistas de circo en Quebec, Laliberté ha creado miles de puestos de trabajo de circo que nunca hubieran existido sin el Cirque du Soleil, y se ha convertido en multimillonario durante el proceso. Hirst cambió su vida, y cambió el mundo del arte en el camino, por pensar en el dinero con la misma creatividad que pone en su arte.

Deci escribe en su libro *Why We Do What We Do* [Por qué hacemos lo que hacemos]:

> *En lugar de esperar a que el mundo le dé lo que quiere, la gente puede llegar a ser más proactiva haciendo que las cosas sucedan por sí mismas.*

Pueden hacer que el proceso interactivo trabaje en su nombre comportándose de manera más autónoma. Pueden obtener del contexto social más y más apoyo para su autonomía. Su personalidad y los contextos sociales en los que se mueven son sinérgicos, y juntos afectan a las experiencias y acciones de las personas.

Sinérgicos. Añadí el énfasis en la cita de Deci. Para ser autónomo, para hacer lo que te apasiona y seguir el dinero, necesitas tomar decisiones que la mayoría de la gente teme demasiado tomar, y pedir cosas que la mayoría de la gente teme pedir. Cuando haces estas cosas, impactas a tu alrededor y contribuyes a crear una nueva realidad. Para ver esta clase de sinergias autónomas en acción, leamos la historia de otro artista, el actor de reparto de Hollywood llamado John O'Hurley.

➤ El principio Peterman

El 14 de mayo de 1998, John O'Hurley compró un anuncio de página completa en el periódico de entretenimiento *Variety*. Llevaba la siguiente nota dirigida al reparto y equipo de la archiconocida y recientemente terminada comedia *Seinfeld*.

Mientras estoy metido hasta las rodillas en las ambarinas aguas del río Ganges, codo a codo con las pescaderas de Nueva Delhi, aprendiendo el sutil arte del lavado en el río y dándole un último brillo a un par de calzoncillos azul celeste, veo el lento desfile de barcos a medida que pasan ante mí en el atardecer de este río interminable. Me recuerda lo agradecido que estoy de haber hecho escala en su puerto durante todo el tiempo que lo hice. Para mí el horizonte siempre estará solo un poco fuera de alcance, y es por eso que continúo navegando. Les deseo a todos una vida extraordinaria.

—Jacopo Peterman

Durante tres años a finales de los noventa, John O'Hurley apareció en *Seinfeld* como el aventurero despistado y pomposo propietario de la empresa de catálogos J. Peterman. Era un papel modesto. O'Hurley apareció en solo veinte de los 172 episodios de *Seinfeld*, sobre todo en las dos temporadas finales de una serie de nueve años de duración.

Aunque pequeño, fue un papel extremadamente memorable. Quince años después de emitirse el último episodio de *Seinfeld*, aún le resulta imposible a O'Hurley ir a cualquier parte sin escuchar a la gente chillar «¡Hola Peterman!». La mayoría le grita desde una ventana, o desde el otro lado de la calle, pero otros van hacia él y se lo dicen a la cara. Y eso no solo le pasa cuando está en Estados Unidos, puesto que, según la biografía de O'Hurley, se reponen episodios de *Seinfeld* en ochenta y cinco países de todo el mundo.

Muchos actores consideran este tipo de notoriedad perjudicial para sus carreras. Lleva al encasillamiento, en el que se vuelven tan completamente identificables en la mente del público con un personaje que nadie en el negocio de la televisión o el cine cree que son buenos para nada más. Esta es parcialmente la razón por la que los actores que interpretaron las dos docenas de personajes más conocidos de *Seinfeld* han huido de sus papeles y tratado de hacer que todo el mundo les olvide.

Patrick Warburton, que interpretaba al tonto mecánico David Puddy en nueve episodios de *Seinfeld*, es un ejemplo. Él contó a *Los Angeles Times* en 2001 que «es tu responsabilidad como actor reinventarte [a ti mismo]». El encasillamiento, dijo, es para actores que quieren hacer el mismo papel o no hacer nada más. «Eso no es para mí».

O'Hurley, por otra parte, parecía pensar que esta era una falsa elección que no necesitaba tomar. Él era como los estudiantes del experimento de Ed Deci con los puzles Soma que tomaban el dinero *y* disfrutaban del juego. Comenzó su carrera post-*Seinfeld* con ese anuncio en *Variety* y promocionando su identidad de Peterman. Protagonizó anuncios en televisión para Xerox, interpretando al dios griego Zeus con la voz de Peterman. Hizo cuñas para emisoras de radio con la voz de Peterman. Una compañía de tecnología visual online necesitaba un locutor y O'Hurley aceptó, con la condición de tener una participación en la compañía principal. En 2006, O'Hurley contó a *Businessweek* que su personaje de «Peterman-vendedor» valía siete cifras al año, como «ese bufón al estilo de Mr. Magoo que puede decir lo que sea para las empresas».

Así que, ¿dio pie el encasillamiento de Peterman a que otros trabajos se resintieran? Para nada. O'Hurley debutó en Broadway en una producción de *Chicago*. Interpretó al rey Arturo en la compañía itinerante del espectáculo de los Monty Python *Spamalot*. Ganó la edición de 2003 del concurso *Dancing with the Stars* [Bailando con las estrellas]. Ese año, coprotagonizó junto a Loni Anderson una breve comedia llamada *The Mullets*. Presentó *Family Feud* [100 latinos dijeron] de 2006 a 2010. O'Hurley llegó a expandir sus fronteras más allá de la interpretación. Escribió un pequeño libro sobre lecciones de vida aprendidas de los perros, llamado *It's Okay to Miss the Bed on the First Jump* [Está bien perderse la cama en el primer salto]. Llegó a la lista de más vendidos del *New York Times*. Compuso un disco de música clásica para teclado. Alcanzó las listas de Billboard.

El J. Peterman de la vida real no se adaptó tan bien a la vida después de *Seinfeld* como lo hizo O'Hurley. La compañía optó por una estrategia muy agresiva de crecimiento que acabó en bancarrota en 1999. En 2001, en el colmo de la ironía, O'Hurley conoció al John Peterman real y firmó un acuerdo para comprar a los acreedores el nombre de J. Peterman. Hoy, O'Hurley es el principal inversor y miembro del consejo de la resucitada compañía J. Peterman. El catálogo ofrece una «camiseta de golf O'Hurley» por ochenta y nueve dólares. O'Hurley contó en una entrevista que el personaje de J. Peterman «ha cambiado mi vida de maneras que son inconcebibles. Y ahora que soy dueño de la compañía, estoy muy contento de mantener viva esa franquicia».

Hasta ahora, he centrado este capítulo en personas que vienen de circunstancias bastante extraordinarias y las han aprovechado al máximo: escupir fuego, escribir un superventas, o poner una cabeza de vaca en putrefacción en el interior de una urna para una exposición. Esto es otro asunto. ¿Por qué, concedidas más o menos las mismas oportunidades que a John O'Hurley, los restantes actores de *Seinfeld* huyeron de las asociaciones con sus personajes? ¿Qué hizo a O'Hurley tan diferente? La pregunta lleva de regreso a Deci y sus colegas de la Universidad de Rochester.

Gran parte del trabajo de Deci a lo largo de los últimos treinta años ha rodeado la pregunta sobre cómo los entornos laborales pueden volverse más «de apoyo a la autonomía». La esperanza es que si las organizaciones establecen sistemas que permitan a los empleados obtener más gozo personal de su trabajo, los empleados serían más productivos porque se sentirían como si el lugar de trabajo estuviera apoyando su autonomía.

El problema es que, como demostramos antes, no todo el mundo está de acuerdo con qué es un ambiente de apoyo a la autonomía. Algunas personas son más propensas a sentirse controladas que otras, así que el mismo jefe o circunstancias que a una persona pueden intimidarle pueden aparecer como un desafío para otra. Un estudio mostraba cómo los estudiantes de medicina que puntuaban alto en orientación hacia la autonomía tendían a ver que sus profesores apoyaban mucho la autonomía, tanto si esos profesores lo hacían como si no. Algunos profesores podían ser extremadamente controladores, pero los estudiantes orientados a la autonomía no los reconocían como tales.

La oportunidad está verdaderamente a la vista del observador. Del reparto completo de *Seinfeld*, O'Hurley fue el único que vio lo bueno que era ser parte de la comedia más vista y exitosa de la historia de la televisión. Todos los demás actores de *Seinfeld* vieron sus personajes de otra manera, como amenazas para su libertad, como medios potenciales de control que podían encorsetar sus carreras.

Para O'Hurley, Peterman no es en absoluto un corsé. Viste el personaje de Peterman cómodamente (como llevaría una chaqueta English Travel, página 22 del catálogo de J. Peterman) de camino hacia el banco.

3

Ahorra menos, gana más

ALREDEDOR DE NUEVE DE CADA DIEZ MILLONARIOS
HECHOS A SÍ MISMOS DICEN QUE «ES IMPORTANTE
EXPLOTAR LA DEBILIDAD DE LOS DEMÁS EN LAS
NEGOCIACIONES».

ENTRE LA CLASE MEDIA, SOLO DOS DE CADA DIEZ
ESTUVIERON DE ACUERDO.

➤ El camino del pan de molde a la riqueza

Cuando Suze Orman recuerda su vida antes de convertirse en el principal gurú financiero de la nación y en superestrella de los medios de comunicación, habla del dinero del modo en que los adictos en recuperación o los pecadores reformados dan testimonio de sus luchas con la tentación.

En 1987, Orman tenía treinta y cinco años de edad y estaba ahogada en deudas. Tenía su propia consultoría financiera en el área de la bahía de San Francisco, y llevaba lo que admite ser un estilo de vida por encima de sus posibilidades. Su pequeña casa tenía hipotecada hasta la cerradura. Su BMW de alquiler costaba seiscientos dólares al mes. Su deuda de las tarjetas de crédito alcanzó los cien mil dólares. En un momento dado, confiesa Orman, echó mano de su plan de jubilación solo para comprar un reloj Cartier de 7,500 dólares.

Desde aquellos días, Orman ha amasado una fortuna regañando a sus millones de fans por caer en excesos mucho más modestos. Por medio de nueve libros superventas y repetidas apariciones en *El show de Oprah Winfrey*, Orman insta a sus seguidores a dejar de malgastar dólares en lujos frívolos y ahorrar dinero mediante la inversión para la jubilación.

El libro de Orman de 1999, *Atrévase a ser rico*, proporcionaba cinco páginas completas de sugerencias sobre cómo ahorrar en tu camino a la riqueza. ¿Realmente necesitas comer baguettes francesas en lugar de pan de molde? ¿Es la ropa interior de diseño una necesidad o un lujo? ¿Por qué no deshacerse de ese sofisticado jabón de manos perfumado?

«Si no estás en el curso de hacerte rico, pero deseas estarlo, tienes que cambiar de rumbo; es así de simple», escribió Orman. «Elegir la riqueza es hacer que cada céntimo cuente... y elegir tus lujos muy, muy cuidadosamente».

Orman está tan segura de que ahorrar es el camino hacia la prosperidad que pensarías que ella tendría su propia historia personal que compartir, que es la prueba viviente de lo que predica. Tal vez tengas curiosidad por escuchar cómo, haciendo que cada céntimo cuente, ella cambió completamente su otrora desesperada situación financiera. Pero Orman no puede contártelo porque no fue eso lo que hizo.

Orman escapó de la deuda no ahorrando más, sino ganando más. Ella desplegó sus brillantes habilidades en los negocios, se basó en el trabajo que le apasionaba y siguió el dinero. Mientras estaba sumida en las deudas en 1987, consiguió un nuevo gran cliente corporativo con un lucrativo contrato para proporcionar una planificación de la jubilación para sus empleados. A Orman se le pagaron 250,000 dólares en un mes por sus servicios, y todos sus pecados de gastos y de excesiva indulgencia quedaron absueltos. No necesitó vender su casa, devolver su BMW, o comprarse ropa interior más barata.

Orman suele advertir que no es suficiente con recortar el gasto para salir de las deudas. La gente endeudada, dice, debe liquidar sus artículos de lujo como pérdidas a fin de comenzar a ahorrar su camino a la riqueza. ¿Es eso lo que hizo con el reloj Cartier de 7,500 dólares que compró con su saqueo de los fondos para la jubilación? No. Se lo regaló a un amigo.

Hoy Orman es solo la más famosa de una raza de celebridades de las finanzas personales que han proliferado desde la década de 1980, cuando la popularidad de los planes de pensiones dieron inicio al rápido crecimiento de los hogares, con una media de acciones valoradas hoy en noventa millones. Todos estos autores y personalidades de la comunicación sermonean el mismo evangelio: que escatimar céntimos es un camino seguro hacia la prosperidad si gastas menos y ahorras más, e inviertes esos ahorros en acciones y fondos de inversión inmobiliaria con ventajas impositivas.

La columnista de *Newsweek* Jane Bryant Quinn era la reina del movimiento hasta que Orman la destronó. David Bach y Robert Kiyosaki son los reyes, mientras que Ed Slott, contable público, se ha asegurado un nicho lucrativo en la televisión pública con sus infocomerciales *Stay Rich Forever* [Permanece rico para siempre], en los que afirma que puedes «aprovechar tu plan de pensión como una fortuna familiar». (Una aclaración: fui coautor de un libro en 2001 llamado *The Armchair Millionaire* [El millonario de salón] que ensalzaba muchas de las mismas prácticas principales, pero con el objetivo de conseguir seguridad financiera, no como una promesa de obtener riquezas.)

Este mensaje de austeridad personal tiene un eco profundo entre la clase media. En la encuesta Brillantez para los Negocios, cerca de siete de cada diez encuestados de clase media estuvieron de acuerdo en que «recortar en gastos para acumular riqueza» es importante para su éxito financiero. Más o menos el mismo número señaló «recortar en pequeños lujos» como algo importante. La crisis financiera de 2008 no logró sacudir la confianza de la clase media en estas ideas, a pesar del devastador precio cobrado de muchos planes de jubilación. De hecho, las encuestas realizadas antes y después de la crisis mostraron niveles casi idénticos de apoyo a la idea de que puedes ahorrar en tu camino a la riqueza.

Los millonarios hechos a sí mismos, sin embargo, se sitúan en el extremo opuesto. Solo uno de cada diez dice que recortar en pequeños lujos o reducir gastos tiene algo que ver con la provisión de riquezas. Para los millonarios hechos a sí mismos, el éxito financiero se consigue aumentando lo que entra, no restringiendo lo que sale. El ahorro es una cosa buena, pero los que se han hecho ricos no llegaron a ello por el ahorro. El ahorro y la inversión únicamente preservan lo que has ganado por otros medios, trabajando y siguiendo el dinero.

Cualquier persona que haya considerado seriamente la riqueza lograda por sí misma sabe esto muy bien. Cuando mi antiguo jefe, el fundador de la revista *Worth*, W. Randall Jones, se tomó dos años para entrevistar a docenas de multimillonarios para su libro *The Richest Man in Town* [El hombre más rico de la ciudad], apareció con doce mandamientos sobre las riquezas, extraídos de lo aprendido en esas entrevistas. Ninguno de esos mandamientos involucraba el ahorro, la reserva o la inversión. El magnate de los medios de comunicación británicos Felix Dennis puede ser un tacaño radical cuando se trata de impulsar una de sus empresas de nueva creación. Él se jacta de pagar mal a sus empleados y les priva de vehículos de empresa y de teléfonos móviles. Pero Dennis no escatima en gastos para sí mismo. En *How to Get Rich* [Cómo hacerse rico] escribe que se ha gastado 790,000 dólares en vino francés solo en los últimos veinte años. «Gasté muchísimo más de lo que produje en sexo, drogas y *rock and roll*», dice. «El resto», añade como de broma, «lo malgasté».

A pesar de toda la evidencia que apunta a lo contrario, Orman ha construido su imperio de asesoramiento financiero convenciendo a la clase media de que reducir gastos y acaparar ahorros es algún tipo de disciplina especial dominada por los ricos. «Cuenta cada céntimo y haz que cada céntimo cuente», escribe en *Atrévase a ser rico*. «¿Cuántos de nosotros hacemos eso? Los ricos lo hacen. Te lo prometo».

No es por meterme con Suze, pero no sé cómo puede hacer una promesa tan escandalosa. Mi negocio me pone en contacto con una gran cantidad de personas que son ricas según los estándares de Suze y todos están demasiado ocupados ganando dólares como para contar céntimos. La misma Orman se mueve por círculos bastante opulentos, así que debe saberlo mejor. En 2007, contó al *New York Times* que gasta al menos trescientos mil dólares al año en vuelos privados. Esto probablemente sea un gasto razonable, ya que su calendario está abarrotado y su tiempo es valioso. Pero también es un ejemplo evidente de por qué los ricos no cuentan céntimos. Su tiempo está mucho mejor empleado en hacer dinero que en guardarlo.

Todos los famosos gurús de la austeridad lo saben, del mismo modo, porque están enriqueciéndose al ganar más, no al ahorrar más. Quinn, Slott y los demás han obtenido su dinero aplicando sus habilidades para los negocios en sus carreras. Así que cuando Orman afirma que escatimando y ahorrando «es como te haces rico, financieramente hablando. Poco a poco», solo tiene la mitad de razón. Es bastante cierto que la riqueza se acumula en etapas progresivas. Pero aquellos que alcanzan la riqueza lo logran haciendo que sean las oportunidades las que cuentan, no los céntimos.

Por otro lado, este es un buen momento para reconocer que muchas personas no quieren estar a solas en el negocio. ¿Qué pasa con ellas? Si tu previsión de ingresos para el próximo año se ve limitada por el tamaño de un cheque semanal, ¿no tiene sentido recortar el gasto y ahorrar lo que puedas? Por supuesto que sí. Tiene perfecto sentido. Solo que no te hará rico. Tus ahorros son tus ahorros. Es bueno tenerlos, pero no son el camino a la riqueza.

Desde mi punto de vista, lo más perjudicial sobre el evangelio de los ahorros es que distrae a la gente de donde está la acción: ganar más dinero. Vamos a simplificar el tema por ahora. Vamos a imaginar que no tienes interés en absoluto por ninguno de los otros principios para ser brillante en los negocios que están descritos en los siguientes capítulos. Quieres ganar más, pero ninguna de las estrategias para hacerlo te atrae. Aun así hay una cosa que puedes hacer para ganar más dinero sin tener que emplear ningún talento especial, ni habilidades nuevas, ni esfuerzo.

Puedes pedir.

Las probabilidades dicen que la única razón por la que no estás haciendo más dinero con tu trabajo es que no has *pedido* más dinero. Es cierto. Según algunas estimaciones, alrededor de tres de cada cuatro trabajadores que empiezan en un nuevo puesto de trabajo descuidan pedir más dinero al asumir sus cargos, a pesar de que nueve de cada diez directores de recursos humanos dicen que están dispuestos a pagar más si se les pide. De esos uno de cada cuatro empleados que lo hacen, la mayoría de ellos pide mal y no lo suficiente. Millones de personas luchando para ahorrar calderilla según el método de Suze Orman han perdido miles de dólares en sus puestos de trabajo, dólares que estaban literalmente allí para ser pedidos.

Pero, ¿cuántas personas se molestan en pedir? Citemos a Orman para responder:

«Los ricos lo hacen. Te lo prometo».

➤ El minuto de mil dólares

En 1995, Linda Babcock trabajaba como profesora ayudante de economía en la Universidad Carnegie Mellon, cuando un grupo de mujeres estudiantes se acercaron a ella con una queja. En el siguiente semestre los doctorandos daban una serie de nuevos cursos, y todos los instructores eran hombres. Como mujeres, sentían que se les había negado la oportunidad de enseñar a causa de su género. Se sentían excluidas, como si el departamento funcionara como un club de viejos amigos. Le pidieron a Babcock que tratara con ello.

Cuando Babcock abordó el tema con el jefe del departamento de economía, se situó al otro lado de la historia. Se enteró de que los cargos docentes habían sido adjudicados a estudiantes de doctorado que se habían acercado al jefe de departamento con propuestas detalladas para nuevos cursos. Ocurría que todos los estudiantes que hicieron esto eran hombres. No había intención de discriminar a las mujeres. A los hombres se les concedió tareas docentes porque las solicitaron. El problema fue que las mujeres *no las pidieron*.

Tras esa conversación, Babcock y algunos de sus colegas llevaron a cabo un estudio de los sueldos de los recién graduados del programa de doctorado de la universidad en la política pública. Los resultados mostraron que, a pesar de tener calificaciones y credenciales similares o idénticas a las de sus compañeras de clase, los salarios de los hombres eran un promedio del 7.6 por ciento más elevados que los de las mujeres. Babcock y sus colegas no quedaron demasiado sorprendidos por este resultado, ya que durante años los estudios sobre los sueldos en todo tipo de profesiones han mostrado diferencias de ingresos similares entre sexos. Estas brechas son comúnmente asumidas como evidencias del sesgo de género en la contratación y remuneración.

Pero Babcock había añadido otra serie de preguntas en el estudio sobre los sueldos, preguntas que rara vez se incluyen en este tipo de estudios. Quería saber más acerca de *pedir*. ¿Cuántos de estos graduados habían tratado de negociar salarios más altos antes de aceptar sus ofertas de trabajo? Babcock sabía que la oficina de planificación de carrera de la Universidad Carnegie Mellon animaba encarecidamente a los estudiantes solicitantes de empleo que rechazaran sus ofertas iniciales de sueldo y pidieran más dinero. Tenía curiosidad por ver cuántos estudiantes estaban realmente siguiendo ese consejo.

Para sorpresa de Babcock, más de la mitad de los hombres graduados había pedido más dinero (el cincuenta y siete por ciento), pero solo el siete por ciento de los estudiantes de sexo femenino lo hicieron. En cambio, el noventa y tres por ciento de las mujeres (y alrededor de cuatro de cada diez hombres) había aceptado el salario inicial ofrecido, sin hacer preguntas, a pesar de que habían sido avisadas específicamente de que pidieran más. La encuesta también reveló que había una recompensa considerable por pedir. El pago promedio para los estudiantes que negociaron —tanto hombres como mujeres— fue mayor en 4,305 dólares, una prima de un 7.4 por ciento por encima de los salarios de los que no negociaron. Casi toda la disparidad salarial entre hombres y mujeres se podía atribuir al hecho de que los hombres eran *ocho veces* más propensos que las mujeres a pedir más dinero. ¡La brecha del género en el estudio sobre los sueldos de Babcock era en realidad una brecha respecto a la negociación!

Babcock fue coautora de un libro titulado *Las mujeres no se atreven a pedir*, en el que exploró más aún la aversión general entre las mujeres de negociar para su propio beneficio. Pero el problema no está para nada limitado a las mujeres. Recordemos que casi la mitad de los hombres de aquella encuesta sufrían la misma animosidad ante el hecho de pedir. Si se tienen en cuenta los resultados del estudio de Babcock sin considerar el género, se aprecia que un exiguo veinticinco por ciento de los estudiantes graduados en Carnegie Mellon pidió más dinero cuando se les ofreció su primer empleo.

No eran gente simple. Todos habían obtenido títulos de doctorado en una universidad puntera. Habían sido formados por la oficina de planificación de carrera para pedir más dinero. Se les ofrecieron consejos sobre cómo hacerlo de manera que fuese razonable y respetuosa. Y, sin embargo, solo uno de cada cuatro siguieron ese consejo y pidieron más dinero. Hablando en sentido figurado, tres de cada cuatro optaron por salir de la oficina de contratación con 4,300 dólares esperando en el escritorio. El dinero era suyo si así lo hubieran querido. Simplemente no lo pidieron.

Otros estudios han demostrado similares hábitos pobres en las negociaciones de sueldos en nuevas incorporaciones, en un gran número de ámbitos. En su libro *Get Paid What You're Worth* [Que te paguen lo que vales], los profesores de empresariales Robin L. Pinkley y Gregory B. Northcraft escriben que únicamente alrededor de la mitad de los ejecutivos —probablemente el empleo más sofisticado entre los solicitantes— informa haber negociado en su última oferta de trabajo. Dado que es un número de autoinforme, Pinkley y Northcraft sospechan que en realidad esa proporción de no negociadores sea probablemente mucho mayor. Los selectores de personal ejecutivo, por ejemplo, dijeron que solo uno de cada cuatro de sus clientes negociaron sus condiciones salariales. Es el mismo índice de negociación débil que Babcock encontró en la Carnegie Mellon.

En el próximo año, cincuenta millones de trabajadores estadounidenses comenzarán en nuevos puestos de trabajo. La mayoría de ellos aceptará la primera oferta por el salario que reciban. Por no solicitarlo, se perderán miles de millones de dólares, y cada uno de ellos lo hará con un apretón de manos y una sonrisa.

Si esto te parece increíble, considera el proceso de contratación desde el punto de vista de la gestión. Anteriormente en este capítulo, he citado encuestas que muestran que nueve de cada diez directores de recursos humanos están dispuestos a pagar más dinero si se les solicita. Deliberadamente mantienen su oferta salarial inicial excesivamente baja. Un gerente con un presupuesto que controlar no puede permitirse el lujo de comenzar una negociación salarial con una oferta «justa», si existe alguna posibilidad de que el nuevo empleado acepte una cifra inferior. Más concretamente, el encargado de hacer esa oferta inicial tiene que estar preparado para aumentarla si el candidato pide más. Por esta razón, la primera oferta debe ser muy baja por precaución, con la idea de dejar espacio para la negociación.

Así, con la posible excepción de algunos puestos de trabajo de la administración pública y sindicales, es casi seguro que cada oferta salarial inicial que hayas recibido en tu vida ha sido deliberadamente injusta. Cada una ha sido significativamente inferior a lo que el director de recursos humanos estaba totalmente dispuesto a pagar. Y si alguna vez has aceptado la primera oferta sin pedir más, casi con total seguridad has perdido una cantidad significativa de dinero.

Cuando Pinkley y Northcraft trataron de sondear las razones subyacentes por las cuales tantos empresarios altamente profesionales y capacitados no negociaron las ofertas salariales, descubrieron que la mayoría de los candidatos se sentían vulnerables y temerosos una vez que les habían ofrecido el trabajo. Es así de simple. El temor más común que expresan es que pedir más le desagradaría a su nuevo jefe. La negociación, dicen, podría dar imagen de ser «ruines, egoístas, arrogantes [o] ingratos». Otra preocupación era que solicitar más dinero pusiera la propia oferta de trabajo en peligro. Pedir más, eso temían, podría provocar que el director de recursos humanos retirase la oferta y tratara de encontrar a otro para el trabajo.

Ambos temores, sin embargo, están completamente injustificados. Cuando Pinkley y Northcraft encuestaron a los empleadores sobre este tema, cada uno de ellos dijo que esperaban que los candidatos negociaran las ofertas salariales iniciales. La negociación no daña tu imagen, y en algunos casos de hecho puede ayudar. Cuando los investigadores encuestaron a los que seleccionaban a los ejecutivos, ocho de cada diez dijeron que un candidato que negocia de una manera profesional causará una mejor impresión al empleador que aquel candidato que acepta la primera oferta sin más. Tiene sentido una vez que lo piensas. Si tuvieras que contratar a alguien, ¿no te gustaría que esa persona tuviera un nivel saludable de autoestima y percepción propia? Si un empleado nuevo teme negociar el salario, ¿en qué otras tareas difíciles se mostrará demasiado tímido?

Pinkley y Northcraft también descubrieron que las ofertas de trabajo casi nunca son anuladas, y en los raros casos en que lo son, el problema suele ser que un currículum o solicitud contenía falsedades. Sí, de vez en cuando un candidato negociará su eliminación de un puesto de trabajo. Si actúas de modo irracional y prolongas tus negociaciones salariales durante demasiado tiempo, es posible que la compañía retire su oferta. Pero eso es porque fuiste torpe, no porque negociaras.

La mayoría de los directores de recursos humanos dijeron a Pinkley y Northcraft que les gustaría que sus nuevos empleados comenzaran a sentirse satisfechos de lo que hacen. No quieren contratar a personas que se sientan mal por sus salarios y que deseen haber pedido más. Para probar esta idea, los investigadores hicieron un listado de cómo hipotéticamente un candidato óptimo para un trabajo reaccionaría a varias ofertas salariales. Luego entregaron el listado a algunos directores de recursos humanos y les preguntaron cuál sería su máxima oferta salarial si supieran que el mejor candidato para ese puesto de trabajo:

- Rechazaría una oferta de 35,000 dólares.
- Aceptaría una oferta de 38,000 dólares con disgusto.
- Aceptaría una oferta de 41,000 dólares con satisfacción.
- Aceptaría una oferta de 44,000 dólares con gusto.
- Aceptaría una oferta de 48,000 dólares con sumo gusto.

Alrededor de un cuarenta por ciento dijeron que ofrecerían 44,000 dólares ¡si supieran que la oferta sería aceptada con gusto! Los dólares extra, pensaban, merecían la pena a cambio de asegurar la incorporación de un empleado feliz. Alrededor de la mitad de los directivos dijeron que ofrecerían hasta 41,000 dólares para asegurarse de que el candidato por lo menos se sintiera satisfecho. Tan solo el diez por ciento respondió que ofrecería la cantidad mínima necesaria para lograr la aceptación disgustada del empleado. «En cada caso», escriben Pinkley y North-craft, «nos dijeron que en última instancia pagarían más para conseguir al solicitante si este negociara, pero que estarían encantados de tener al solicitante por menos».

¿Qué significa esto? Para mí, significa que si respondes a una oferta inicial de salario diciéndole a tu nuevo empleador la cantidad exacta de dólares que te haría feliz, ¡tienes una probabilidad del cuarenta por ciento de conseguirlo! También tienes una probabilidad del noventa por ciento de obtener una contraoferta que al menos te dejará satisfecho.

Las diferencias en dólares en la lista de arriba son significativas. En-cajan perfectamente con los resultados de la encuesta de Linda Babcock y sugieren que la negociación de tu salario podría acarrear debidamente una prima del siete por ciento. Otros estudios han mostrado resultados más moderados de los salarios negociados, más en el rango del cuatro por ciento. No obstante, un aumento de sueldo de hasta un cuatro por ciento es un extra de entre dos mil y cuatro mil dólares en los ingresos familiares de nuestros encuestados de clase media. En palabras de una popular guía de negociación, tu discusión salarial puede ser la única oportunidad que tengas de hacer dinero a un ritmo de mil dólares *por minuto*.

Los beneficios financieros de esa única conversación de mil dólares por minuto son acumulativos durante los años siguientes. Una vez que se empieza en un trabajo con un salario más alto, el incremento salarial del año siguiente se calculará sobre una base mayor. El valor total de esa sesión de negociación continuará aumentando cada año durante todos los años que trabajes en esa empresa. Incluso puede afectar a tu salario base cuando decidas cambiar de trabajo.

Pinkley y Northcraft hicieron cálculos adicionales para comparar las trayectorias de los ingresos en las carreras de dos hipotéticos graduados de la universidad. Ambos comienzan con un salario base de cincuenta mil dólares. A cada uno de ellos se le aumenta la paga anual de un tres a un cuatro por ciento, y los dos cambian de trabajo cada ocho años. La única diferencia entre ellos es que el primer empleado nunca negocia su salario cuando cambia de trabajo. El segundo negocia un aumento del

4.3 por ciento con cada nuevo empleador. A lo largo de las dos carreras de cincuenta años de duración, el empleado que negocia ese aumento del 4.3 por ciento cada ocho años termina ganando 1.7 millones de dólares más que el que nunca negocia.

Después de que saliera su primer libro, Babcock empezó a dar clases de técnicas de negociación en la Carnegie Mellon. Sabía que a pesar de las ventajas salariales de que gozaban los candidatos que negocian, también era cierto que la mayoría de ellos lo hacía mal. Hacían más dinero que los que no negociaban en absoluto, pero la mayoría no había podido aprovechar todo el potencial de sus oportunidades. A los negociadores ineptos les va mejor que a los no negociadores, pero continúan dejando dinero sobre la mesa del jefe.

Entre los hombres y mujeres que negociaron sus salarios en la Carnegie Mellon, Babcock descubrió una segunda brecha de género entre los resultados que reveló un punto importante de la negociación: las metas más altas atraen siempre resultados más altos. Aun cuando las mujeres piden, descubrió Babcock, por lo general comienzan pidiendo una cantidad más modesta que los hombres, y completan la negociación con excesiva rapidez. Como resultado, terminan con menos. Un famoso estudio entre los candidatos del máster en dirección de empresas que negociaron sus primeros sueldos mostró que los hombres conseguían un aumento del 4.3 por ciento sobre la oferta inicial, mientras que las mujeres obtenían un incremento del 2.7 por ciento. La diferencia se explica por el hecho de que los hombres acudían a la negociación con expectativas más altas. No conseguían lo que pedían, pero aun así obtenían más que las mujeres.

En sus clases de negociación, Babcock destacaba cómo infravalorarte puede ser tan costoso como no negociar. (Los talleres estaban dirigidos a mujeres, pero los hombres eran bienvenidos y algunos participaron.) Ella animó a los estudiantes a que investigaran comparativas de los sueldos más altos en sus respectivos campos antes de discutir una oferta salarial. Entonces, cuando tengas esa oferta inicial, deberías estar preparado para responder con un número mucho mayor de lo que razonablemente querrías. Si tu primera petición es muy superior a la que esperas, es mucho más probable que termines ganando lo que realmente quieres.

Para 2005, después de que Babcock hubiese impartido sus talleres de negociación durante unos tres años, el estudio de los sueldos anuales de la Carnegie Mellon registró grandes cambios de comportamiento entre los recién graduados. Por primera vez, las graduadas en doctorado negociaban sus ofertas salariales a un índice mayor que los hombres (el sesenta y ocho por ciento frente al sesenta y cinco por ciento). Aún más impresionante era la subida porcentual de ingresos. Las mujeres que negociaron aumentaron sus ingresos en un catorce por ciento, y los hombres aumentaron los suyos en un dieciséis por ciento. Todavía había una pequeña diferencia de género, pero todo el mundo estaba ganando más dinero.

Incluso si no deseas cambiar de empleo, puedes utilizar la misma estrategia para negociar al alza tu salario actual. La clave es conocer tu valor verdadero en el lugar de trabajo y en tu industria y luego «pedir más» durante el período de revisión salarial. Internet ha hecho que la información sobre comparación entre salarios sea más fácil de encontrar que nunca. Pero también tienes que preguntar por ahí y contactar con gente de tu campo para averiguar cuáles de tus habilidades y capacidades tienen mayor demanda, para luego señalar esas habilidades demandadas en la negociación.

Babcock reconoce que es más fácil subestimar tu valor como empleado cuando te quedas con un empresario durante un largo tiempo. En su segundo libro, *Si lo quieres, ¡pídelo!*, cuenta la historia de una encargada de la limpieza en un hotel de lujo en las Bermudas. La mujer era tan buena en su trabajo que otros hoteles de la isla estaban siempre tratando de contratarla. La mujer no quería abandonar a su jefe, pero utilizaba cada oferta de trabajo de la competencia como ventaja para solicitar un aumento de sueldo. Su única cuestión era, ¿cuánto habría de pedir?

El marido de la mujer también trabajaba en la industria hotelera, así que era un consejero útil. Le pidió a su esposa que dijera un número que ella considerara «disparatado». Cuando ella le dijo que sentía que un aumento de sueldo de cinco mil dólares sería una barbaridad, él le aconsejó que pidiera diez mil. Ella hizo lo que le sugirió y consiguió el aumento de diez mil. Cuando llegó la siguiente oferta, le dijo a su marido que un aumento de sueldo de seis mil dólares le parecería exagerado, así que este le sugirió que pidiera doce mil. Y consiguió los doce mil. Cada vez que le ofrecían un puesto de trabajo en otra parte, repetía este proceso. En seis años, había aumentado su salario en treinta y seis mil dólares, porque siempre pedía el doble de dinero de lo que personalmente consideraba que era exorbitado.

No todo el mundo puede salirse con la suya en demandas salariales como esta. Probablemente ayude vivir en un mercado laboral ajustado como las Bermudas. Pero Babcock, como Pinkley y Northcraft, proporciona un buen ejemplo de que la mayoría de la gente podría conseguir un montón de dinero si solo aplicaran algunas técnicas sencillas para mejorar en la petición. Desafortunadamente, la cultura popular no da mucho apoyo a esta idea. Por las razones que sean, los libros de Orman venden mucho mejor que cualquiera de los de Babcock o Pinkley y Northcraft. Orman apareció en *El show de Oprah Winfrey* muchas veces mientras que Babcock, Pinkley y Northcraft nunca lo hicieron, a pesar de sus ideas están mejor probadas y son, por lo tanto, mucho más fiables.

De todas las estrategias para ser brillante en los negocios que podrás leer en este libro, pedir es una de las más poderosas, aunque solo sea porque no cuesta nada y nunca está de más. En el nuevo mundo laboral, donde los aumentos y ascensos regulares se han convertido en cosa del pasado, pedir más, pedir bien y pedir a menudo son las únicas formas de asegurarte de que estás ganando lo que mereces.

➤ El salario del miedo

En su último libro, *The Money Class* [La clase económica], Suze Orman intenta comprender cómo la crisis financiera de 2008 ha sacudido la fe de sus seguidores en el evangelio de la austeridad. El consejo anterior de Orman se hacía eco de una gran cantidad de otro tipo de asesoramiento financiero, que suponía que un dólar ahorrado e invertido en acciones hoy ganará seguro una tasa del diez por ciento de interés compuesto durante treinta años o más en el futuro. Desde entonces, la volatilidad del mercado de valores ha estancado las devoluciones de fondos de inversión y ha hecho que las perspectivas a largo plazo sobre el ahorro sean muy confusas. Orman ha reducido sus expectativas de rentabilidad del ahorro a solo el seis por ciento. El problema con el seis por ciento, sin embargo, es que necesitas ganar mucho más que el salario estadounidense medio para que una rentabilidad del seis por ciento suponga algo en el largo plazo.

Suze admite: «Se han terminado los días en los que reducir la factura de la televisión por cable y el dilatar el tiempo entre los cortes de pelo era suficiente». Ahora recomienda que todos reduzcamos el tamaño de nuestra idea del sueño americano. No compres una casa. Acepta cualquier trabajo que puedas conseguir. Envía a tus hijos a una universidad más económica. Suze ha abandonado su discurso del pasado de seguir el ejemplo de los ricos, porque claramente esto no es lo que los ricos están haciendo.

Es cierto que el mundo laboral para el estadounidense medio está cambiando más rápido de lo que la mayoría de la gente piensa. No solo es que la seguridad del empleo casi haya desaparecido, sino que las perspectivas futuras para los salarios se han estancado. El Ministerio de Trabajo estima que hay diecisiete millones de estadounidenses con titulación universitaria que están en trabajos que no requieren de una educación universitaria, incluyendo a 317,759 trabajadores de hostelería y a 107,457 trabajadores de limpieza. Y con este pronóstico desalentador, los riesgos de la jubilación, los gastos médicos no cubiertos y el pago de la universidad han subido. En 1979, alrededor del veintiocho por ciento de los trabajadores estadounidenses en el sector privado tuvieron beneficios en el trabajo destinados a planes de pensiones. Hoy en día solo el tres por ciento lo hace. El asesor de gestión Umair Haque, a quien cité en el capítulo 1, evalúa el panorama actual de la carrera de esta manera: «Una cosa es ofrecer una vida de trabajo sin sentido a cambio de un enorme cheque. Otra cosa es ofrecerlo para un salario medio estancado». El empleo asalariado parece un camino cada vez más difícil a menos que lleves tu carrera de forma agresiva.

Un tema recurrente en este capítulo es el miedo. Es el factor número uno para evitar que las personas ganen más dinero. La mayoría de la gente no pedirá al nuevo jefe más dinero porque tiene miedo. La mayoría de la gente no presentará una oferta competidora al jefe por la misma razón. Y en esos preciosos momentos en los que te han ofrecido el trabajo y el jefe de contratación está sentado enfrente, esperando a que pidas más dinero, es el miedo el que te dice (si eres como tres de cada cuatro personas) que aceptes la primera oferta aunque esté por debajo de las expectativas.

En las respuestas a las cuestiones sobre negociación, la encuesta sobre Brillantez para los Negocios refleja evidencias de este temor general de pedir entre la clase media. Las grandes diferencias en estilos de negociación entre la clase media y los millonarios hechos a sí mismos se reducen a esto: la clase media elige la evitación de conflictos y ser bien vista por encima de ganar más dinero. Para los millonarios hechos a sí mismos es exactamente lo contrario.

Por ejemplo, alrededor de la mitad de los encuestados de clase media estuvo de acuerdo con que «cuando se toman decisiones de negocios, es importante considerar cómo me va a ver la otra parte». Solo dos de cada diez millonarios hechos a sí mismos está de acuerdo con ello. La clase media también parece rechazar el choque esencial de intereses que toda negociación requiere. Solo uno de cada tres encuestados de clase media coincide en que «en las negociaciones, espero que la gente trate de aprovecharse de mí». Entre los millonarios hechos a sí mismos, dos de cada tres estuvieron de acuerdo.

Francamente, me sorprende que este último resultado no fuera casi unánime. Como demostraron Robin Pinkley y Gregory Northcraft en sus investigaciones, cada oferta de trabajo que has conseguido y conseguirás representa un intento de aprovecharse de ti. Cada director de recursos humanos comienza su relación laboral dándote una oferta salarial deliberadamente baja. Esto no se debe a que los responsables de contratación sean malos o egoístas. Se debe a que el trabajo de un director de recursos humanos es contratar tus servicios al menor coste posible para la empresa.

¿Cuál es tu papel? Se supone que tienes que cuidar de tus intereses personales. Los encargados de la contratación esperan que lo hagas. Han empezado con una oferta baja en parte para dejar espacio para la negociación. Y la mayoría de ellos te admirará si negocias bien.

Cuidar de tus intereses siempre ha sido importante en los negocios, pero el nuevo y arriesgado entorno laboral hace que defenderte a ti mismo sea una realidad imprescindible en cualquier puesto de trabajo. El evangelio de la austeridad de Orman y todos los demás no son, sin embargo, compatibles con esta forma de pensar. Para mí, su mensaje parece ser: «Eres mediocre. Admítelo. Espera lo mejor pero prepárate para lo peor». Es un mensaje que refleja la vergüenza y la falta de aceptación que detecto en algunos de los resultados del estudio entre la clase media, en el que la mayoría se preocupa por lo que los demás piensan de ellos cuando negocian. Orman te dice que envíes a tus hijos a universidades más económicas. Un millonario hecho a sí mismo te diría que negocies tu remuneración de manera agresiva, como si el futuro de tus hijos dependiera de ello.

El evangelio de la austeridad te anima a verte a sí mismo como la parte vulnerable de las negociaciones salariales y pasa por alto las vulnerabilidades existentes en el otro lado de la mesa. Tú quieres el trabajo. Este es un punto de vulnerabilidad por tu parte que tu gerente explota para ofrecerte menos dinero de lo que deseas. Sin embargo, el gerente también quiere que aceptes el trabajo. Este es el punto de vulnerabilidad del gerente, que necesitas aprovechar pidiendo la cantidad de dólares que te haría feliz. Y para empezar, pide una cantidad que te haría *más* que feliz, porque tal vez lo consigas.

Aquí es donde la encuesta sobre la Brillantez para los Negocios desvela una de las mayores diferencias de actitud entre los millonarios y la clase media. Cerca de nueve de cada diez millonarios hechos a sí mismos está de acuerdo con que «lo más importante en las negociaciones es explotar las debilidades de los demás». Entre la clase media, solo dos de cada diez coincidía con esto.

Explotar las debilidades de la otra parte es un hecho esencial en la negociación. Casi todos los millonarios hechos a sí mismos aceptan y entienden esto, mientras que la gran mayoría de la clase media no lo hace y no puede hacerlo. Esa es otra razón por la que tres de cada cuatro nuevas contrataciones responde a la primera oferta salarial con un simple «Sí» y «Muchas gracias».

Los resultados de la encuesta demuestran por qué ganar más dinero tiene que ver con la gestión de tu inquietud natural ante el miedo y el rechazo personal. Los que no tienen miedo a pedir más, como los millonarios hechos a sí mismos, siempre ganan más que aquellos que temen al rechazo. Si un grupo de estudiantes novatos de posgrado de Pittsburgh puede utilizar este conocimiento para ganar catorce puntos de aumento en sus ofertas salariales, entonces, claramente, cualquier adulto con un historial probado en su lugar de trabajo puede hacer buen uso de las mismas habilidades. El truco está en no dejar que el «No» sea percibido como rechazo y fracaso, porque no lo es. Sin la palabra «No», no puedes estar seguro de que estás ganando todo lo que puedes ganar.

Sobre este tema, voy a cederle la última intervención a Linda Babcock, quien dice: «Si nunca escuchas un "No", es que no lo estás intentando lo suficiente».

4

Imitar, no innovar

APROXIMADAMENTE SIETE DE CADA DIEZ DE LOS
ENCUESTADOS DE CLASE MEDIA CONFESARON CREER
QUE HACE FALTA «UNA GRAN O UNA NUEVA IDEA» PARA
SER RICO.

SOLO TRES DE CADA DIEZ MILLONARIOS HECHOS A SÍ
MISMOS ESTUVIERON DE ACUERDO.

➤ El hombre que pudo haber sido Bill Gates

Gary Kildall tenía treinta años y era doctor en ciencias de la computación en la Escuela Naval de Posgrado en Monterrey, California, cuando a principios de 1972 vio un nuevo microchip producido por una compañía local llamada Intel Systems. El Intel 4004, de apenas dos centímetros y medio, había sido diseñado para trabajar dentro de una calculadora mecánica, pero Kildall y un puñado de sus tecnófilos compañeros vieron el 4004 como lo que realmente era: el núcleo de una revolución en la microinformática. Por primera vez, toda la unidad central de procesamiento de un ordenador había sido reducida al interior de un único microchip barato. Como una revista de negocios anunció en su momento, Intel estaba vendiendo «un ordenador por veinticinco dólares».

Con 2,300 transistores comprimidos en un chip más pequeño que un pulgar humano, el Intel 4004 podía teóricamente alimentar un ordenador lo suficientemente compacto para caber en un escritorio. Casi de inmediato, Kildall se propuso demostrar que era posible. Trabajó en el proyecto por las noches y los fines de semana durante más de un año, desarrollando pacientemente docenas de soluciones detalladas para hacer frente a la memoria penosamente limitada del 4004. Kildall no podía permitirse el lujo de comprar muchos de los componentes de ordenador que necesitaba para completar la tarea, por lo que llegó a un acuerdo con

Intel para intercambiar hardware por la venta de algunos de los nuevos códigos de software que estaba escribiendo.

En aquel momento, Kildall tenía una esposa y un hijo pequeño en casa y vivía con veinte mil dólares anuales como salario de enseñanza. Probablemente debió haber tenido otras prioridades. Pero Kildall era una de esas personas que tienen una visión en la cabeza y se sienten obligadas a hacerla realidad. Un día, en 1973, entró en el departamento de ciencias de la computación llevando una caja del tamaño de una maleta gigante y la dejó caer pesadamente sobre la mesa. Era pesado, feo, y no servía de mucho, pero fue el primer ordenador personal. Kildall lo enseñó a toda la escuela, mostrándolo con orgullo ante el asombro de cientos de sus compañeros de facultad y estudiantes.

Sin duda, improvisar un hardware para el ordenador no fue el mayor logro de Kildall. Lo más importante era lo que había hecho con la escritura del nuevo código de software. Por pura necesidad, y sin pensar en las posibilidades comerciales, desarrolló un programa de máster o control para que su pequeño equipo pudiera adaptarse a la ejecución de aplicaciones de software útiles, diseñadas para máquinas autónomas mucho más grandes. Así fue como Kildall desarrolló el primer software de sistema operativo para ordenadores personales. Después de revisarlo más a fondo para que pudiera funcionar en el microchip Intel 8080, más nuevo y más rápido, Kildall llamó a su sistema operativo CP/M: Programa de Control para Microprocesadores. Solo cuando los aficionados comenzaron a construir sus propios ordenadores domésticos basados en el chip 8080 Kildall se dio cuenta de que había creado algo de valor. Puso un pequeño anuncio en una revista especializada en ordenadores y comenzó a vender copias del CP/M a setenta dólares, primero a los aficionados, y a continuación a otros fabricantes de pequeños ordenadores. En *Accidental Empires* [Imperios fortuitos], Robert X. Cringely escribió que en el plazo de seis años cientos de miles de ordenadores personales fueron vendidos con el CP/M funcionando dentro de ellos. Kildall y su esposa «hicieron millones de dólares, prácticamente sin querer».

Cuando la revolución del ordenador personal se puso en marcha a finales de 1970, despegó gracias a las alas del sistema operativo CP/M de Kildall. Antes del CP/M, todos los fabricantes de ordenadores tenían que lidiar con el dolor de cabeza de escribir un software específico de ese equipo para el procesamiento de textos, la gestión de las bases de datos y todas las otras cosas para las que las personas usan los ordenadores. Pero ahora, gracias a la invención de Kildall, estas compañías simplemente sacaban copias con licencia del sistema operativo CP/M y sus clientes podían comprar cualquier software compatible con el CP/M que les gustara. En 1980, se estimó que había seiscientos mil ordenadores personales en todo Estados Unidos, y alrededor del noventa por ciento de ellos funcionaba con el CP/M y usando un software compatible. Los programas más conocidos como dBase y WordStar funcionaban *solo* con CP/M. Como escribió Harold Evans en su libro superventas *They Made America* [Ellos construyeron América], «Kildall puso el subsuelo y los cimientos sobre los cuales se levantaría la industria del software para el ordenador personal».

Prácticamente sin competencia, CP/M ganó para Digital Research ochenta y cinco centavos por cada dólar de ingresos que entraba. Los funcionarios bancarios de Digital Research llamaron para volver a revisar algunas cifras, porque no se creían que fuese posible que cualquier empresa obtuviera tan altos márgenes de beneficio. Y entonces, casi con la prontitud con la empezó, la fiesta terminó. A mediados de la década de 1980, Kildall y Digital Research estaban de camino al olvido, y hoy Kildall aparece como una mera nota a pie de página en la historia de la computación. La razón reside en los cruciales errores de cálculo que cometió en 1980, y forma parte de un cuento con moraleja acerca de cómo la imitación supera a menudo a la innovación cuando se trata de ser brillante en los negocios.

Uno de los primeros emprendedores informáticos en enganchar su vagón a la estrella ascendente del CP/M durante la década de 1970 fue un precoz programador llamado Bill Gates. En 1979, con apenas veinticuatro años, Gates dirigía una empresa de software llamada Microsoft. La compañía se había asegurado un nicho de mercado temprano y rentable en la industria del ordenador personal mediante la creación de versiones populares de BASIC y de otros lenguajes de programación comunes que se comunican entre el hardware del ordenador y su software de sistema operativo.

Gates y su compañero, un amigo de la secundaria llamado Paul Allen, no tropezaron en la industria del software como hizo Kildall con Digital Research. Desde sus años de adolescencia, Gates y Allen habían estado buscando formas de convertir su pasión por escribir códigos en dinero. Ambos escribieron originalmente la versión de Microsoft para BASIC en 1976 porque vieron una oportunidad de lanzamiento con uno de los primeros fabricantes de kits de computadoras personales de construcción casera. Después de eso, Gates solía buscar acuerdos de licencias que emparejasen el BASIC de Microsoft con el CP/M de Kildall, con la esperanza de que Microsoft BASIC pudiera ir a lomos del CP/M y convertirse en estándar industrial por su cuenta.

Gates y Kildall tenían mucho en común. Ambos procedían del área de Seattle. Incluso habían coincidido en un centro de computación de Seattle años atrás, cuando Kildall era todavía un estudiante de postgrado en la Universidad de Washington y Gates era un pirata informático haciendo la secundaria que robaba algo de tiempo para el ordenador. A ambos les apasionaba hablar de códigos de software tanto como disfrutaban escribiéndolos. También compartían la afición por conducir peligrosamente rápido. Cuando no estaban hablando de software, intercambiaban historias acerca de los radares, comparando el tamaño de sus recientes multas por exceso de velocidad.

Pero sus diferencias eran mucho más pronunciadas que sus similitudes. Kildall era mayor, un hombre de familia, y un programador mucho más logrado. En el fondo era un académico, un *científico* de la computación con un doctorado. A pesar de ser el jefe titular de Digital Research, desdeñó la toma de decisiones empresariales y prefirió emplear su tiempo en las tareas de programación complicadas que la mayoría de los ejecutivos dejarían a sus empleados. Gates era exactamente lo contrario. Primero era un hombre de negocios y segundo un programador. Puso en marcha

Microsoft cuando todavía era estudiante en Harvard, y después abandonó la universidad antes de terminar porque estaba muy concentrado en hacer funcionar su negocio de ordenadores. A la edad de veinticinco años seguía viviendo como un estudiante universitario en un desaliñado apartamento de un dormitorio. Y aunque Gates y Kildall compartían la capacidad de abstraerse durante largos días de programación obsesiva, sus motivaciones eran completamente diferentes. Bill Gates nunca hubiera pasado un año construyendo un microordenador desde cero, como hizo Kildall simplemente por curiosidad intelectual. Todas las noches en vela de Gates siempre estuvieron motivadas por objetivos de negocio prácticos y por plazos, mientras que Kildall tenía más bien un temperamento artístico. Algunos decían que Kildall diseñaba el código informático del mismo modo en que Mozart componía sinfonías.

El fuerte contraste entre las personalidades de ambos hombres llegó a un punto crítico en 1980, cuando IBM contactó con ellos para un nuevo proyecto secreto. Big Blue, como se apodaba IBM, era, con mucho, la mayor compañía de ordenadores a nivel mundial en aquel momento. Ocupaba una posición tan dominante en la industria que sus siete principales competidores eran conocidos colectivamente como los siete enanitos. Pero a finales de 1970, el personal de ventas de IBM comenzó a ver el Apple II y otros ordenadores personales irrumpiendo hasta en las oficinas de sus grandes clientes corporativos. El presidente de IBM, Frank Carey, percibiendo algún tipo de amenaza, decidió que si IBM no se movía rápido para producir un ordenador propio, el negocio de las computadoras personales pronto se haría demasiado grande, incluso para que Big Blue lo dominara. A principios de 1980, Carey firmó un plan para lanzar un ordenador IBM al mercado en septiembre de 1981. La estrategia consistía en acortar los años de laborioso desarrollo mediante el uso de hardware disponible para la venta y la concesión de licencias de software existentes de otras compañías. Con excepción del logotipo pegado a cada unidad, nada del nuevo IBM sería exclusivo de IBM.

Un ingeniero de IBM llamado Jack Sams fue acusado de establecer acuerdos de licencia para el software del PC de IBM. De todos los ordenadores personales existentes en el mercado, Sams quedó muy impresionado con el Apple II, razón por la cual un producto de Microsoft llamado Softcard le llamó la atención. El único inconveniente para el Apple II era que su sistema operativo principal impedía la ejecución de conocidas aplicaciones de software compatibles con CP/M, incluyendo WordStar y dBase. El Softcard era una pequeña tarjeta de traducción, creada por Paul Allen de Microsoft, que iba encajada en la parte posterior del Apple II y lo transformaba en una máquina compatible con CP/M. A pesar de que el Softcard tomaba una ligera desviación del enfoque normal de Microsoft respecto al software de lenguaje informático, Gates se agarró a ella porque representaba una oportunidad estratégica más para extender el dominio del mercado del CP/M, al tiempo que se fusionaba Microsoft BASIC con CP/M. Microsoft vendió cientos de miles de Softcards, lo que le hizo ver a Sams que era un producto popular y fiable. Sams comenzó su búsqueda de software poniéndose en contacto con Gates y le propuso que IBM comprara la licencia del Softcard, junto con todos los demás lenguajes de programación que Microsoft ofrecía.

Lo que Sams no entendió fue que aunque Softcard era un producto de Microsoft, su característica más valiosa era el sistema operativo CP/M, propiedad de Digital Research. Gates respondió a Sams que IBM tendría que obtener la licencia de CP/M directamente de Kildall y se ofreció a ayudar a Sams a cerrar el trato. En ese momento, Gates aceptó su posición subordinada en la cadena alimentaria del software. Había situado a Microsoft para que el éxito de la empresa dependiera de la continua supremacía en el mercado del CP/M. Si el CP/M se uniera al Microsoft BASIC dentro del nuevo ordenador personal de IBM, Gates vería cómo los dos programas complementarios se volverían inseparables como líderes de la industria para los años venideros. Así, Gates organizó la primera reunión con IBM y Kildall. Con Sams en la habitación, Gates llamó a Kildall y le dijo que estaba enviando a un cliente importante al encuentro de Kildall, de manera que Kildall debía, según varias fuentes, «tratarle bien».

La llamada de Gates, sin embargo, no funcionó bien. Casi nada salió bien cuando Sams y su equipo se sentaron con Kildall y su esposa,

Dorothy, que dirigía el lado comercial de Digital Research. Al principio, Dorothy se negó rotundamente a firmar un acuerdo estricto y hermético de confidencialidad con IBM. Se desperdició un día entero discutiendo que, en todo caso, las dos partes lo podían discutir. Una vez que sortearon ese obstáculo, Kildall era reacio ante la insistencia de IBM de que Digital Research negociara una cuota de licencia sin cambios para CP/M y renunciara al habitual beneficio por unidad de Digital Research. No ayudó demasiado que Kildall fuera generalmente despectivo con IBM porque muchos productos de IBM le parecían lentos, faltos de imaginación y torpemente diseñados.

Pero el mayor obstáculo que impidió el acuerdo fue la coordinación de los tiempos de Kildall, o mejor dicho, su profundo desprecio hacia la coordinación de los tiempos. IBM planeaba construir su ordenador personal en torno a un nuevo chip aún más rápido de Intel llamado 8086, pero el CP/M necesitaría una actualización con el fin de que funcionara con él. Kildall ya tenía dicha actualización en marcha, llamada CP/M-86. Pero Kildall no quería o no podía garantizar a Sams que sería entregada con la suficiente rapidez como para cumplir los plazos de desarrollo de IBM. Sams trató de explicar que IBM necesitaba un calendario y un compromiso para octubre de 1980, pero Kildall se resistió. Quizás Kildall supuso que IBM se doblegaría a su horario, ya que parecía que IBM le necesitaba a él y a la cuota de mercado del noventa por ciento del CP/M más de lo que él mismo necesitaba a IBM. Pero lo que Sams extrajo de la actitud de Kildall fue que Kildall nunca sería un socio fiable y que el proyecto de ordenador personal de IBM requeriría un plan alternativo de sistema operativo. Poco tiempo después, dejó de devolver las llamadas de Kildall. El destino de Kildall fue sellado para siempre como el de «el hombre que pudo haber sido Bill Gates».

Al rendirse con Kildall y el CP/M, Sams quedó en una situación difícil. Pero Sams también sabía que Gates, más que nadie, estaría altamente motivado para ayudarle a encontrar una salida. Durante el tiempo que Kildall estuvo dando evasivas a Sams sobre las concesiones y los plazos, Gates regresó a Seattle, dejándose la piel para ajustar el horario de desarrollo de IBM. Había puesto a casi todo el personal de Microsoft a trabajar en la creación de IBM, dejando otros proyectos a un lado. Ahora Gates necesitaba que el proyecto de PC de IBM tuviera éxito, aunque solo fuera por un sentido de supervivencia para Microsoft. Así que a finales de verano de 1980, Sams le dijo a Gates que Kildall no estaba dispuesto, y que el tema del sistema operativo era ahora un problema que Gates debía resolver. Gates recogió ese balón suelto de Kildall y corrió con él. Le prometió a Sams lo que Kildall no hizo: trazaría un plan detallado para tener un sistema operativo en octubre. La diferencia era que Gates hizo la promesa sin contar con un sistema operativo real sobre el que trabajar.

A lo largo de 1980, el fracaso de Kildall al establecer una fecha firme de lanzamiento para el CP/M-86 llevó a un creciente sentimiento de pánico entre los fabricantes que necesitaban el sistema operativo para sus nuevos ordenadores 8086. En efecto, los retrasos de Kildall tomaron como rehén a toda la industria. En la ciudad de Microsoft, un pequeño fabricante de ordenadores llamado SCP, Seattle Computer Products, elaboró una solución provisional. Un programador de allí pasó meses trabajando en el manual técnico de CP/M (usándolo como un libro de cocina, como declararía él más tarde) para escribir un nuevo sistema operativo de manera similar al CP/M que permitiría que todo el software compatible con CP/M funcionara en las nuevas máquinas 8086. Llamó al sistema operativo QDOS: Quick and Dirty Operating System [Sistema Operativo Rápido y Sucio]. El plan consistía en enviar equipos de SCP con el QDOS instalado hasta que el CP/M-86 fuese hecho público.

Cuando Gates y Paul Allen escucharon acerca del QDOS, pensaron que podrían cumplir con la apretada agenda de IBM comprando el QDOS y luego dándole unos retoques y un nuevo nombre. Paul Allen conocía al dueño de SCP bastante bien, y negoció los derechos de Microsoft para utilizar el QDOS por la gran suma de veinticinco mil dólares. El propietario en bancarrota de SCP aceptó el dinero de buena gana, sin tener ni idea de que IBM sería el cliente final del QDOS. Pasaron varios meses de programación a contrarreloj para manipular, ajustar y probar el QDOS antes de que Microsoft presentase un producto terminado a los ingenieros de IBM con su nuevo nombre, MS-DOS: Microsoft Disk Operating System [Sistema Operativo de Disco de Microsoft]. Gates contaría después que si Microsoft hubiera tratado de escribir un sistema operativo desde cero les habría llevado un año.

Cuando los programadores de IBM trataron de instalar el MS-DOS en sus prototipos de ordenador personal de IBM, apenas podían creer lo defectuoso que era. Según una valoración, Microsoft se había dejado al menos trescientos errores de software, así que IBM finalmente optó por volver a escribir todo el programa. Sin embargo, Gates lo había entregado a tiempo, lo que mantuvo todo el proyecto de PC de IBM dentro de la fecha prevista. El nuevo ordenador personal de IBM debutó en agosto de 1981, acompañado de una campaña de publicidad y de marketing masiva, probablemente como jamás se había visto en la industria de la computación personal. Los ordenadores de sobremesa de Big Blue solo necesitaron unos pocos años para hacerse con la gran parte de todo el mercado de los ordenadores personales. En 1983, dos de cada tres nuevos equipos domésticos estaban fabricados por IBM y ejecutaban el sistema operativo MS-DOS.

Cuando Kildall echó su primer vistazo al ordenador personal de IBM, se enfureció. Sintió que el MS-DOS no era más que un clon torpe del CP/M y que Gates le había apuñalado por la espalda. Pero decidió no demandar a IBM y Microsoft, en parte porque los derechos de autor de software tenían un vacío legal, pero también porque estaba muy seguro de la superioridad del CP/M-86. Una vez que el CP/M-86 estuvo listo para el lanzamiento a principios de 1982, Kildall estaba convencido de que la mayoría de los usuarios de ordenadores lo intercambiarían por el MS-DOS. Pero no fue lo que pasó. El CP/M-86 demostró ser un sistema operativo mejor y más fiable, pero también era más caro. Entonces IBM advirtió a los compradores de ordenadores personales que solo ofrecería apoyo técnico a los equipos que ejecutaran MS-DOS. En muy poco tiempo, Microsoft desplazó a Digital Research como creador del estándar de la industria de los sistemas operativos. Las compañías de software respondieron al creciente dominio del mercado de IBM volcando sus recursos hacia nuevas aplicaciones para las posteriores revisiones de MS-DOS. También dejaron de tomarse la molestia de actualizar sus productos compatibles con CP/M.

A mediados de la década de 1980, Digital Research había entrado en fase terminal y Kildall ondeó la bandera blanca de la rendición. Se acercó a Gates y le pidió que considerara la compra de Digital Research por lo que Kildall sostenía como una ganga: veintiséis millones de dólares. Gates rechazó la oferta y le dijo a Kildall que la compañía apenas valdría unos diez. Un humillado Kildall tuvo que buscar en otra parte para encontrar a quien salvara su empresa en declive.

¿Dónde se equivocó Kildall? Una respuesta obvia es la arrogancia. Después de haber provocado una revolución en la informática personal, Kildall supuso que todos los demás jugadores continuarían su dependencia infantil en él. «Según la visión de Gary [el CP/M] era el dominante y siempre sería quien dominaría», dijo un estrecho colaborador de Kildall en una entrevista años después. «Y él honestamente creía que nunca cambiaría». Kildall no vio que el retraso del lanzamiento del CP/M-86 había llevado a IBM, Microsoft y Seattle Computer Products a un punto de no retorno. No fue capaz de imaginar que las tres compañías trabajarían a su espalda para robarle el mercado a CP/M. La ironía es que los responsables de las tres compañías habrían preferido con mucho contribuir a que Kildall y el CP/M-86 triunfaran. En cambio, se vieron obligados a irse al otro extremo y lanzar un competidor para el CP/M-86, por el mero hecho de que Kildall no les había dejado otra opción.

Pero el error más básico de Kildall fue este: no siguió el dinero. Se burló de la torpe tecnología de IBM y subestimó su enorme potencial para el mercado, probablemente debido a que a Kildall le interesaban los temas técnicos pero no las estrategias de marketing. Gates estableció sus prioridades exactamente en el orden opuesto. Estaba dispuesto a entregar a IBM un producto de mala calidad derivado del trabajo de otras personas porque lo que más le importaba a Gates era que el poderoso IBM tuviera su proyecto terminado a tiempo. Kildall, el innovador, siguió su pasión por la excelencia técnica y se sorprendió de que IBM no le siguiera. Gates, el imitador, se fijó en las pistas que IBM dejaba en cada paso del camino, porque *creía* que seguir a Big Blue era la forma más inteligente de seguir el dinero. Gates acertó, y se convirtió en uno de los hombres más ricos del mundo.

➤ Montar a lomos del oso

El ascenso de Bill Gates y la caída de Gary Kildall es un cuento enmarañado, pero también extrañamente familiar. Detrás del desarrollo de cualquier invento importante que puedas nombrar (el teléfono, la bombilla, el automóvil, la televisión) hay legiones de hombres rotos y descorazonados como Gary Kildall que pudieron ser considerados los inventores «verdaderos». Thomas Edison no inventó la bombilla. Joseph Swan había mantenido la patente británica durante dieciocho años, antes de que Edison introdujera su «lámpara eléctrica mejorada» en 1878. Y Henry Ford no inventó el automóvil. George Selden de Rochester, Nueva York, patentó el «auto de locomoción seguro, sencillo y barato» en 1895, mientras Ford todavía trabajaba como ingeniero de nivel medio en la compañía eléctrica de Edison.

Los apellidos Swan, Selden y Kildall permanecen ahora olvidados en gran parte porque el mito del inventor solitario poseído por una idea brillante es poderoso en nuestra cultura. «Nos gusta escuchar una buena historia sobre alguien que es ingenioso y tiene una gran idea y la ve realizada», dice Stanislav Dobrev, un profesor de la Universidad de Utah que ha estudiado la historia de la innovación. «[Pero] eso no es cierto la mayor parte del tiempo».

Dobrev investigó las 2,197 compañías de automóviles de nueva creación en Estados Unidos entre 1885 y 1981. Las primeras veinticinco empresas de automóviles habían desaparecido en quince años, lo que contribuye a la conclusión de Dobrev de que vale la pena ser un recién llegado, un imitador. La mayoría de la gente cree lo contrario debido a que los innovadores derrotados como Kildall y Selden tienden a desaparecer de la historia. «Rara vez oyes hablar de los pioneros que fracasaron», dijo Dobrev al *Wall Street Journal* en 2011. «No existen por mucho tiempo. No dejan demasiados registros».

En *The Myths of Innovation* [Los mitos de la innovación], Scott Berkun relata cómo los innovadores lograron su condición de figuras heroicas de la historia americana porque «la gente prefería creer, y contar, historias positivas sobre ellos en lugar de las verdades, menos interesantes y más complicadas». La idea de que solo se necesita una idea brillante para conseguir una gran fortuna está tan ampliamente asimilada, señala Berkun, «que es una sorpresa para muchos descubrir que una gran idea no es suficiente para tener éxito».

La mayoría de los inventores que se creen el mito de la innovación terminan tristemente decepcionados. Un estudio canadiense de 2003 ofrece una vívida instantánea de cómo se incrementan las probabilidades en contra de los inventores que esperan sacar provecho de sus ideas. De 1,091 invenciones patentadas en Canadá, únicamente setenta y cinco de ellas llegaron al mercado... menos del uno por ciento. De estas, cuarenta y cinco perdieron dinero. Solo seis de esas 1,091 invenciones patentadas rindieron importantes beneficios para sus inventores. Según la estimación de Berkun, los inventores se enfrentan a unas probabilidades tan arduas porque toda innovación debe superar ocho distintos obstáculos de desarrollo que incluyen el diseño, la financiación y su comercialización antes de poder alcanzar el éxito económico. Cuando las probabilidades de superar cada obstáculo se fijan en un poco generoso cincuenta por ciento, la posibilidad de superar los ocho obstáculos es un infinitesimal *cuatro décimas* de un uno por ciento... un porcentaje sorprendentemente similar a la tasa de éxito revelado por el estudio canadiense.

La otra cara de la moneda es que mientras innovar rara vez es un buen negocio, la mayoría de las grandes empresas no confían en la innovación. Los investigadores que han estudiado las pequeñas empresas encuentran que la gran parte de las empresas recién creadas no son innovadoras en lo más mínimo. Los estudios realizados por el investigador Paul D.

Reynolds de la Universidad George Washington han demostrado que solo el dos por ciento de los fundadores de compañías dicen que esperan que sus negocios tengan un impacto importante en los mercados donde operan. Más de nueve de cada diez encuestados dijeron que esperaban tener poco o ningún impacto en absoluto. Casi ninguno de ellos planea hacer algo particularmente nuevo o diferente. Planean tener éxito sin ser innovadores.

Una encuesta entre un grupo mucho más selecto de propietarios de negocios revela la misma antipatía habitual por la innovación. En 2005, Amar V. Bhide de la Escuela de Negocios de Harvard entrevistó a cien fundadores de empresas situadas entre las quinientas empresas privadas de más rápido crecimiento en Estados Unidos, según la revista *Inc.* Solo el seis por ciento de estos fundadores de compañías dijo a Bhide que sus negocios se iniciaron con productos o servicios únicos. Únicamente el doce por ciento atribuyó su éxito a «una idea inusual o extraordinaria». En cambio, el ochenta y ocho por ciento citó «la ejecución excepcional de una idea frecuente» como la fuente de su gran crecimiento y éxito.

Hay fuertes ecos de estos resultados en la encuesta de Brillantez para los Negocios. Solo tres de cada diez millonarios hechos a sí mismos están de acuerdo con que «tener una idea grande o nueva es un factor crucial para convertirse en ricos». Casi nueve de cada diez dijo que «es más importante hacer algo bien que hacer algo nuevo», lo que reflejaba casi exactamente los hallazgos de Bhide sobre «la ejecución excepcional de una idea frecuente» entre los quinientos fundadores de empresas elegidos por *Inc.*

Y, sin embargo, la entusiasta creencia en la «gran idea» sigue proyectando su hechizo sobre la gran mayoría de la población de clase media. Aproximadamente siete de cada diez de los encuestados de clase media (gente sin ninguna experiencia de primera mano acerca de convertirse en rica) dijo creer que se necesita «una gran o una nueva idea» para llegar a ser rico. Alrededor de la mitad piensa que hacer algo nuevo es ciertamente más importante que hacer algo bien.

La idea de que puedes hacerte rico a partir de una idea brillante es un sueño tan común que siempre que alguien parece conseguirlo, los medios de comunicación abrazan la historia con entusiasmo. Desafortunadamente, la cobertura de los medios de comunicación ofrece una visión muy distorsionada de la realidad. Hay más personas que mueren a causa de picaduras de abeja que de ataques de tiburones cada verano, pero nunca lo sabrías debido a la histérica cobertura dedicada a los eventuales avistamientos de tiburones. Lo mismo ocurre con las caídas de rayos mortales, que siempre protagonizan las noticias de la noche, mientras que muchas más personas mueren cada año por culpa de caerse de una escalera. Las ideas ingeniosas son los ataques de tiburones y los rayos del éxito de los negocios: son dramáticos, emocionantes y muy raros. Es más probable que obtengas titulares con una nueva y gran idea, pero es más probable aún que tengas éxito sin ella.

El apetito de los medios de comunicación por los cuentos sobre personas que se enriquecen gracias a una súbita inspiración ha provocado que muchas empresas de éxito acudan con estos «mitos de la creación» tan del gusto de la prensa. El caso más tristemente célebre es el de eBay. Durante años, eBay difundió la historia de que al fundador Pierre Omidyar se le había ocurrido crear el sitio de subastas en línea porque su prometida quería usar Internet para ampliar su colección de dispensadores de caramelos PEZ. *Businessweek*, el *Wall Street Journal* y el *New Yorker* picaron con esta encantadora historia sobre cómo se creó una fortuna cuando un hombre enamorado quiso complacer a su prometida y la ayudó con su adquisición de los objetos más frívolos e inútiles que se puedan imaginar: los dispensadores PEZ. Durante años, esta historia se repitió y fue contada por los principales ejecutivos de eBay. Incluso posaron para los fotoperiodistas, mientras sujetaban los tontos juguetitos que supuestamente les habían hecho multimillonarios a todos.

No fue hasta 2002, ocho años después de la fundación de eBay, que un libro sobre la compañía reveló que la historia de los dispensadores

PEZ era un montaje. Fue planeado por un joven empleado que no conseguía su labor de llamar la atención de los medios de comunicación sobre la empresa. En verdad, Omidyar había comenzado algo llamado AuctionWeb como un hobby, y sus primeras ventas involucraban todo tipo de artículos sosos y sin interés. Sí, la novia de Omidyar finalmente compró y vendió algunos dispensadores PEZ a través de la página, pero cuando esta llevaba funcionando más de dos años.

Incluso sin semejante giro empresarial, los medios de comunicación cuentan por lo general con promover el mito de la innovación por su cuenta. Busca el primer perfil extenso de Bill Gates en el *New Yorker* y no encontrarás ninguna mención a Gary Kildall. El artículo abre su columna sobre los tratos de Gates con IBM de esta manera: «En 1980, IBM se acercó a Gates para escribir un sistema operativo para los ordenadores personales que estaba diseñando». Eso no es exactamente cierto, pero si el escritor hubiera incluido la historia de cómo Gates envió a IBM a ver a Kildall, habría socavado la premisa de su artículo: que Gates era un visionario del software cuyas especulaciones sobre el futuro valían la pena leer en las páginas del *New Yorker*.

Si hay un daño que pueden causar los mitos de la creación como la historia de los dispensadores PEZ de eBay o los rumores de la prensa como el perfil de Bill Gates para la revista *New Yorker*, es el de ofrecer al público ideas distorsionadas acerca de lo que es necesario para tener éxito. En 2004, un par de profesores de empresariales de la Universidad de California, Berkeley, intentaron explorar el poder de lo que llamaron «la creencia del garaje»: la idea común de que la mayoría de los empresarios empezaron por juguetear e innovar en garajes, talleres en el sótano, o incluso en habitaciones de facultades. Pino Audia y Chris Rider entrevistaron a estudiantes de empresariales y descubrieron que por lo general los estudiantes creían que aproximadamente la mitad de todas las empresas de nueva creación comienzan de esta manera, mientras que un conteo más preciso se encuentra mucho más cerca del veinticinco por ciento.

Cuando Audia y Rider luego estudiaron un grupo de noventa y seis nuevas empresas que recibieron financiación de capital de riesgo, vieron que la mayoría no había contado con garajes o innovación para comenzar. La característica distintiva más comúnmente compartida entre casi todas estas empresas fue que empezaron basándose en el conocimiento, los socios y las fuentes de financiación que sus fundadores habían hallado *en sus trabajos anteriores*. Como Dan y Chip Heath escribirían: «Las empresas no nacen en los garajes. Las empresas nacen en las empresas».

Audia y Rider llegaron a la conclusión de que «al tergiversar el proceso por el cual muchas personas se convierten en empresarios, la creencia del garaje puede inducir seriamente a malas y desinformadas decisiones laborales por parte de los individuos, imprudentes decisiones de asignación de recursos por parte de las empresas, fallidos cursos ofrecidos por parte de las escuelas de negocios, e ineficaces programas por parte de los gobiernos».

Bhide llegó a una conclusión similar tras su estudio de quinientos fundadores enumerados en *Inc.* Estos empresarios exitosos no fueron inventores tipo lobo solitario que persiguen grandes ideas. Eran imitadores que trabajaban desde sus áreas de especialización, tomando prestado o robando lo que aprendieron de sus antiguos empleadores. «Los fundadores entrevistados para *Inc.* imitaban en su mayoría las ideas de otra persona que a menudo se habían encontrado en un trabajo anterior», escribió Bhide. «Cualquiera de las innovaciones fue progresiva o fácilmente imitada. Eran demasiado obvias para tener derecho a la patente y demasiado visibles para proteger como un secreto comercial».

El verdadero papel de Gates como imitador, no como innovador, siempre fue asumido entre sus rivales de Silicon Valley. Larry Ellison, el multimillonario fundador de Oracle Corporation, ha sido particularmente claro en su crítica a las prácticas comerciales de Gates. «Bill va metódicamente a la caza de buenas ideas que robar», dijo Ellison a un entrevistador. «Es un comportamiento perfectamente racional. Eso le proporcionó mucho éxito. Pero entonces, Bill comienza a reclamar uno a uno el crédito de las ideas robadas. Comienza realmente a creer que verdaderamente eran sus ideas desde el principio... No puede soportar verse a sí mismo como un Rockefeller; se ve como un Edison».

El paso del tiempo, sin embargo, ha desvelado el historial tremendo de Gates como visionario. El primer libro de Gates, publicado en noviembre de 1995, se titulaba *Camino al futuro*; dedicaba unas cuantas páginas a Internet, hablando sin saber mucho de un paso «inicial» hacia una verdadera autopista de la información. «Mirar al futuro no es lo que mejor sabe hacer el Sr. Gates», protestó *The Economist* cuando salió el libro. «Naturalmente, tiene una visión; pero una visión decepcionantemente similar a la de todos los expertos que han tratado de mirar hacia delante». A los seis meses de la publicación del libro, el uso de Internet había estallado y Gates y sus coautores tuvieron que reescribir casi la mitad de *Camino al futuro* antes de su lanzamiento en formato de bolsillo en 1996. «No importa cuánto afirme Bill Gates lo contrario», ha dicho el fundador de Netscape Jim Clark, «se perdió Internet, como si fuera un estruendoso tren de carga al que no oyó ni vio venir».

Mi objetivo aquí no es quitarle nada a Bill Gates. Creo que la verdadera historia de Bill Gates, la que nunca se cuenta, es muy valiosa. Por ejemplo, la estrategia en la que Gates se basó, que arrojó resultados consistentes para él, es una estrategia de negocios sólida de la que cualquiera puede aprender e imitar: encuentra el campo que más te interese, trabaja con el jugador más grande y rico que esté dispuesto a colaborar contigo, y luego haz todo lo posible para ayudar a que ese socio grande y rico tenga éxito.

Gates, que empezó en la vertiginosa industria del software, necesitó solo tres pasos dados en unos siete años para que esta estrategia le llevara de desertor de la universidad a multimillonario. En primer lugar, Gates y su compañero, Paul Allen, escribieron Microsoft BASIC con la única intención de asociarse con el fabricante líder en equipos de ordenadores personales. Luego desarrollaron el Softcard con el fin de casar a Microsoft BASIC con CP/M, el sistema operativo líder en ese momento. El tercer paso fue más culpa de la suerte, pero la suerte, como se suele decir, siempre favorece a la mente preparada. El Softcard es el modo con que Microsoft se ganó la atención de IBM. Cuando Kildall dudó en ayudar a IBM con su sistema operativo, Gates se abalanzó.

Como estrategia de crecimiento para las pequeñas empresas de nueva creación, este es un enfoque de negocio que podría aplicarse a casi cualquier industria. (Incluso puede adaptarse como estrategia de carrera dentro de cualquier organización grande: solo busca y ofrece ayuda al patrón más poderoso o al mentor que te enseñará.) Es una receta probada para el éxito, pero difícilmente una fórmula mágica. La parte difícil de la receta, con frecuencia encontrada por Microsoft en sus relaciones con IBM, es la realización a pesar de la adversidad. En el sector de la informática, era muy difícil que IBM se asociara y era bien conocida por su tratamiento arrogante con los pequeños vendedores. Durante la fase de desarrollo del MS-DOS, la insistencia de IBM en el secreto y las tensas y estrictas medidas de seguridad minaron tanto los recursos como la paciencia de los empleados de Microsoft. No ayudaba que la cultura de ingeniería corporativa encorsetada de IBM chocase contra el ambiente inconformista y de gran energía en Microsoft. Sin embargo, Gates soportó cada desafío, no solo porque consideraba a IBM como fuente de gran oportunidad, sino también porque vio de primera mano el peligro de subestimar el poder de Big Blue, del modo en que lo hizo Kildall.

Steve Ballmer, responsable actual de Microsoft, fue uno de los principales lugartenientes de Gates en la década de 1980. Ha comparado trabajar con IBM en esos días con estar a merced de un animal peligroso. «Solíamos llamarlo, entonces, montar sobre el oso», dijo una vez el excitable Ballmer en una entrevista filmada. «Solo tenías que tratar de mantenerte sobre la espalda del oso. El oso podía girar y girar y tratar de corcovear e intentar tirarte, pero ¡maldición, íbamos a montar sobre el oso! Puesto que el oso era el más grande, el más importante, ¡solo *tenías* que estar con el oso! ¡De lo contrario estarías *a merced* del oso!». En la industria de la informática, IBM era el oso. Los jinetes a lomos el oso se enriquecieron. El resto, salvo contadas excepciones, fueron devorados.

➤ El huevo de Colón

Era el verano de 2004, y los fines de semana estaban acabando con el negocio de Stuart Frankel. Como propietario de dos franquicias de Subway dentro de un complejo hospitalario de Miami, Frankel se frustraba por cómo sus ventas caían bruscamente todos los sábados y domingos. El respiro de dos días completos en la venta de sus tiendas se comía todas las ganancias que obtenía los días laborables. Dejaba a sus empleados con poco que hacer y la comida se echaba a perder porque su inventario no rotaba lo suficientemente rápido para mantenerlo todo fresco.

Así que Frankel hizo lo que todo comerciante con problemas de liquidez hace. Empezó un período de rebajas. Decidió hacer publicidad de la bajada de precios para el fin de semana en los populares sándwiches Footlong de Subway. Los días entre semana, los Footlongs de las tiendas de Frankel se mantenían a 5.95 dólares más impuestos, pero bajaban de precio el fin de semana a 4.67 dólares, por lo que el total tras sumar los impuestos quedaba en unos redondos cinco dólares. Frankel puso carteles en las ventanas: «¡Footlongs a cinco dólares!».

Como idea, no era precisamente grandiosa o nueva. Bajar precios para generar ingresos es una práctica comercial bastante elemental y común. Un pequeño cambio fue la elección por parte de Frankel de un precio de venta de cinco dólares. La sabiduría convencional dice que un sándwich a 4.99 dólares se venderá mucho más rápido que uno a cinco dólares. Incluso hay teorías cerebrales, respaldadas por investigaciones científicas, que sugieren que tasamos el valor leyendo de izquierda a derecha, así que esos 4.99 *aparentan* ser una ganga mayor que cinco dólares.

Pero Frankel tenía su propia razón para llamarlo el Footlong de cinco dólares. «Me gustan los números redondos», dijo.

El primer fin de semana de los Footlongs a cinco dólares, el volumen de ventas se duplicó en las dos tiendas de Stuart Frankel, y aunque sus costes por los alimentos subieron, también lo hizo la productividad de los empleados. Incluso con el precio rebajado a cinco dólares, Frankel descubrió que estaba haciendo dinero gracias al aumento del volumen. Tardó unos meses, pero otros propietarios de Subway en el área de Miami tomaron nota. Una tienda Subway deficitaria en Fort Lauderdale copió la idea de los cinco dólares y las ventas se duplicaron al instante. El mayor franquiciado de Subway en el sur de Florida, dueño de tres docenas de tiendas, lanzó la promoción del Footlong a cinco dólares en las tiendas donde las ventas se habían estancado y sacó un aumento del treinta y cinco por ciento de los ingresos. Para el año 2006, los titulares de franquicias Subway de otras ciudades a lo largo de todo el país estaban copiando el Footlong a cinco dólares y consiguiendo buenos resultados.

La mayoría de las empresas de franquicias se basan en ideas ordinarias, y las de Subway se encuentran entre las más ordinarias de todas. No hay nada innovador en hacer sándwiches de fiambre, así que cada dueño de una tienda Subway tiene que afinar constantemente sus habilidades de desempeño y estar atento a las pequeñas ideas que han funcionado bien con los demás propietarios. A medida que el Footlong a cinco dólares se extendió a otros mercados de todo el país, Frankel y otros franquiciados trataron de obtener dinero de la publicidad nacional detrás de ese esfuerzo. Pero cuando Frankel hizo una propuesta ante la junta de marketing de la franquicia, fue rechazada. Demasiados dueños temían que la rebaja del precio de los Footlongs elevara los costes de los alimentos y de la plantilla, a pesar de la evidencia que tenía Frankel de lo contrario. Durante dos años, la promoción del Footlong a cinco dólares languideció a nivel nacional, incluso cuando cada vez más dueños de tiendas registraron fulgurantes éxitos al aplicar la promoción por ellos mismos. Finalmente la junta de marketing cedió y dio el visto bueno para una campaña de cuatro semanas en el año 2008. Para entonces, el Footlong a cinco dólares había sido probado en tantas tiendas de Subway que no necesitaban ninguna investigación oficial de mercado. Era la primera vez que Subway hacía una inversión tan grande en marketing y publicidad a nivel nacional sin tener que gastar un céntimo en investigación.

Subway lanzó su campaña de promoción nacional del Footlong a cinco dólares el 28 de marzo de 2008. La «irritantemente adictiva» sintonía, junto con las señales de una mano representando «cinco» y «pies de longitud», se convirtió en un exagerado fenómeno cultural cuando miles de adolescentes grabaron sus propias interpretaciones y las subieron a YouTube. Hasta Subway falsificó su propia sintonía poniendo una remezcla de música de baile en su página web. Durante el primer año del Footlong a cinco dólares como campaña a nivel nacional, las ventas de Subway crecieron un diecisiete por ciento, mientras que los ingresos se hundían para el resto de la industria de comida rápida. Subway estima que la promoción impulsó las ventas a nivel nacional en 3,800 millones de dólares. Otros empresarios de comida rápida como Domino's, KFC y Boston Market respondieron con sus promociones propias a cinco dólares. Un consultor de restaurantes comentó a *Businessweek*: «Cinco dólares es ahora el número mágico».

Cuento esta historia porque muestra cómo la imitación, que suena a que debería ser un proceso simple, es en realidad muy difícil de lograr, porque incluso las ideas contrastadas pueden tener que enfrentar una empinada cuesta arriba hasta su aceptación. Paul Orfalea, el fundador de Kinko's Copies, se encontró con una batalla similar en la década de 1980. Le llevó tres años de persuasión y halagos conseguir que sus dueños de tiendas independientes simplemente pasaran a un horario de veinticuatro horas, al igual que otras tiendas de conveniencia exitosas. Los propietarios de Kinko's objetaron que dotar de personal a las tiendas durante toda la noche sería demasiado difícil y que se preocupaban por mantener a sus empleados seguros. Cuando las primeras tiendas de Kinko's que pusieron a prueba un programa de veinticuatro horas vieron un salto de ingresos de hasta un cincuenta por ciento, la mayoría de los propietarios seguían sin estar convencidos. En una reunión anual, cuando el tema se debatía una vez más, un exasperado propietario de una tienda se puso de pie y dijo: «Si te gusta el dinero, entonces hazlo». Con el tiempo, la apertura de veinticuatro horas se convirtió en la norma, y a día de hoy cualquiera que mire atrás se preguntaría a qué venía tanto alboroto.

Una leyenda llamada «El huevo de Colón» ilustra cómo las ideas simples al estilo del Footlong de cinco dólares o la tienda de reprografía abierta las veinticuatro horas son comúnmente infravaloradas porque parecen tan cotidianas y obvias en retrospectiva. Cuando Cristóbal Colón zarpó la primera vez, las personas más cultas ya sabían que la Tierra era redonda y aceptaban que el Lejano Oriente era accesible navegando hacia el oeste. Así que cuando Colón regresó de su primer viaje, no todos quedaron impresionados. Durante una cena tardía con algunos caballeros españoles, Colón se expuso a la pregunta de si había hecho algo especial, o simplemente había sido el primero en seguir una idea ordinaria. Colón respondió entregando a los hombres un huevo duro y pidiendo a cada uno de ellos que trataran de mantener el huevo de pie. Uno por uno, lo fueron intentando y no pudieron. Cuando le devolvieron el huevo a Colón, este lo golpeó suavemente sobre la mesa, agrietando y aplanando la cáscara lo justo para permitir que el huevo se quedara de pie. «¿Ven qué sencillo es hacer lo que decían que era imposible?», preguntó Colón a sus compañeros de mesa. «Es la cosa más sencilla del mundo. Cualquiera puede hacerlo, *después de haber visto cómo se hace*».

Damien Hirst, el artista conceptual perfilado en el segundo capítulo, suele escuchar a la gente reaccionando a su trabajo diciéndole que cualquiera podría hacer lo que él hace. En 1995, dijo al *New York Times*: «Es muy fácil decir: "Yo podría haber hecho eso". Después de que alguien lo haga. Pero yo lo hice. No tú. No existió hasta que yo lo hice. Es como si yo dijera que podría haber escrito "She Loves You"». De forma similar, el Footlong a cinco dólares y el centro de reprografía abierto veinticuatro horas pueden parecer, en retrospectiva, tácticas empresariales lógicas y obvias que cualquier empresa en una situación similar pudiera haber hecho. Pero esta interpretación no es diferente a la crítica que Colón enfrentó. Pasa por alto los esfuerzos persuasivos, el compromiso y la solución creativa de los problemas requeridos para cumplir con cualquier idea, incluso con una normal. En los casos de Subway y Kinko's, sus propietarios obtuvieron miles de millones de dólares en nuevos ingresos gracias a la determinación de Stuart Frankel con su Footlong a cinco dólares y de algunos propietarios de Kinko's ahora olvidados que tomaron la delantera al permanecer abiertos toda la noche. Así como la sociedad exalta tan a menudo la innovación, también suele ignorar o desestimar los retos importantes que plantea la puesta en práctica de ideas ordinarias. Y dado que las ideas ordinarias son, por definición, mucho más comunes que las ideas *extra*ordinarias, ponerlas en marcha tiene un impacto mayor en gran parte de los beneficios de las empresas.

Cuando Paul Orfalea vendió su restante participación en Kinko's a una firma de adquisiciones de Wall Street por 116 millones de dólares en 2003, las historias de la prensa de negocios destacaron que Orfalea había sido el beneficiario de una gran ola social y tecnológica. Kinko's, eso decidieron los medios de comunicación, había surgido como el McDonald's de los centros de reprografía en un período en el cual millones de estadounidenses comenzaban a trabajar por cuenta propia desde casa y necesitaban lugares como Kinko's para encuadernar y fotocopiar sus informes y presentaciones. Es cierto que, incluso según los cálculos de Orfalea, cuarenta y dos millones de estadounidenses estaban trabajando fuera de sus hogares cuando se fue de Kinko's en 2003, en comparación a los siete millones que había cuando abrió su primera tienda tres décadas atrás. Pero atribuir el gran éxito de Orfalea a las tendencias sociales sugeriría, como hicieron los caballeros españoles en la historia del huevo de Colón, que cualquiera hubiera hecho lo que hizo Orfalea. No se tendría en cuenta la cuestión de cómo Kinko's logró superar en gran medida a sus competidores, los cuales presumiblemente se beneficiaron de las mismas tendencias cambiantes en los hábitos de trabajo de Estados Unidos.

Kinko's comenzó como un negocio de una sola persona en el año 1970 cuando Orfalea, que entonces tenía veintidós años, abrió una pequeña tienda de fotocopias y papelería cerca de la Universidad de California, en Santa Bárbara. La tienda de nueve metros cuadrados se llenaba tanto que cuando alquiló una segunda fotocopiadora, tenía que sacar la máquina a la acera cada mañana. Un amigo de Orfalea le llamaba «Kinko» en referencia a su mata de pelo rizado de color rojo [*kinky* es la palabra para el pelo rizado en inglés], así que «Kinko's» es el nombre que Orfalea le puso a la tienda.

Fue mientras trabajaba solo tras el mostrador de su primera tienda que Orfalea tuvo la intuición que lo convertiría en multimillonario. No tenía nada que ver con la tecnología o la innovación. (La verdad es que el fundador de Kinko's nunca aprendió a reparar una fotocopiadora.) En cambio, la perspectiva de Orfalea involucraba a sus clientes y la naturaleza humana. Uno por uno, mientras los estudiantes y profesores entraban en su tienda con sus artículos científicos o exámenes, Orfalea se dio cuenta de que casi todos ellos se encontraban en algún tipo de agitado estado emocional. «El cliente entra en la tienda estresado y confundido», escribió en su autobiografía, *Copy This!* [¡Copia esto!]. «No sabe lo que quiere y lo quiere para ayer». Orfalea descubrió que «no estábamos vendiendo tantas copias como estábamos calmando la ansiedad».

Mientras Orfalea hacía crecer el negocio mediante la incorporación de socios y la apertura de nuevas tiendas cerca de los campus universitarios en todo el país, su principal preocupación era que los centros de reprografía podrían llegar a ser una industria de productos básicos con márgenes de beneficio muy bajos. Cualquier competidor sería capaz de alquilar un par de fotocopiadoras y competir con Kinko's en el precio, reduciendo las ganancias hasta tal punto que nadie haría dinero. Pero Orfalea también sabía que los clientes en un estado emocional frágil tienden a no preocuparse por el precio, *siempre y cuando alivies sus ansiedades*. Se convirtió en estrategia de Kinko's cobrar más que sus competidores, pero también ofrecer un mejor servicio.

A lo largo de *Copy This!*, Orfalea detalla muchas maneras en las que puso en práctica esta idea tan corriente. Por ejemplo, una conversación informal con el jefe de una tienda de suministros llevó a Orfalea a la ferviente convicción de que Kinko's debía permanecer abierto las veinticuatro horas del día. El dueño de la tienda contó a Orfalea lo sorprendido que estaba al ver los ingresos totales subiendo un cincuenta por ciento en cuanto empezó a abrir la tienda toda la noche. El tránsito nocturno de clientes era bastante suave y no podía explicar el aumento de las ventas. Era un misterio para él, hasta que se dio cuenta de que sus clientes habituales estaban acudiendo ahora a todas las horas del día. El hombre

pensó que los clientes se habían vuelto más fieles a su tienda, ta
siquiera saberlo, porque les gustaba la sensación de que la tienda
siempre ahí para ellos. El hecho de permanecer abierto todo el tiempo
los había liberado de la *preocupación*. Después de eso, Orfalea escribió:
«Acabé poseído, absolutamente poseído, por la idea de que este era un
cambio que teníamos que hacer».

Orfalea siempre trató de contemplar la ubicación de Kinko's desde
el punto de vista de un cliente estresado y angustiado. La gente debería
sentirse aliviada cuando entrara por la puerta principal, pensó, y eso sig-
nificaba tener bonitas paredes de color azul claro, alfombras limpias y
espacios ordenados para que la gente pudiera trabajar. «Queríamos que
vieran algo más que un centro de reprografía», insistía Orfalea. «Queríamos hacerles ver un santuario donde podían venir a resolver sus problemas». Orfalea llegó a consultar a un tipo que regentaba una taberna
sobre cómo hacer que el ambiente de Kinko's fuera más acogedor y cómodo. Se enfadó cuando vio que los gerentes de las tiendas no dejaban
los pequeños artículos de promoción como el corrector líquido, los bolí-
grafos y los clips de papel en las áreas de trabajo. Los gerentes se quejaban,
razonablemente, de que muchos de estos elementos iban desapareciendo.
Pero Orfalea tuvo que explicar que si Kinko's quería seguir manteniendo
los precios más altos, los gerentes tenían que fijar la atención en las ansiedades de sus clientes. Los clientes aterrorizados que necesitaban lápices
o un par de clips de camino a sus reuniones nunca se olvidarían de que
fueron capaces de tomar estos artículos de forma gratuita en Kinko's.

En un lugar donde copiar documentos era la principal fuente de ingresos, Orfalea se aseguró de que copiar ideas se convirtiera en la principal fuente de inspiración. Era un maníaco con la idea de que los propietarios de tiendas ajenas compartieran ideas brillantes con los demás.
En los años anteriores al correo electrónico, Orfalea instaló un sistema
de correo de voz que permitía a cada dueño de la tienda transmitir observaciones e ideas a cientos de colegas de todo el país. No era raro que
los propietarios recibieran treinta mensajes de ese tipo al día. Una vez,
Orfalea convenció al propietario de un McDonald's local de que le diera

un tour detrás del mostrador para recoger algunos consejos sobre diseño eficiente del espacio de trabajo. «Solía decir a nuestros compañeros de trabajo que "todo tiene un lugar y todo ha de estar en su lugar"», escribió. «McDonald's nos enseñó de verdad este principio en acción». Un servicio rápido, con el apoyo de un lugar de trabajo ordenado, era solo otro método de Kinko's para cuidar de sus clientes y de sus emociones.

«En el sector minorista hay pocos secretos», le gusta señalar a Orfalea. «El noventa por ciento de lo que hacemos... es algo obvio». Fue el dominio de su empresa sobre lo obvio, lo mundano, lo que atrajo inevitablemente la atención de la comunidad inversora. ¿Por qué una empresa de capital privado de Nueva York gastaría cientos de millones de dólares para entrar en una industria de productos básicos de baja rentabilidad como la de los centros de reprografía? La razón reside en la particular cultura que Orfalea desarrolló en Kinko's, que mantuvo los beneficios altos gracias a la ejecución excepcional de una idea común, y por medio de la imitación, no de la innovación.

➤ El destello cegador del genio

Perder a Bill Gates y a IBM fue emocionalmente doloroso para Gary Kildall, pero en absoluto lo dejó en la miseria. En 1991, vendió Digital Research a Novell por 120 millones de dólares, casi cinco veces más que los veintiséis millones que Bill Gates había rechazado pagar seis años antes. Kildall se mudó a Texas, donde guardaba una colección de catorce coches deportivos en un suntuoso rancho junto a un lago. Con una licencia de piloto desde su adolescencia, Kildall podía darse ahora el lujo de volar en su propio jet Lear.

Durante las décadas de 1980 y 1990, Kildall nunca dejó de innovar en su visión de un mundo mejor gracias a los ordenadores personales. Digital Research permaneció unos diez años por delante de Microsoft con su pionero trabajo en la creación de redes de escritorio y aplicaciones multitarea. En una empresa separada, Kildall dirigió el primer esfuerzo por grabar una enciclopedia entera en un disco láser (años antes del CD-ROM). Fundó otra compañía, llamada Prometheus Light and Sound, que inventó muchas de las primeras innovaciones en tecnología inalámbrica.

Pero Kildall nunca logró hacer las paces con ciertos hechos en la vida de la industria informática. Por ejemplo, odiaba que BASIC continuara siendo el lenguaje de programación más común enseñado a los niños. La queja de Kildall era que BASIC no ayudaba a los niños a pensar de una manera que contribuyera a resolver los problemas de programación, así que él personalmente escribió un programa superior, basado en un lenguaje educativo llamado Logo. Pero el Logo de Digital Research, apodado Dr. Logo, no se vendió muy bien. Kildall quedó decepcionado al descubrir que ya que BASIC era la lengua que los profesores de informática habían aprendido cuando eran jóvenes, estos preferían no cambiarse a Dr. Logo. A pesar de sus insuficiencias, el BASIC era la lengua que les hacía sentir más cómodos enseñando.

«Yo esperaba demasiado de los educadores», escribió Kildall en un libro de memorias que nunca ha publicado. «Fue entonces cuando me di cuenta de que los ordenadores fueron construidos para crear dinero, no inteligencia». Paul Orfalea podría haber aconsejado a Kildall que tratara de averiguar la manera de que los maestros se sintieran más cómodos con el Dr. Logo. Stuart Frankel pudo haber sugerido una reducción de precios, ofertas de reclamo y una campaña de promoción para que los niños y los padres demandaran el Dr. Logo. Pero Kildall, a pesar de su genio, prefería culpar a toda la industria informática del fracaso del Dr. Logo en lugar de buscar formas de mejorar el producto y su comercialización.

Tal vez la obstinación de Kildall fuera un subproducto de la facilidad con que su primer éxito le había llegado. Kildall había creado el CP/M sin pensar jamás en venderlo. Su sencilla devoción a la excelencia en la escritura de códigos le había convertido en millonario. Entonces, después de haber aprovechado tan ampliamente este primer destello de genio innovador, Kildall seguía esperando que le llegara ese mismo éxito relativamente fácil con cada innovación posterior. Nunca aceptó que la puesta en práctica de cualquier idea puede ser un desafío intelectual tan complejo como el desarrollo de la idea misma. Sin embargo, con cada revés, Kildall se fue frustrando más y recurrió a culpar a toda la industria informática por tener sus prioridades desquiciadas.

Los inventores decepcionados suelen sufrir este tipo de sentimiento debilitador de injusticia. La película de 2008 *Una idea brillante* estaba protagonizada por Greg Kinnear en el papel de Robert Kearns, un inventor de garaje que diseñó el primer limpiaparabrisas intermitente, solo para ver su creación robada y copiada por la industria del automovilismo. Basada en una historia real, la película muestra cómo las demandas judiciales de Kearns contra los fabricantes de automóviles resultaron en una rápida solución ofreciendo acuerdos valorados en millones de dólares, que Kearns rechazó. Kearns quería que los fabricantes admitieran su robo y le devolvieran todos los derechos de fabricación del limpiaparabrisas, a pesar de que los abogados le advirtieron de que sus demandas no eran realistas.

Cuando Kearns ganó finalmente varias de sus demandas, sus costes judiciales y otras deudas habían consumido casi todo el dinero que los tribunales le concedieron. Aunque la película ofrece un agridulce fin de la historia, en realidad Kearns murió solo y al borde de la locura. Su sueño había sido emplear a sus hijos y hacerse rico en un negocio familiar de fabricación de limpiaparabrisas. En cambio, su obsesión destruyó a su familia. Cuando murió, su esposa le había abandonado hacía tiempo y estaba alejado de la mayoría de sus hijos.

Los últimos años de Kildall, aunque no tan desesperados, también estuvieron oscurecidos por la amargura y la decepción. Él y su esposa Dorothy se divorciaron en 1980. Kildall se volvió a casar, y ese segundo matrimonio fracasó. Fue diagnosticado de una enfermedad del corazón, por lo que su licencia de piloto privado fue revocada, apartándole de una de sus grandes aficiones personales. A medida que tanto la riqueza como el mito de Bill Gates se hacían cada vez más grandes, Kildall comenzó a beber más y a obsesionarse con su venganza.

Un momento particularmente irritante para Kildall llegó cuando fue invitado a la celebración del vigesimoquinto aniversario del departamento de ciencias de la informática en la Universidad de Washington, donde Kildall había estudiado y había sido uno de los primeros doctorados. La invitación anunciaba que el orador principal de la noche sería uno de los más generosos donantes al departamento: Bill Gates. Eso fue casi demasiado para que Kildall lo soportara. Llamó para quejarse al jefe del departamento de ciencias de la informática, que le colgó el teléfono.

Tal como se cuenta en el libro de Harold Evans, *They Made America*, Kildall escribió amargamente en sus memorias inéditas acerca de la ironía de que Gates fuese honrado en la universidad donde Kildall consiguió su formación en informática. «Gates toma mi trabajo y como mucho lo hace suyo a través de medidas de división. Consiguió su "gallina de los huevos de oro", MS-DOS, a partir del CP/M. Así que Gates, representando la riqueza y el sentirse orgulloso del hecho de ser un desertor de Harvard, sin tener una educación, ofrece una conferencia en la vigesimoquinta reunión del departamento de informática. Bueno, creo que sí que obtuvo una educación para llegar allí. La mía, no la suya». Esta referencia a Gates fue la última línea que Kildall escribió.

Una tarde de 1994, durante una visita a Monterrey, Kildall fue hallado inconsciente en el suelo de un bar de moteros, bajo una máquina de videojuegos. Nadie pudo decir si se había caído o si alguien lo había golpeado. Kildall visitó un hospital local dos veces durante ese fin de semana, quejándose de dolores de cabeza. Tres días después de sufrir esas heridas, murió mientras dormía por una hemorragia cerebral a la edad de cincuenta y dos años.

Aunque Kildall no vivió lo suficiente para verlo, finalmente llegó el día en que una compañía sucesora de Digital Research superó a Gates. La compañía, Caldera Systems, lo hizo venciendo a Gates en su propio juego de imitación.

Incluso antes de que Kildall vendiera sus acciones de Digital Research, la empresa había alcanzando un hito en la estrategia de clonar el MS-DOS y después añadirle algunas características superiores a la vez que rebajaba el precio del MS-DOS. Dado que el propio MS-DOS era un clon del CP/M de Digital Research, la compañía puso a Microsoft en un aprieto. Gates no podía demandar a Digital Research por un caso de infracción de derechos de autor sin abrir la caja de los truenos acerca de dónde había sacado primero el MS-DOS. El clon del MS-DOS de Digital Research, llamado DR-DOS, volvía loco a Gates. En los correos electrónicos desde que esto se hizo público, Gates se quejaba a Steve Ballmer de que la competencia con el DR-DOS estaba disminuyendo los beneficios del MS-DOS en un treinta o cuarenta por ciento.

En 1996, Novell derivó la propiedad del DR-DOS a una pequeña compañía privada llamada Caldera Systems. Caldera demandó enseguida a Microsoft por mil millones de dólares, alegando que Gates había participado personalmente en la restricción del comercio y en otras conductas monopolísticas ilegales, incluyendo una amenaza pública para tomar represalias contra IBM si Big Blue se atrevía a hacer negocios con DR-DOS. La demanda se prolongó durante casi cuatro años, antes de que Microsoft lo resolviera fuera de los tribunales con una cifra calculada por el *Wall Street Journal* de 275 millones de dólares. Según *They Made America*, algunas estimaciones dicen que Microsoft llegó hasta los quinientos millones de dólares.

Catorce años antes, Gates pudo haber comprado a Kildall por tan solo veintiséis millones. Sin embargo, Gates nunca previó que la compra completa de CP/M aislaría a Microsoft de los problemas legales que terminarían costando a la compañía cientos de millones de dólares unos años más tarde. Gates nunca fue bueno cubriéndose las espaldas o adivinando el futuro, a pesar de todos los mitos que dicen lo contrario. Su capacidad de predicción sobre la mayoría de las cosas siempre fue muy pobre, porque Gates era un imitador, no un innovador. No logró su vasta fortuna persiguiendo vagas visiones sobre un mundo mejor, sino sacando partido de oportunidades reales para seguir el dinero. Y esta debería ser una noticia estimulante para la mayoría de nosotros, que tampoco somos innovadores o visionarios.

5

Conocer el cómo es bueno. "Conocer el quién" es aún mejor

ALREDEDOR DE NUEVE DE CADA DIEZ ENCUESTADOS
DE CLASE MEDIA CREEN QUE EL ÉXITO FINANCIERO
REQUIERE PONER EL CAPITAL PROPIO EN RIESGO.

MENOS DE CUATRO DE CADA DIEZ MILLONARIOS HECHOS
A SÍ MISMOS CREEN EN LA NECESIDAD DE ARRIESGAR
EL CAPITAL PROPIO.

➤ El Ogro de Omaha

En 1951, un corredor de bolsa de veintiún años al que llamaremos «Ed», compró una gasolinera Sinclair a medias con un amigo de sus días en la Guardia Nacional. Los dos amigos no sabían mucho acerca de cómo llevar una gasolinera, pero contaban con una buena ubicación cerca de una concurrida intersección al este de Nebraska, y la pasión de Estados Unidos con el automóvil estaba despegando. Parecía una propuesta en la que no podían perder.

Ed y su compañero trabajaban de noche y los fines de semana, llenando depósitos y limpiando parabrisas, pero lo único que veían era que la mayoría de los coches pasaban de largo en dirección a una gasolinera Texaco al otro lado del camino. Les llevó un tiempo darse cuenta de que esta estación rival era propiedad de alguien que constituía un pilar de la comunidad local. Este hombre había desarrollado una gran fidelidad de los clientes a lo largo de los años, y ni el trabajo duro ni la atención con una sonrisa cambiaría eso. Las pérdidas en la estación de Sinclair continuaron aumentando, y los socios finalmente se rindieron. Ed perdió la totalidad de los dos mil dólares invertidos. Una gran parte de los diez mil dólares ahorrados en toda una vida había desaparecido.

La razón principal por la que Ed había apostado tan alto por la compra de una gasolinera fue que él estaba deprimido con su trabajo de corredor de bolsa. Le gustaba el análisis de las acciones, pero era tímido y odiaba las ventas. Le desagradaba especialmente la dependencia de su empresa a las comisiones de los valores. Para Ed, todo el negocio de la bolsa le parecía deshonesto. Se sentía como un médico al que se le paga de acuerdo a la cantidad de medicamentos que prescribe, sin importar lo enfermos que estén sus pacientes.

La economía de la posguerra estaba en auge en la década de 1950 y Ed logró acumular una buena cartera de acciones por su cuenta invirtiendo aparte. Pero esto también era una fuente de frustración. La mayor parte de las acciones de Ed estaban cotizando bien, gracias a una estrategia de inversión en valores que había aprendido de un libro, pero sus ganancias estaban limitadas a su pequeño capital total. Ed se enfrentaba a menudo a la complicada elección de vender una acción antes de tiempo, simplemente porque necesitaba dinero para comprar otra acción mejor. Y todo el tiempo sabía que cada auge de acciones termina con un fracaso. En 1955, el promedio industrial del Dow Jones alcanzó un máximo histórico, mucho mayor que la cima que precedió a la Gran Depresión de 1929. Los más veteranos del negocio de la bolsa le advertían de que el mercado de valores estaba destinado a caer.

Con su limitado capital y la perspectiva de un mercado a la baja aproximándose, Ed comprendió que su meta financiera personal de jubilarse a los treinta y un años era imposible de alcanzar por sus propios medios. Tenía que conseguir que los demás invirtieran con él. Así que, aunque era muy tímido y no era un vendedor nato, Ed comenzó una asociación de inversores para poder utilizar el dinero de otras personas y aprovechar su inteligencia de mercado. Reunió setenta mil dólares de un puñado de amigos cercanos y miembros de la familia. Siete personas pusieron diez mil dólares cada una.

Ed limitó su propia contribución financiera a cien dólares exactos. Quería asegurarse de que este riesgo no se convirtiera en otra debacle de pérdida de dinero como fue la estación de Sinclair. El trato era este:

Ed cobraría una tasa del cuatro por ciento anual fijo por la gestión del dinero. Y aunque él había contribuido únicamente con cien dólares de su propio capital, tendría derecho a quedarse con *la mitad* de todas las devoluciones anuales de los fondos de la asociación por encima del cuatro por ciento. Si las inversiones de la asociación perdían dinero durante el año, Ed compartiría solo una cuarta parte de las pérdidas. Pero como se vio después, no hubo pérdidas. Las acciones de la nueva asociación de Ed crecieron un diez por ciento en 1957, a pesar de que el mercado de valores cayó en un ocho por ciento. Al año siguiente, cuando el Dow se recuperó y subió un treinta y ocho por ciento, los beneficios de la asociación de Ed crecieron en un cuarenta y uno por ciento.

Este éxito temprano le permitió a Ed iniciar una segunda asociación, y luego una tercera. En el momento en que Ed organizó su cuarta y más grande asociación de inversores, la estructuró de manera que el balance cayera completamente a su favor. Ahora Ed tenía derecho a una cuarta parte de todas las ganancias por encima de su comisión de gestión del cuatro por ciento, y *ninguna* de las pérdidas. Podía hacer apuestas en el mercado sin el temor a arriesgar un céntimo de su propio capital. Era como si estuviera jugando a lanzar una moneda diciendo: «Si sale cara gano yo; si sale cruz pierdes tú».

Con millones de dólares bajo su gestión, Ed pasó a montar uno de los más grandes mercados al alza en la historia de Wall Street. El Dow Jones subió un setenta y cuatro por ciento entre 1957 y 1961, mientras que las ganancias de la asociación de Ed crecieron un 251 por ciento. Ed logró alcanzar su meta de riqueza independiente a la edad de treinta y un años. Con el tiempo, llegó a ser más rico de lo que jamás imaginó que fuera posible. Pero en 2011, en su ochenta cumpleaños, Ed aún no se había retirado.

Ed, por si no lo habían adivinado todavía, *es* Warren Edward Buffett. Nacido en Nebraska, un multimillonario hecho a sí mismo, es el tercer hombre más rico del mundo. Controla activos por valor de 411 mil millones de dólares como presidente de Berkshire Hathaway, la sociedad empresarial derivada de sus sociedades de inversión originales.

El patrimonio personal de Buffett alcanzó un total de sesenta y dos mil millones de dólares en 2008, antes de que comenzara a ingresar miles de millones de sus fondos en una fundación benéfica. En 2010, se le concedió la Medalla Presidencial de la Libertad, en reconocimiento por su condición de «inversor legendario» y por su compromiso de donar el noventa y nueve por ciento de su fortuna a causas humanitarias.

Buffett ha sido tildado como el Oráculo de Omaha por su aparente capacidad de prever los movimientos del mercado de valores durante los últimos cincuenta años. Los inversores han estudiado minuciosamente los métodos de selección de acciones de Buffett durante décadas, tratando de imitar su famosa estrategia de comprar acciones de empresas caídas en desgracia. El apellido Buffett se ha convertido en una marca, invocada en un sinnúmero de libros de autoayuda y en seminarios que prometen enseñar el método de invertir «a la manera de Warren Buffett». Todos promueven la idea de que con trabajo duro y un cuidadoso análisis, los inversores individuales pueden aprender del ejemplo de Buffett y escoger acciones para conseguir sus propias fortunas individuales.

El problema con esta idea es que supone que el éxito de inversión de Buffett se debe enteramente a su selección de valores con conocimiento, cuando lo cierto es que los miles de millones de Buffett no hubieran sido posibles sin su destreza al conocer el quién. Es un mito que la fortuna de Buffett fue edificada sobre una serie de astutas decisiones de compra y venta sincronizadas. El verdadero secreto del éxito de Buffett fue desde el principio usar la fuerza bruta de los dólares de sus inversores para exprimir ganancias de las compañías en las que invirtió. Obtuvo devoluciones desmesuradas para sí mismo y para sus inversores mediante tácticas sin escrúpulos que ningún otro inversor individual podría siquiera intentar. Para los equipos directivos de algunas empresas devaluadas a finales de 1950, Buffett no era el Oráculo de Omaha. Era el Ogro de Omaha.

Ya en 1958, Buffett gestionaba poco más de un millón de dólares en sus asociaciones. Ese año depositó el treinta y cinco por ciento de este dinero en una aletargada empresa pequeña llamada Sanborn Maps. La línea de negocio principal de la compañía estaba disminuyendo, pero

Buffett descubrió que el precio de las acciones de Sanborn cotizaba muy por debajo de su valor real. La razón era que Sanborn había invertido su dinero en una cartera de acciones de otras sociedades, una cartera que estaba creciendo paralelamente al mercado alcista de Wall Street en la década de 1950.

Esta pizca de información permitió a Buffett saber con quién trabajar. Convenció a un número de personas ricas que conocía fuera de su sociedad de inversión para comprar acciones en Sanborn. Con el tiempo, Buffett fue el líder de una alianza de accionistas que controlaba una participación lo suficientemente grande como para asegurarse un asiento en la junta directiva de Sanborn. Entonces Buffett comenzó a presionar en la junta de Sanborn para que se diese cuenta de sus ganancias y elevó el precio de las acciones de la compañía. La junta dudó y era reacia a las comisiones sobre los pasivos, pero Buffett insistió. No fue para nada tímido al hacer valer sus derechos como miembro del consejo. Buffett amenazó con forzar una votación de accionistas y hacerse cargo de la empresa. La asustada junta acordó la compra de las acciones existentes de la compañía a un precio superior. Básicamente, Sanborn le pagó a Buffett un adelanto del cincuenta por ciento de la devolución sobre su inversión para que se marchara.

No mucho después de esta victoria, el Ogro de Omaha compró una participación de un millón de dólares en otra empresa hundida del Medio Oeste llamada Dempster Mill Manufacturing. Una vez más, el conocimiento del quién de Buffett le permitió reunir a amigos y colegas ricos para que pusieran su propio dinero para apoyar su estrategia. Finalmente Buffett tomó todo el control de la junta y dirigió la compañía hacia un camino que maximizaba los beneficios para él y sus colegas. Despidió al presidente ejecutivo y contrató a un feroz sustituto que cerró fábricas, despidió a los trabajadores y liquidó el inventario. Buffett exprimió a Dempster todo lo que valía la pena, sacando dividendos de las acciones de la compañía y reinvirtiendo las ganancias en empresas más prometedoras. Entonces Buffett vendió lo que quedaba de Dempster a un precio que casi *triplicaba* la inversión inicial de su asociación.

Estas no son acciones de un oráculo que preveía el aumento de los precios de las acciones en Sanborns y el futuro de Dempster. Son las acciones de un pirata corporativo bien financiado y relacionado. Ciertamente, el análisis experto de Buffett identificó a Sanborn y Dempster como víctimas listas para abordar en primer lugar. Pero Buffett nunca hubiera sido capaz de desbloquear el valor de sus acciones en estas pequeñas empresas moribundas sin la influencia de su asociación y de sus aliados ricos.

Supongamos por un momento que un pequeño inversor de 1958 hubiera accedido exactamente a la misma información sobre el valor potencial de Sanborn y comprase un centenar de acciones devaluadas de la empresa. Ese inversor solitario podría haberse estancado en las acciones de Sanborn durante los próximos años, esperando y deseando que las acciones desarrollaran su potencial. Mientras tanto, en el espacio de dieciocho meses, Buffett intimidó a la junta, tomó sus beneficios y abandonó la empresa. Esta es la diferencia fundamental entre la mítica «manera de Warren Buffet» y los métodos reales que Buffett utilizó para amasar su fortuna. La capacidad de sacar adelante estos movimientos, y de hacerlo con el dinero de otras personas, es el motivo por el cual el joven Warren Buffett renunció a invertir a la manera de Warren Buffett tan pronto como pudo.

A lo largo de su vida, Buffett ha soltado una serie de dichos repetidos con asiduidad por sus fans. Uno de los preferidos es: «Regla número uno: Nunca pierdas dinero. Regla número dos: Nunca olvides la regla número uno». La mayoría de la gente considera que se trata de una manera divertida que tiene Buffett de decir: «Nunca hagas una mala inversión». Pero esto es ridículo. Buffett sería el primero en admitir que ha hecho muchas malas inversiones. Lo que Buffett no ha hecho los últimos sesenta años es perder dinero como lo hizo en 1951, con el hundimiento de un veinte por ciento de sus ahorros en la estación de Sinclair. Buffett bromea hoy con que la estación de Sinclair fue la peor inversión que jamás ha hecho. También fue la última vez que Buffett puso una gran parte de su propio capital completamente en riesgo, sin la protección del dinero de otras personas.

La regla número uno de Buffett es en verdad una advertencia para no ir a por todas con tu propio dinero. Invierte si puedes de maneras que limiten tu riesgo, así no perderás tu dinero incluso si tus colegas pierden el suyo. Warren Buffett ha estado lanzando esta moneda de «Si sale cara gano yo; si sale cruz pierdes tú» desde su primera asociación. Es un juego que requiere una pizca de conocimiento acerca del cómo y mucho conocimiento acerca del quién. Buffett es multimillonario porque ha jugado mejor que nadie.

➤ La amante del presidente

La idea de que hace falta dinero de otras personas para salir adelante económicamente no es muy popular entre los encuestados de clase media del estudio sobre la Brillantez para los Negocios. Menos de uno de cada cinco dijo que «hacer que otros inviertan contigo» es importante para el éxito financiero. Una abrumadora mayoría de la clase media —casi nueve de cada diez— cree que el éxito financiero requiere poner el capital propio en riesgo. Eso es un noventa por ciento de la clase media haciendo la única cosa que Warren Buffett desaconseja hacer.

Los millonarios hechos a sí mismos, por el contrario, piensan mucho más como Buffett. Cerca de seis de cada diez millonarios hechos a sí mismos informaron de que es importante conseguir que los demás inviertan con ellos. Menos de cuatro de cada diez creen en la necesidad de arriesgar el propio dinero. Las personas que ya han alcanzado el éxito financiero entienden autosuficiente no significa autofinanciado. Es por esto que conocer el quién es más importante que conocer el cómo.

El capítulo 2 mostraba cómo Guy Laliberté, el multimillonario fundador del Cirque du Soleil, y Damien Hirst, el artista plástico más rico del mundo, crearon sus fortunas haciendo lo que amaban a la vez que seguían el dinero. Si observamos un poco más de cerca las historias de Laliberté y Hirst, sin embargo, veremos que para ellos seguir el dinero no se trataba realmente de dinero. Se trataba de personas. Se trataba de conocer el quién.

Durante sus primeras cuatro temporadas, el Cirque du Soleil estuvo constantemente al borde de la insolvencia. Fueron las habilidades de Laliberté para conocer a financiadores gubernamentales y donantes privados en Quebec las que mantuvieron con vida a la compañía. Durante la gira de verano inaugural del Cirque en la provincia, Laliberté se ganó el favor entre tantos funcionarios del gobierno como pudo, agasajándoles con un tratamiento especial de VIP en los espectáculos y organizando eventos publicitarios con apoyo a políticos. Laliberté simpatizó especialmente con el primer ministro de Quebec, René Levesque, y su círculo íntimo. Según una biografía no autorizada de Laliberté, incluso se aprovechó de la feliz coincidencia de que la amante de Levesque era una saltadora de trampolín que se llevaba bien con varios artistas de circo.

Aunque el Cirque fue fundado como proyecto de un solo año, el conocimiento del quién de Laliberté aseguró la financiación gubernamental del Cirque durante cuatro años consecutivos, lo que fue suficiente para que el Cirque planeara un siguiente proyecto y despegara con un interés lucrativo. Pero el Cirque no era solo un caso de asistencia social del gobierno. Requirió también de amigos comprensivos en el sector privado. En 1985, cuando una fallida gira nacional dejó al Cirque una deuda de 750,000 dólares, Laliberté fue capaz de acudir a la comunidad empresarial más conservadora de Quebec y cultivar una amistad con un destacado magnate de los seguros que ayudó a recaudar fondos para alejar a los acreedores del Cirque. El banco del Cirque les perdonó doscientos mil dólares en cheques sin fondos. «Guy era un maestro de hacer contactos», recordó un ejecutivo del Cirque. «Regaló entradas para el circo a todo el que pensaba que podría utilizar para futuros propósitos. Los trataba como a reyes. Sabía que bien valía la pena pensar en el futuro, y resultó tener razón».

Laliberté hizo todas estas cosas porque tenía que hacerlo. No había otro modo de mantener vivo su proyecto favorito y su única fuente de ingresos. En este sentido, él y Hirst encontraron problemas similares y emplearon similares soluciones de conocimiento del quién. Como se analizó la primera vez en el capítulo 2, Hirst en su juventud se enfrentó a perspectivas escasas de éxito personal como artista, así que al igual que Laliberté, se distinguió por convertirse en un organizador y un hombre del espectáculo.

Hirst se dedicó a organizar la exposición *Freeze* por desesperación. Residía en un albergue público y no tenía dinero para producir ninguno de sus diseños de arte conceptual. Al igual que muchos empresarios, todo lo que tenía Hirst era su deseo de crear algo de la nada y, de modo muy parecido a Laliberté y Gates, seguir el dinero siguiendo a las personas con dinero. Hirst sabía, por ejemplo, que había una rica empresa de bienes raíces en la desolada zona de los Docklands a la que probablemente le gustaría traer a los más grandes nombres del arte a la zona para una visita. Así que Hirst acudió a la firma y consiguió los diez mil dólares del capital inicial que necesitaba para que funcionase. Durante el montaje de la exhibición, Hirst sabía que los distribuidores VIP podían desconfiar de aventurarse en un área industrial desconocida, así que hizo arreglos para ayudar. Se ofreció a recogerlos en la estación de tren más cercana y llevarles a la estación personalmente, ganando para sí mismo un valioso tiempo con algunos de los nombres más importantes en el ámbito artístico.

Por último, su papel como comisario de *Freeze* desató una conversación que puso su carrera en marcha. Un comerciante que conoció en la exhibición le encargó la obra de seis mil dólares de Hirst de la cabeza de vaca podrida sellada en una urna de cristal. Aun tan repugnante como era, Charles Saatchi, el más famoso coleccionista de arte de Londres, se enamoró de ella. Saatchi se convirtió en el mecenas principal de Hirst durante los próximos doce años, apoyando obras posteriores y ayudando a Hirst a convertirse en multimillonario antes de cumplir los treinta.

Tanto Laliberté como Hirst comprendieron a una edad temprana que el logro de sus objetivos les obligaba a seguir el dinero, lo que a su vez les obligaba a seguir a la gente con dinero. Hirst asumió el papel de comisario de *Freeze* porque no tenía otra vía para estimular el interés por su trabajo entre las personas que le importaban. Laliberté necesitó años de generoso apoyo de patrocinadores públicos y privados porque los espectáculos de circo eran caros de producir. Fueron más Broadway que

Barnum y Bailey, y eso fue una parte importante de lo que convirtió al Cirque en algo tan especial. Laliberté nunca podría haber recorrido su camino desde el artista que lanzaba fuego por la boca a las ventas anuales de mil millones de dólares sin su conocimiento sobre el quién, sin otras personas y su dinero.

Cada año abren cerca de 750,000 pequeños negocios en Estados Unidos, y cierran otras tantas pequeñas empresas. Alrededor del noventa por ciento de los negocios cerrados no reportaron pérdidas a los acreedores porque las empresas adeudaban solo a sus fundadores. Como la mayoría de las pequeñas empresas, fueron puestas en marcha por empresarios individuales que dependían solamente de sus tarjetas de crédito y de otros recursos personales para las reservas de efectivo y capital.

La ironía es que muchos de estos pequeños negocios fracasan porque los únicos propietarios se quedan sin fondos justo cuando están al borde del éxito. Esto puede sonar contradictorio, pero cuando una empresa empieza a crecer, los gastos casi siempre crecen más rápidamente que los ingresos. El rápido crecimiento, que debería ser una buena cosa, a menudo provoca que las compañías con capital insuficiente se expandan demasiado, cometan errores torpes y fracasen. Es por eso que muchos propietarios de pequeñas empresas se convierten en esclavos de sus creaciones. Están sobrecargados de trabajo, mal pagados, con deudas y se tambalean en el límite de la insolvencia... y esto es especialmente cierto en aquellos cuyos negocios están teniendo éxito y *crecen*.

Paul Green es alguien que una vez encajó con exactitud en esta descripción. Hoy Green es, posiblemente, el profesor de guitarra más rico del mundo, después de haber fundado la cadena de franquicias School of Rock [Escuela de rock]. Pero pudo ser tan solo otro pequeño empresario de no haber conocido al dentista apropiado, alguien dispuesto a ser su primer inversor.

En 1998, Green tenía veinticinco años y se ganaba la vida en Filadelfia impartiendo clases individuales de guitarra eléctrica a niños pequeños y adolescentes en el ático de una tienda de música. La mayoría de los profesores de música están muy mal pagados, pero el dinero no era la principal fuente de frustración de Paul Green. Era la lentitud con la que sus estudiantes aprendían. La mayoría de ellos no practicaban lo suficiente y a Green, que amaba el *rock and roll* con pasión, le resultaba difícil escucharlos tocar tan mal, semana tras semana.

Un día se le ocurrió la idea de hacer que algunos de sus estudiantes empezaran a tocar juntos en el local de ensayo de una banda de rock. Descubrió que sonaban mejor porque habían estado ensayando con más frecuencia, debido a la presión de estar en un grupo. Ellos odiaban tocar mal enfrente de los demás. Este progreso le convenció para abrir su propia escuela privada de música rock para que todos sus estudiantes pudieran ensayar juntos y luego montar actuaciones en directo para los padres y amigos. Alquiló un edificio de tres pisos e invitó a algunos de sus amigos profesores de guitarra para participar como instructores. Para el año 2003, tenía ochenta niños matriculados en la Paul Green School of Rock. Sin embargo, la matrícula apenas llegaba para pagar los sueldos y los gastos, y Green tuvo que aceptar un trabajo aparte en un restaurante para llegar a fin de mes.

El 3 de octubre de ese año, se estrenó una película llamada *Escuela de rock* a nivel nacional. Estaba protagonizada por Jack Black como un maníaco profesor de guitarra eléctrica que se comportaba de modo muy parecido a Paul Green. Green se enfureció y sintió que le habían estafado. Dos años antes, un equipo de cámaras del canal de cable VH-1 había grabado imágenes para un documental sobre la escuela de Green, pero nada había salido de ese proyecto. La nueva película de Jack Black fue producida por Paramount, una empresa hermana de VH-1, pero los cineastas negaron haber realizado su película con ayuda de la VH-1. Green consideró brevemente emprender una demanda, pero entonces abandonó la idea. Al final resultó que la *Escuela de rock* de Jack Black sería lo mejor que jamás le sucedería a la School of Rock de Paul Green.

Las inscripciones en la escuela de Green se duplicaron a los pocos meses del estreno de *Escuela de rock*. No había suficiente espacio en el antiguo edificio para dar cabida a todo el mundo, y Green abrió una segunda sede en las afueras. La expansión y los nuevos ingresos por matrícula eran no solo signos positivos del éxito, sino que también marcaron el comienzo de los problemas de Green. Empezó a sudar la gota gorda intentando dirigir dos escuelas separadas situadas a kilómetros de distancia.

Green se quejó un día durante una visita a Joseph Roberts, su dentista. Roberts tenía un hijo en la escuela de Green, por lo que ya sabía un poco acerca de la empresa. Como exitoso practicante privado en la zona del Rittenhouse Square, con el alquiler más alto de Filadelfia, Roberts también sabía mucho más que Green sobre la gestión de un negocio. Su diagnóstico de experto fue que Green necesitaba registrar su escuela de rock como una corporación y hallar inversores. No sería posible para Green abrir un tercer o cuarto lugar sin ellos. Roberts se convirtió en el primer inversor de Green y en el primer presidente de la Paul Green School of Rock, S. L.

El dinero de los inversores recaudado por Roberts y Green permitió a la escuela ampliarse a cinco sedes en la zona de Filadelfia mientras Green comenzaba a buscar localizaciones en otras ciudades. A continuación, una firma de capital privado compró una participación minoritaria en la empresa e instaló un equipo de gestión con el fin de lanzar un ambicioso plan de expansión de la franquicia a nivel nacional. Para el año 2010, había cincuenta sucursales de la escuela de rock por todo el país, con nueve de ellas solo en el área metropolitana de la ciudad de Nueva York. Los ingresos anuales alcanzaron los diez millones de dólares. Ese año, Green fue capaz de canjear su participación en la empresa y abandonarla para perseguir algunas cosas que le tocaban más de cerca. Es coordinador musical en el Festival de Cine de Woodstock y está trabajando con Adam Lang, cofundador del Festival de Woodstock de 1969, para iniciar una escuela de música en Woodstock, en el área de Nueva York.

Hasta que Paul Green no comenzó a incorporar inversores, había estado jugando a «si sale cara gano yo; si sale cruz pierdo yo» con su negocio. El resultado fue una gran cantidad de brillante promoción en prensa y un cierto grado de éxito, pero siempre a la sombra de la catástrofe, siempre a un fatal paso de distancia del colapso. El fracaso en cualquier momento a lo largo del camino habría dejado a Green mucho peor que cuando comenzó. Se habría quedado sin trabajo y hundido en un montón de deudas. Esta es la forma en la que cientos de miles de empresas mueren cada año, con un gemido y con un único propietario en la estacada.

Conocer el quién introdujo a Green en el juego de Warren Buffett: «Si sale cara gano yo; si sale cruz pierdes tú». En *Origen y evolución de nuevas empresas*, el autor Amar Bhide utiliza esta expresión por lo menos cinco veces en cuatro capítulos para describir cómo la mayoría de empresarios de éxito localizan y aprovechan sus oportunidades. Los empresarios inteligentes siempre están tratando de establecer acuerdos en los que el éxito será bien recompensado mientras que el fracaso se cobrará únicamente un coste mínimo. En opinión de Bhide, el enfoque «Si sale cara gano yo; si sale cruz pierdes tú» disipa la popular imagen del empresario como «un irracional y excesivamente confiado perseguidor del riesgo». Los estudios de Bhide demostraron que la mayoría de los fundadores de las quinientas empresas de *Inc*. habían puesto menos de diez mil dólares en sus negocios en la fase inicial, una cantidad lo suficientemente pequeña para poder recuperarse fácilmente, incluso si todo salía mal. Buffett tiene algunas sabias palabras de consejo, de su propia cosecha, a este respecto: «Para tener éxito», dice, «primero debes sobrevivir».

No obstante, la mayoría de nuevos propietarios de negocios nunca obtienen inversores externos para ayudar a financiar el crecimiento y protegerse del riesgo. La razón principal es que la mayoría nunca lo pide. Un estudio dice que menos de cuatro de cada diez empresas buscan financiación externa durante sus primeros dos años y medio de existencia. Una razón para esto es que muchos nuevos negocios son demasiado pequeños o no están lo suficientemente orientados hacia el crecimiento para resultar atractivos a los inversionistas externos. Pero otra razón puede ser que los propietarios no sepan cómo buscar una fuente accesible pero poco conocida de la inversión empresarial, el inversor casual.

El dentista de Paul Green fue un inversor casual. El primer mecenas de Damien Hirst fue un inversor casual. No fueron amigos, ni familiares, ni gente procedente del negocio de la inversión, como inversores o capitalistas de riesgo. No fueron más que personas que tenían un poco más de dinero que Green y Hirst, que les gustó lo que vieron en ellos y que estaban dispuestos y eran capaces de hacer lo que podría considerarse una apuesta moderada. El más famoso inversor casual de este tipo fue un vendedor de coches escocés llamado Ian McGlinn. En 1977, McGlinn dio a un amigo de su novia unos siete mil dólares para expandir su pequeña tienda de Brighton, Inglaterra. A cambio, McGlinn obtuvo un cincuenta por ciento del negocio, que se llamaba The Body Shop. En 2009, McGlinn vendió todas sus acciones en The Body Shop por más de doscientos millones de dólares.

Según algunas estimaciones, los inversores casuales como Roberts y McGlinn contribuyen ocho veces más que los capitalistas de riesgo en las pequeñas nuevas empresas cada año en Estados Unidos. Scott A. Shane, un profesor de Ohio que estudia la creación de empresas, dice que los inversores casuales tienen un perfil bajo porque no son muy interesantes para los medios de comunicación. «El inversor típico [casual] se parece muchísimo a ti y a mí», escribe en *The Illusions of Entrepreneurship* [Las ilusiones de la iniciativa empresarial], «y sus inversiones son como mucho mundanas». Más de la mitad del total de las inversiones casuales son de alrededor de unos quince mil dólares o menos, y muchos inversores casuales tienen ingresos inferiores a los cincuenta mil. Pero juntos son una fuerza figuradamente grande. Shane cita estimaciones de que alrededor del uno por ciento de todos los hogares de Estados Unidos tienen alguna participación en la propiedad de una empresa privada gestionada por alguien de fuera de la familia. Eso es un millón de inversores casuales.

Shane dice que la mayoría de los inversores casuales son diferentes a los socios capitalistas y a los inversores de riesgo en otro aspecto importante: no buscan grandes beneficios resultantes de sus inversiones. «De hecho», escribe Shane, «un estudio notó que más de un tercio (el treinta y cinco por ciento) de los inversores casuales no espera beneficios (lo que equivale a cero, nada, ninguno) de sus inversiones en empresas de nueva creación. Es evidente que el inversor casual típico invierte en la creación de empresas por motivos no financieros, como por ejemplo ayudar a un amigo».

El mensaje a aprender de esta estadística debería ser bastante simple. Sal y haz más amigos.

➤ El contagio del éxito

Pocas personas que han coincidido con Bill Gates lo considerarían «una persona sociable». Uno de sus profesores de Harvard lo recuerda como alguien con «una mala personalidad y un gran intelecto». Gates siempre parecía aburrirse en una conversación cercana y generalmente tenía poca curiosidad por la gente. Su torpeza social, así como sus malos hábitos de higiene personal, se convirtieron en parte de la leyenda. «Incluso después de pasar mucho tiempo con él», escribió una vez Walter Isaacson en un perfil de la revista *Time* sobre Gates, «se tiene la sensación de que sabe mucho sobre tu forma de pensar, pero nada acerca de cosas tales como dónde vives o si tienes familia. Ni parece que le importe».

Pero si bien Gates parecía poco interesado en la gente, durante los años de fundación de Microsoft nunca dejó de obsesionarse con lo que la gente estaba pensando y haciendo dentro de la industria de la informática. Como dijo un ejecutivo informático sobre Gates a principios de 1990: «Si hablas con Bill acerca de cualquier compañía de software o de hardware, hay una muy alta probabilidad de que sea capaz de decirte quién es el principal responsable, cuál es su software, cuáles eran sus problemas». Gates no era un tipo cercano ni tenía labia, pero sin duda tenía contactos.

Los empresarios tienen éxito cuando funcionan como mediadores entre diferentes contactos. Gates, por ejemplo, terminó actuando como mediador entre IBM y la comunidad informática individual. Gary Kildall podría haber sido ese puente de no haber sido por su actitud indiferente hacia sus redes de clientes y socios estratégicos. Cuando IBM decidió que Kildall era demasiado intratable, la empresa le pidió a Gates que produjera su nuevo sistema operativo para PC. Gates sabía que no podía construir un producto desde cero en el breve plazo dado por IBM, pero aceptó el reto de todos modos. Confió en su red de contactos informáticos de Seattle para encontrar un sistema operativo desconocido, el Q-DOS, que compró y renovó para IBM como MS-DOS.

La palabra *emprendedor* [*entrepreneur* en inglés y francés] proviene de los términos franceses para «entre» y «apresar». Los emprendedores apresan sus beneficios por medio de la relación entre los intervinientes y llenan los llamados agujeros estructurales que impiden a grupos dispares trabajar juntos con regularidad. En este sentido, Guy Laliberté tendió una relación entre su red de artistas de circo, por un lado, y su red de líderes empresariales y gubernamentales de Quebec por el otro. Ninguno de esos grupos tenía los medios para crear el Cirque du Soleil por separado. Solo Laliberté conocía a suficientes personas en ambos mundos para reunirlas. Paul Green y su dentista llenaron el agujero estructural entre los miles de padres dispuestos a pagar por clases de música para sus hijos y los inversores que financiaron la escuela de rock.

Si las redes de contactos son tan vitales para el éxito de un negocio, sería razonable que las personas más exitosas son las que tienen el mayor número de contactos cercanos. Pero la encuesta de la Brillantez para los Negocios y otras investigaciones sociales demuestran que este no es el caso. Los encuestados de clase media, por ejemplo, dijeron tener un promedio de nueve personas con las que «extensamente / estrechamente tienden redes con el fin de abastecerse de más negocios nuevos». Entre los millonarios hechos a sí mismos, sin embargo, el promedio es solo de 5.7. Este número en realidad empequeñece a medida que aumentan los niveles de riqueza. Está en el 5.1 para los millonarios hechos a sí mismos con valores netos que van entre los diez y los treinta millones. Los que superan los treinta millones de dólares netos de media solo tienen 4.8 miembros en sus redes cercanas.

¿Cómo puede ser? ¿Por qué las personas más ricas no tendrían un mayor número de contactos inmediatos? Para responder a esta pregunta tenemos que acudir a lo que la ciencia social nos dice acerca de la naturaleza de la amistad en sí. Aunque un adolescente puede conseguir cinco mil amigos en Facebook en la actualidad, parece ser un hecho inmutable de la naturaleza humana que nadie puede mantener más que un puñado de verdaderos «mejores amigos» entre sus relaciones. Las encuestas siguen mostrando que el estadounidense medio, por ejemplo, tiene cerca de cuatro contactos sociales cercanos con los que esa persona puede discutir cómodamente sobre asuntos muy importantes. La mayoría de los estadounidenses tienen entre dos y seis contactos sociales cercanos de este tipo, que constituyen lo que se ha llamado «núcleo de discusión».

Los números más bajos en los núcleos de las redes empresariales entre los encuestados ricos y muy ricos sugieren que la creación de redes eficaces requieren de un grupo muy estrecho y condensado de este tipo. Cuando los encuestados de clase media dicen que mantienen una red «amplia y cercana» con nueve personas de promedio, la forma en que nombran la expresión «amplia y cercana» queda bajo sospecha. Si la investigación nos dice que casi nadie puede mantener lazos «cercanos» con nueve personas diferentes, entonces tal vez lo que la mayoría de los encuestados de clase media consideran como una red «amplia y cercana» no lo es en absoluto.

La encuesta de Brillantez para los Negocios tiene evidencias que apoyan esta posibilidad. Muestra que los millonarios hechos a sí mismos tienen mayor intimidad con los miembros de sus redes básicas, en especial sobre temas cruciales de motivación y dinero. Por ejemplo, indica que siete de cada diez millonarios hechos a sí mismos afirman que «es esencial que yo entienda las motivaciones de mis compañeros de trabajo». Menos de dos de cada diez miembros de la clase media decía lo mismo. Cuando se les preguntó cómo evaluaban a los posibles socios de negocios, la mayoría de los millonarios hechos a sí mismos decían que, entre otros detalles, quieren conocer las perspectivas de beneficios y el tamaño de su patrimonio neto. Menos de uno de cada seis encuestados de clase media dijeron que querían conocer estos asuntos. Parece que los millonarios hechos a sí mismos tienen éxito al tender redes con pequeños núcleos de personas a las que conocen y entienden muy bien. Las redes empresariales de clase media son más propensas a consistir en grupos mayores de contactos aleatorios.

Los investigadores que han estudiado las redes sociales dicen que únicamente el tamaño de la red no predice tus capacidades como puente entre contactos. Es la composición estructural de tu núcleo de discusión lo que mejor puede predecir el éxito que tendrás como un puente o un conector, como alguien que puede negociar con relaciones y beneficios llenando esos «agujeros estructurales» entre las redes. Lo que más importa es la cantidad de gente a la que conoces en tus redes *que no se conocen entre sí*.

En su libro *Conectados*, Nicholas A. Christakis y James H. Fowler dicen que en la red social estadounidense hay una probabilidad del cincuenta y dos por ciento de que dos de sus contactos se conozcan entre sí. Este factor en la creación de redes se llama transitividad. Una tasa de transitividad por encima del cincuenta y dos por ciento sugiere que, más que la mayoría de la gente, estás profundamente arraigado en un tipo de red en la que muchas personas se conocen entre sí. Estás tan profundamente integrado que no es probable que sirvas de puente efectivo con otras redes. Por otro lado, si tienes una red de baja transitividad, una en la que una gran cantidad de las personas que conoces no se conocen entre sí, entonces es mucho más probable que ocupes un lugar central en tu red, uno en el que la gente comúnmente te pida que recomiendes contactos que no pueden alcanzar con facilidad por su cuenta.

«Si eres más feliz o más rico o más saludable que los demás, eso puede tener mucho que ver con el lugar que ocupas en la red», escribieron Christakis y Fowler. De los conectores y puentes se dice que tienen una gran cantidad de relaciones de «amigos de amigos», llamados «lazos débiles», en diversas áreas de su actividad, lo cual es ventajoso para el conector. «Las personas que tienen muchos lazos débiles serán buscadas con frecuencia para asesoramiento o se les ofrecerán oportunidades a cambio de información o acceso. En otras palabras, las personas que actúan como puentes entre grupos pueden convertirse en el centro de la red global y por lo tanto son más propensas a ser recompensadas financieramente y de otras maneras». Esto también es así dentro de las grandes organizaciones. Todos hemos conocido uno o dos contactos en el trabajo que parecen conocer a un montón de gente en diferentes partes de la organización. Estas personas tienden a tener mucha influencia en el lugar de trabajo, precisamente porque tienen tantos contactos desconocidos entre sí que pueden hacer de puente para conseguir cosas en determinados casos.

Una cosa que descubrí sobre Gates, Laliberté, Hirst y Green es que todos ellos comenzaron profundamente arraigados en sus respectivos contactos: programadores informáticos, artistas de circo, graduados de la escuela de arte y profesores de música. Lo que los diferencia es la forma en que se acercaron e hicieron incursiones en mundos extraños para ellos gracias a contactos con mayor riqueza y recursos: IBM, el gobierno de Quebec, mecenas de las artes e inversores de capital privado. Christakis y Fowler señalan que la atención y los cuidados de tu red social requieren de este tipo de acción deliberada, porque «las redes sociales tienden a magnificar lo que ha servido para alimentarlas». Mediante la búsqueda de lazos más fuertes con las personas de mayor riqueza y recursos que tú, estás tendiendo tu red de futuros triunfos, incluso si tus esfuerzos al tender redes no conllevan ningún éxito inmediato y perceptible.

El capítulo 4 describía cómo Gates sembró progresivamente las semillas de su tremendo éxito forjando alianzas con los elementos más fuertes de la industria informática que podían asociarse con él. Laliberté aprovechó la oportunidad de mantener contacto con los funcionarios del gobierno de Quebec durante el primer verano del Cirque como parte de la celebración del 450 aniversario de la provincia. La solicitud por parte de Hirst de una subvención de diez mil dólares a una compañía de bienes inmobiliarios para la exposición *Freeze* abrió el camino para su gran riqueza con el arte conceptual. Green le debe todo lo que tiene a la colaboración inicial con su dentista acomodado y financieramente inteligente.

La creación de redes de este tipo no es fácil. Va en contra de ciertos instintos naturales que dictan cómo «pájaros de un mismo plumaje vuelan juntos». Lo que es más, los estudios demuestran fehacientemente que la gran mayoría de las personas no se sienten cómodas en situaciones que requieren de ser el miembro menos acaudalado de un grupo. Un famoso experimento, repetido muchas veces, muestra que la mayoría de las personas dicen que se sentirían más felices ganando treinta y tres mil dólares en un lugar de trabajo donde todo el mundo gana treinta mil que si ganaran treinta y cinco mil dólares en un lugar de trabajo donde todo el mundo gana treinta y ocho mil. Estarían dispuestos a sacrificar dos mil dólares de su sueldo anual solo para estar en primera posición en un lugar de trabajo donde se cobra menos. Para la mayoría de la gente no es agradable estar en la parte inferior del ranking, aun cuando la recompensa sea un mayor ingreso neto.

La pequeña minoría de personas que funcionan como conectores entre redes diversas, o bien no se siente molesta al socializar desde abajo, o si *lo hace*, no dejan que esa sensación les frene a la hora de servir como conectores. Una cosa con la que los conectores pueden contar es que en cualquiera de las estaciones de la vida disfrutan de la conexión con otros contactos. Hay una tendencia directa entre las personas con muchas conexiones a conectarse con otras que tienen muchos contactos. También es cierto que si no eres un conector, eres más propenso a socializar con menos gente, y las pocas personas con las que socialices probablemente *no* sean tampoco conectores. De este modo, la creación de redes tiene el efecto en la sociedad de que el rico se hace más rico y el pobre se hace más pobre. Christakis y Fowler se preguntan si esto ayuda parcialmente a explicar por qué la brecha de ingresos entre los ricos y el resto de estadounidenses sigue creciendo, asistida por las redes sociales en Internet.

Otra explicación es que también existe un documentado efecto en ser «amigo de un amigo» en una red en la que los estados de ánimo de las personas, los comportamientos y otras circunstancias están ligeramente condicionadas por personas a las que ni siquiera conocen. Estos efectos pueden ser buenos o malos, dependiendo de cómo una determinada red ha sido tendida. Christakis y Fowler descubrieron, por ejemplo, que hay un quince por ciento más de probabilidades de ser feliz si un amigo tuyo es feliz, pero que también hay un diez por ciento más de posibilidades de ser feliz si un amigo de un amigo es feliz, y un seis por ciento más de ser feliz si un amigo de un amigo de un amigo es feliz. La soledad tiene un efecto aún más poderoso. Eres un cincuenta y dos por ciento más propenso a sentirte solo si un amigo cercano se siente solo, un veinticinco por ciento más propenso si un amigo de un amigo se siente solo, y un quince por ciento más propenso a sentirte solo si un amigo de un amigo de un amigo (alguien a quien nunca has conocido) se siente solo. Este mismo efecto de tres grados de separación se puede encontrar entre los bebedores, los fumadores y personas que sufren de obesidad. Si te conviertes en obeso, se triplican las posibilidades de que tu amigo cercano se vuelva obeso, e incluso puedes tener un efecto en el aumento de peso que experimentan las personas separadas dos y tres grados de ti.

Los autores de *Conectados* admiten que estos resultados juegan en contra de la percepción de la propia y libre voluntad de las personas. «Particularmente en Estados Unidos», escriben, «estamos acostumbrados a ver nuestros destinos como dependientes en gran medida de nuestras propias manos: "nos levantamos por nuestros propios medios" y creemos que "cualquiera puede hacerse rico". Vemos nuestra sociedad como una meritocracia que recompensa las buenas elecciones y crea oportunidades para los que se preparan bien». Pero también somos criaturas sociales y nuestros hábitos y emociones han demostrado ser tan predeciblemente contagiosos como la gripe.

¿Así pues el éxito es contagioso? ¿Te ayuda a seguir el dinero si la gente dentro de tu red también está siguiendo el dinero? La respuesta a ambas preguntas es que probablemente sí, ya que muchas de las diferencias de comportamiento entre la clase media y los millonarios hechos a sí mimos son hábitos sociales tales como la búsqueda de la equidad, la negociación de salarios más altos, la imitación del éxito en los demás y la búsqueda de inversores. Tiene sentido que los millonarios hechos a sí mismos con estos hábitos en mente llevarán a influenciar a otros con hábitos similares, sobre todo debido a que comparten una creencia común en el poder de conocer el quién.

Supongamos por un momento que el núcleo de tu red de contactos está formado por unos cinco exitosos conectores, cada uno de los cuales tiene su propia red de contactos central de cinco conectores, cada uno de los cuales tiene también a su vez una red central de otros cinco exitosos contactos. Eso son unas 150 personas dentro de al menos tres grados de cercanía a ti que están buscando activamente la oportunidad de establecer puentes entre otras redes, deseosos de llenar esos «agujeros estructurales» que normalmente impiden que se den las relaciones productivas. El efecto contagio de una red de 150 contactos, la mayoría de los cuales nunca llegarás a conocer, podría proporcionarte oportunidades de maneras tan insospechadas que sus propios recursos pueden parecer tan casuales y misteriosos como los síntomas de un resfriado. Podrías fácilmente sentirte muy afortunado, aun habiendo realizado un esfuerzo consciente por sembrar tu red central de contactos de éxito.

El sistema de contactos sugiere que así es como puedes crear tu propia suerte. A los millonarios hechos a sí mismos les gusta la suerte. Creen en ella. Las encuestas de la Brillantez para los Negocios muestran que ocho de cada diez consideran la suerte como importante para su éxito financiero. De hecho, puntúan la suerte mucho más alta que «conseguir una buena educación oficial», que solo tres de cada diez consideran importante. Entre la clase media, sin embargo, la media se invierte. Cerca de seis de cada diez creen que la educación es importante, mientras que únicamente cuatro de cada diez dicen lo mismo acerca de la suerte. La clase media tiende a favorecer los conocimientos sobre los contactos, lo que resulta desacertado. La investigación muestra, y así lo parece respaldar la experiencia de nuestros millonarios hechos a sí mismos, que si no tiendes tu red de contactos, si no siembras para que tus oportunidades se multipliquen, cuando te llegue la hora de ser brillante en los negocios, estarás literalmente gafado.

6

El *todos ganan* significa perder

ALREDEDOR DE SIETE DE CADA DIEZ MILLONARIOS
HECHOS A SÍ MISMOS DIJERON QUE «PUEDO ABANDONAR
FÁCILMENTE CUALQUIER TRATO SI NO ES JUSTO».

ENTRE LA CLASE MEDIA, NO ES TAN FÁCIL. SOLO DOS
DE CADA DIEZ DICEN QUE PUEDEN HACER LO MISMO.

➤ El principio de menor interés

Adam McKay había sido jefe de guionistas en el *Saturday Night Live* durante tres años cuando en el 2000 decidió que era hora de seguir adelante. Estaba cansado de las largas horas nocturnas y de los desagradables tira y aflojas creativos con el productor Lorne Michaels, quien había fundado el show en 1975. Cuando eres jefe de guionistas en *SNL*, dijo McKay en una entrevista en 2010, «aprendes enseguida que es el show de Lorne... solo hay presiones y ninguneo sobre lo que haces».

Lo que McKay realmente quería era mudarse de Nueva York a Los Ángeles. Pensó que podría presentar alguna comedia de situación allí, escribir guiones y, tal vez, con el tiempo, dirigir películas. Pero cuando le habló a su mánager, Jimmy Miller, acerca de sus planes para dejar *SNL*, Miller le pidió que esperara. Miller era un experimentado agente de Hollywood que había llevado a Jim Carrey de cómico de monólogos al estrellato. Dado que McKay ya había decidido dejar la serie, Miller imaginaba que su cliente no tenía nada que perder pidiendo a Lorne Michaels mejores condiciones contractuales. Así que Miller aconsejó a McKay que fuera a ver a Michaels y, como McKay recuerda, «formular algunas exigencias poco razonables».

McKay se presentó a Michaels con cinco condiciones para permanecer en el programa. «Le dije que quería un aumento, y no quería ir nunca a una reunión de producción», recuerda McKay. «No voy a ser coordinador de guiones nunca más, pero quiero mi crédito en pantalla, y quiero hacer cortometrajes. Y [Lorne] dijo que sí».

La temporada siguiente, el crédito en la pantalla de McKay en el *SNL* fue «coordinador de cetrería». McKay dirigió su propio presupuesto y contrató a un pequeño equipo, incluyendo un productor profesional y un director de fotografía. Comenzó a dirigir a estrellas como Steve Buscemi, Willem Dafoe y Ben Stiller en una serie de cortometrajes sobre «todas las cosas locas en las que podría pensar», incluyendo una casa de empeño para alimentación y una mujer robando perros en tiendas de mascotas. «Fue una experiencia increíble», contó McKay. «Terminó siendo lo más grande, porque aprendí a hacer películas».

Durante los siguientes dos años, McKay dirigió más de dos docenas de cortos cómicos para *SNL*. Luego dejó el programa y se mudó a Los Ángeles, justo como había planeado dos años atrás. Pero llegó a Hollywood como un cineasta con experiencia, no como otro escritor de gags con un guión que presentar. Él y su amigo del *SNL*, Will Ferrell, comenzaron a hacer una serie de comedias juntos, incluyendo el éxito de culto *El reportero: La leyenda de Ron Burgundy*, que escribió y dirigió McKay. En un lapso de solo cuatro años, McKay se convirtió en el escritor, director y productor de *Pasado de vueltas*, *Hermanastros* y *Policías de repuesto*, cada una de las cuales protagonizó Ferrell y recaudaron más de cien millones de dólares. A día de hoy, McKay es uno de los cinco principales realizadores de comedia en Hollywood.

El punto de inflexión en la carrera de McKay fue el momento en que hizo caso al consejo de su mánager y desarrolló lo que se conoce en negociación como el «principio de menor interés». En cualquier relación, especialmente de negocios, la persona con el menor interés en continuar la relación es la que tiene el mayor poder para establecer sus condiciones. Cuanto más débil sea tu interés, más fuerte será tu ventaja. Como G. Richard Schell describe en su superventas *Negociar con ventaja,* «la parte que tiene menos que perder en cualquier acuerdo es generalmente la que puede darse el lujo de insistir con qué condiciones fundamentales concluir». Dejando los demás factores aparte, estar preparado para abandonar un acuerdo es tu mejor garantía de que el acuerdo te conviene.

La encuesta de la Brillantez para los Negocios sugiere que la preferencia por el principio de menor interés está muy estrechamente relacionada con el éxito financiero. Aproximadamente siete de cada diez millonarios hechos a sí mismos afirmaron: «Puedo fácilmente abandonar un negocio si no es justo». Para la clase media, el beneficio de la posición de menor interés no está tan claro. Un poco más de dos de cada diez dicen que pueden dejarlo. En cierto sentido, McKay y su mánager, Jimmy Miller, encarnan estas dos actitudes contrastadas. McKay, un artista y escritor con una educación de clase media, no era un negociador natural. Ni siquiera era consciente de la capacidad de negociación que había alcanzado en el instante en que decidió dejar el *SNL*. Miller, sin embargo, le debe todo su sustento a la negociación. Después de haber pasado de un Pittsburgh de raíces humildes a convertirse en un jugador de Hollywood, Miller vio la situación de McKay bajo una luz completamente diferente. Desde su perspectiva, McKay estaba dispuesto a desperdiciar una oportunidad de oro. Al final, McKay siguió el consejo de Miller, y su posterior ocupación durante dos años en el *SNL* resultó ser mucho más que una oportunidad de oro. Fue incalculable.

Hay una interpretación alternativa a los resultados de la encuesta sobre la Brillantez para los Negocios, una que también podría explicar las diferencias en la negociación entre los millonarios hechos a sí mismos y la clase media. ¿Qué ocurre si a los millonarios hechos a sí mismos les resulta más fácil alejarse de ofertas precisamente porque son millonarios? ¿No les otorga su mayor riqueza una ventaja en la mayoría de negociaciones? ¿No tienen los miembros de la clase media menos margen de maniobra y una mayor necesidad de llegar a un acuerdo, en los términos en que lo encuentran disponible?

Esto quizá es cierto en algunos casos, pero el resumen completo de los datos de la encuesta de Brillantez para los Negocios sugiere que la mayoría de los miembros de la clase media tienen mucho en común con McKay: no siempre reconocen cuándo tienen la sartén por el mango, ni se inclinan a aprovecharse de su posición de menor interés cuando la tienen.

Recuerda en el capítulo 3 cómo la gran mayoría de las personas a las que se ofrecen nuevos puestos de trabajo nunca tratan de negociar sus salarios más allá de la primera oferta que reciben. En el momento de la oferta de trabajo, eres tú, el candidato, quien está en la posición de menor interés. El gerente que te ofrece un puesto te ha nombrado el solicitante mayor. Con las cartas del gerente puestas sobre la mesa, no hay prácticamente ningún riesgo al pedir más dinero. Sería muy difícil para cualquier administrador justificar la contratación de un segundo mejor candidato, simplemente porque el principal candidato pidió unos cuantos dólares más. Y, sin embargo, tres de cada cuatro candidatos no contemplan una situación así en estos términos. Aceptan con gratitud la primera oferta que se les da.

El punto crucial a entender acerca de la estrategia de menor interés es que a menudo es más una cuestión del enfoque sobre una posición objetiva real, como pasó con Adam McKay. Los mejores negociadores siempre proyectan una apariencia de menor interés, que indica que podrían irse en cualquier momento, incluso ante tratos que realmente les gustaría cerrar. Puedes endulzar los términos de cualquier acuerdo tan solo actuando como si estuvieras menos interesado en el cierre que la otra parte. Y a veces, incluso si en privado sientes que realmente necesitas un trato especial para tener éxito, la única manera de hacer que funcione es presentar una fachada de menor interés. La desesperación, incluso cuando va disfrazada como un afán de complacer, puede ser un error.

En otoño de 1983, en Silicon Valley, un francés llamado Philippe Kahn tenía un problema que sus amigos estadounidenses podrían llamar un callejón sin salida. Kahn tenía un producto de software para programadores informáticos llamado Turbo Pascal que vendía a cincuenta dólares la copia. Microsoft tenía un producto rival a un precio de quinientos dólares que también iba más lento y era más voluminoso. Con un excelente rendimiento y bajo costo, el Turbo Pascal debería haberse vendido como rosquillas, pero Kahn no podía permitirse promocionarlo. Si tuviera más dinero para publicidad, podría vender más copias, pero necesitaba vender más copias antes de que pudiera darse el lujo de comprar publicidad.

Kahn, un profesor de matemáticas nacido en París, llegó a California el año anterior con dos mil dólares en el bolsillo y una primera versión del Turbo Pascal. Había tenido la esperanza de conseguir un trabajo en Silicon Valley o vender el Turbo Pascal a una de las muchas empresas de software allí. Ninguno de estos planes funcionó, así que puso en marcha su propia empresa, a la que llamó Borland International porque supuso que sonaba mejor que «Kahn Internacional». Cuando Borland no logró atraer una inversión de capital de riesgo, Kahn se vio obligado a dirigir la compañía con un presupuesto austero, vendiendo copias de Turbo Pascal y otros productos principalmente de boca en boca. Esto fue años antes de las páginas web, los blogs, la publicidad en línea, e incluso el correo electrónico basura. La única forma práctica para anunciar un producto informático en aquellos días era comprar anuncios en las revistas especializadas en ordenadores, y esas revistas no estaban dispuestas a extender el crédito a pequeñas empresas que carecían de un respaldo de capital de riesgo.

Kahn necesitaba desesperadamente publicidad, y tenía que hacerlo con poco o ningún dinero. No estaba ni mucho menos en la posición de menor interés. Pero Kahn sabía que si parecía tan desesperado como lo estaba en realidad, ninguna revista pondría su anuncio sin exigir el pago completo por adelantado. Así que se dirigió a *Byte*, la revista favorita de los programadores informáticos de la época. Invitó a un representante de ventas de *Byte* a visitar la oficina de Borland, y una vez establecida la cita, Kahn planificó su pantomima de posición de menor interés.

Se contrataron algunos trabajadores temporales para que aparecieran por la oficina Borland ese día, solo para dar a la empresa un aspecto de ocupación mayor del que realmente había. Kahn hizo un gráfico de presupuesto de publicidad falsa que incluía los nombres de *Byte* y todos sus competidores. Luego dibujó una gruesa línea negra sobre el nombre de *Byte* y lo dejó a la vista para que el representante de ventas de *Byte* pudiera encontrárselo. «Ahí estaba ese gráfico que se suponía que no debía ver», contó Kahn a la revista *Inc.* años más tarde. «Así que lo hice a un lado. Él me dijo: "Un momento, ¿podemos conseguir que entren en *Byte*?". Le dije: "No sé si queremos estar en su cartera, no es el público adecuado para nosotros". "Habrá que intentarlo", replicó. Le respondí: "La verdad es que nuestro plan con los medios está cerrado, y no nos lo podemos permitir". Así que él me ofreció unas buenas condiciones, a cambio de que les dejáramos probar una vez».

La otra cara del principio de menor interés es que cuando muestras indiferencia acerca de si un acuerdo tiene éxito o no, provocas a la parte contraria que imagine lo que podría perder. De repente, la parte contraria ve el riesgo donde antes no había visto ninguno. La falta de interés de Kahn en *Byte* y la línea que tachaba el nombre de *Byte* en la gráfica puso al representante de ventas de *Byte* contra las cuerdas. Sería vergonzoso que su jefe viera los anuncios de pago de Borland en todas las revistas excepto en *Byte*. ¿Y si Borland tenía éxito y crecía sin que se publicara un anuncio en el *Byte*? Podría correr el rumor de que a *Byte* no le importó mucho, todo por culpa de esta única venta perdida. La mayoría de las personas en la posición de Kahn habrían halagado al representante de ventas, elogiado la importancia de *Byte* para la industria y pedido un crédito para la publicidad, probablemente en vano. Haciendo lo contrario, dudando del valor de *Byte* para Borland, Kahn tuvo al representante de ventas de la revista comiendo de su mano, rogándole por una oportunidad de ampliar el crédito a Borland para un anuncio a página completa.

El anuncio a página completa salió en la edición de *Byte* de noviembre de 1983. Kahn esperaba que el anuncio trajera al menos veinte mil dólares de ingresos, lo suficiente para pagar el anuncio. En cambio, su compañía vendió ese mes ciento cincuenta mil dólares en software. En cinco años, Borland International alcanzó unas ventas anuales de ochenta y dos millones de dólares.

➤ La fórmula «Deseo, quiero, voy»

En retrospectiva, las cinco condiciones de Adam McKay para quedarse en *Saturday Night Live* produjeron un resultado ideal en el que todos ganaban. Lorne Michaels consiguió mantener a McKay en *SNL* dos años más, durante los cuales McKay hizo sus películas, y también continuó suministrando ideas y guiones para las escenas en directo. McKay, a su vez, consiguió un aprendizaje bien pagado en el cine. Durante sus últimos meses en el espectáculo, McKay creó los «*SNL* Digital Shorts», una serie de divertidos cortometrajes de cuatro minutos que fueron rodados y editados a toda velocidad con equipos digitales y luego subidos a la red tras su debut en emisión. Años después de que McKay dejara *SNL*, Andy Samberg y otros miembros del reparto intervinieron y produjeron cortos digitales tremendamente populares como «Lazy Sunday» [Domingo perezoso], «I'm on a Boat» [Estoy en un barco] y «Natalie Portman's Rap» [El rap de Natalie Portman]. Los cortos atrajeron a millones de espectadores virtuales y contribuyeron a mantener la relevancia del programa entre los adultos jóvenes digitalmente diestros... uno de los legados del trato de «todos ganan» de McKay y Michaels.

La mayoría de la gente piensa que un final feliz como este, donde todos ganan, debe ser el objetivo final en cualquier negociación. La encuesta sobre Brillantez para los Negocios descubrió que más de ocho de cada diez encuestados de clase media estaban de acuerdo con la afirmación general de que las «soluciones en las que todos ganan son mejores», al igual que seis de cada diez millonarios hechos a sí mismos. Pero cuando observamos nuestros datos más de cerca, apareció una imagen ligeramente diferente. Vimos que si el nivel de riqueza personal aumenta, el nivel de entusiasmo a la hora de que todos ganen disminuye. La encuesta mostró que, entre los multimillonarios hechos a sí mismos con beneficios netos superiores a los treinta millones, menos de dos de cada diez creen que el *todos ganan* es una victoria.

¿Por qué será? ¿Qué saben los muy ricos acerca del *todos ganan* que la mayoría de nosotros desconocemos? Resulta que el *todos ganan* tiene una dudosa reputación entre casi todos los que han estudiado seriamente el arte y la ciencia de la negociación. El objetivo del *todos ganan* puede ser una trampa peligrosa, especialmente para la persona que se enfrenta a un negociador experimentado. Si intentas hacer un trato desde la perspectiva del *todos ganan* con alguien que asume una postura más agresiva como «Tengo que ganar yo», es probable que seas el único que haga concesiones en nombre de la preservación del trato. Una vez que conviertes en prioridad alcanzar un compromiso razonable sobre la base del *todos ganan*, lo que parece ser un resultado de *todos ganan* en realidad podría ser un «ellos ganan», contigo como el perdedor y el otro como vencedor. Sospecho que esto explica por qué únicamente una muy pequeña minoría entre los multimillonarios hechos a sí mismos coinciden con la idea general de la clase media que las «soluciones en las que todos ganan son las mejores». No te conviertes en multimillonario jugando a ser el débil.

El concepto del «todos ganan» tiene una imagen popular tan favorable que los negociadores cautelosos y cualificados han aprendido a emplear una «charla amable» que suena a positiva, como arma para neutralizar las concesiones de las partes más débiles. Un asesor de negociación profesional llamado Jim Camp cuenta cómo las grandes compañías apelan hábilmente a tópicos amistosos del *todos ganan*, tales como el compañerismo, la equidad y la resolución de problemas con el fin de exprimir las penosas reducciones de precios de sus proveedores más pequeños.

En su libro *De entrada, diga no,* Camp describe una campaña de General Motors llamada PICOS, o Price Improvement for the Cost Optimization of Suppliers [Mejora de precios para la optimización de los costes de los proveedores]. La idea detrás del anuncio de PICOS consistía en trabajar con los proveedores de GM para ayudarles a mantener bajos sus costes de producción. «Aquí ganan todos, ¿no?», pregunta Camp. «Fijo que sí... para GM, ya que cuando se eliminaba la retórica "optimización de costes" era un eufemismo políticamente correcto para machacar a los proveedores hasta la sumisión... Si un proveedor se iba a pique o no podía hacer la entrega en los términos negociados, siempre habría otro proveedor que creía que podía funcionar de alguna manera con esos precios.

PICOS, con su retórica acerca de que todos ganan, sonaba bien en la teoría, pero fue y es devastador en la práctica para muchas empresas». Camp se queja de que es común en la actualidad que las escuelas de negocios enseñen el «mantra del todos ganamos» en sus cursos de negociación, al tiempo que ofrecen «al otro lado de la sala, un curso sobre "gestión del sistema de proveedores", ¡diseñado expresamente para destruir el modelo en el que todos ganan!».

Este escepticismo acerca del *todos ganan* no se limita a los negociadores agresivos profesionales como Camp. Pocos han hecho más por avanzar en la idea de la negociación ética del *todos ganan* que Stephen Covey, cuyo libro *Los 7 hábitos de la gente altamente efectiva* es uno de los libros de empresariales más vendidos de todos los tiempos. Y sin embargo, hasta Covey dice que la popular idea del *todos ganan* puede convertirte rápidamente en un perdedor si no vas con cuidado.

Covey cuenta la historia de un cliente que se quejaba de que sus mejores esfuerzos por hacer que todos ganaran le habían fallado. El hombre dirigía una gran cadena de tiendas al por menor y su reciente experiencia con la renegociación de algunos contratos de alquiler le había dejado amargamente desilusionado. «Íbamos con la actitud de que ganáramos todos» explicó a Covey. «Éramos abiertos, razonables, conciliadores. Pero vieron esa postura insustancial y débil, y nos quitaron todo lo que teníamos».

Covey tuvo que indicarle al minorista que si sentía que lo habían timado, entonces no había estado involucrado en un acuerdo de beneficio mutuo para todos. En cambio, se había permitido perder y había dejado que los otros ganaran. «Cuando se dio cuenta de que lo que él había *llamado beneficio mutuo* era en realidad yo pierdo / ellos ganan, quedó sorprendido», escribe Covey. Según Covey, el error del minorista fue que no tuvo el coraje de decir «No hay trato» cuando la negociación empezó a ir en su contra. «Con el "No hay trato" como opción, honestamente puedes decir: "Solo vengo para que ganemos todos... Y si no podemos conseguirlo, entonces pongámonos de acuerdo en que no vamos a llegar a ningún acuerdo"». Covey cree que el *todos ganan* es un nombre peligrosamente inapropiado. En realidad ha de entenderse como «ganamos todos o no hay trato», que Covey considera una «expresión más elevada» para el *todos ganan*. Sin llegar a tanto, esta es la manera de Covey de rendir tributo al principio de menor interés. A menos que estés dispuesto a abandonar (y el ochenta por ciento de los encuestados de clase media en la encuesta de Brillantez para los Negocios no están dispuestos), no habrá un todos ganan.

Se han escrito cientos de libros sobre negociación y sus diferentes estrategias. La mayoría de ellos incluye alguna variación de los mismos tres pasos básicos de preparación para el proceso de negociación... tres pasos que tienen muy poco que ver con el *todos ganan*. El primer paso consiste en identificar y anotar una meta específica o un conjunto de metas para la negociación. El segundo paso es realizar un estudio a fondo de la otra parte y su posición negociadora. El tercer paso es determinar de antemano el punto al que se irá, también conocido como MAAN, o mejor alternativa a un acuerdo negociado. El gurú de la negociación Michael C. Donaldson resume los tres pasos como «Deseo, quiero, voy». Estableces el objetivo que deseas, determinas lo que quieres saber para conseguirlo, y luego dibujas la línea sobre la que podrás caminar. La negociación no es tanto una confrontación de ingenios como una lucha psicológica. Nuestras encuestas nos dicen que cuando se trata de tener éxito con cada uno de estos tres pasos cruciales de la negociación, los millonarios hechos a sí mismos están mucho mejor preparados psicológicamente que la clase media.

En el capítulo 3 hablé de la fijación de metas, cuando explorábamos la evidencia de que aquellos que piden salarios más altos tienden a recibir el pago en más ocasiones que aquellos que no los piden. Numerosos estudios han demostrado lo mismo en lo que respecta a la negociación y las metas. Los que empiezan con una oferta alta de inicio rara vez consiguen lo que piden, pero casi siempre consiguen mucho más que aquellos que empiezan siendo más razonables. Los estudios también muestran que hay poco riesgo al pedir, incluso con un conjunto de metas retadoras, siempre y cuando pidas de una manera cortés y respetuosa. Pregunta con la suficiente amabilidad y podrás pedir la luna.

Pero la identificación de objetivos ambiciosos es solo el comienzo. La parte más difícil de la fijación de objetivos parece ser la simple y fundamental acción de anotar la meta o las metas sobre el papel. La encuesta de Brillantez para los Negocios descubre que el hecho de haber escrito los objetivos financieros se correlaciona casi exactamente con el éxito financiero. Uno de cada tres encuestados de clase media han establecido metas financieras. De los millonarios hechos a sí mismos, son cinco de cada diez. Entre los *multi*millonarios hechos a sí mismos, hay bastantes más de ocho de cada diez.

Los expertos en negociación dicen que las presiones en la negociación pueden hacer olvidadizas hasta a las personas más inteligentes, por lo que es aún más importante contar con un recordatorio por escrito de lo que quieres, con tu propia letra, frente a ti. Dominick Misino, exnegociador de rehenes para el Departamento de Policía de Nueva York, abordaba cada situación de secuestro con una hoja de papel con una línea trazada por la mitad. En el lado izquierdo escribía NEGOCIABLE y en el lado derecho escribía NO NEGOCIABLE. Entonces completaba ambos lados. «No es precisamente alta tecnología», dice Misino. «Pero tengo que decir que salvó muchas negociaciones. Las reglas simples a veces son las mejores reglas, y esta tan sencilla sirve para todo, desde la negociación de rehenes a la compra de un automóvil o un refrigerador».

Cuando tienes tus metas por escrito, también hay factores psicológicos que te hacen más propenso a defender esos objetivos. La investigación muestra que escribir te hace sentir más comprometido y menos tendente a cambiar de opinión posteriormente. Los vendedores en campos de alta presión como bienes inmobiliarios y coches usados lo saben, y es una de las razones por las que tan a menudo piden a los vendedores potenciales que rellenen tantos formularios a mano. Saben que cuanto más escribes en un papel mientras cierras una propiedad compartida o un Chevy oxidado, menos probabilidades hay de retirarse del acuerdo durante el período de reflexión de tres días. Puedes utilizar la misma técnica para ti mismo si deseas mejorar tus posibilidades de lograr tus objetivos. Al escribirlos, haces que sea psicológicamente más difícil olvidarlos o traicionarlos en algún momento posterior, cuando es posible que estés estresado o te sientas forzado a hacer concesiones.

El segundo paso común en la negociación (aprendizaje sobre los motivos y los deseos de la otra parte) es también un hábito sobre el que detectamos pistas muy aproximadas a los demás aspectos de la brillantez en los negocios. Como vimos en el capítulo 5, los millonarios hechos a sí mismos realizan un esfuerzo mucho mayor que los de la clase media para conocer las vidas de sus socios de negocios, incluyendo lo mucho que consiguen, cuánto valen y cuánto quieren lograr. Menos de dos de cada diez encuestados de la clase media dijo que «Es esencial entender las motivaciones de mis socios de negocios», una declaración con la que coincidieron siete de cada diez millonarios hechos a sí mismos. Entre los *multi*millonarios hechos a sí mismos, el veredicto era casi unánime. Ellos siempre quieren saber lo más que puedan acerca de las personas con las que están tratando.

Los negociadores que invierten un esfuerzo extra en el descubrimiento de sus partes opuestas tienden a producir mejores resultados. Un estudio muy conocido en el Reino Unido reveló que los negociadores altamente cualificados con niveles probados de éxito dedican cuatro veces más horas que los negociadores menos calificados en la investigación de los opositores para las áreas de potencial afinidad. En total, estos negociadores de alta clasificación gastaron un cuarenta por ciento de su tiempo de preparación en la investigación de la oposición, en comparación con solo el diez por ciento del tiempo de preparación entre los negociadores menos calificados y menos exitosos.

Cuanto más sepas sobre lo que es importante para la otra parte, más probable es que puedas llegar a un verdadero resultado de *todos ganan* aportando un mínimo sacrificio personal. Un ejemplo famoso de esta idea fue la historia de un transportista de basuras con sede en Arizona, que rescató su fallido intento de un contrato de residuos municipales con una pequeña ciudad costera de California. La oferta del transportista de basura era de cinco dólares por tonelada más que la oferta ganadora, pero en lugar de darse por vencido, un consultor de esta empresa basurera descubrió un incentivo único. El consultor era un entusiasta del surf que sabía que la ciudad de California tenía un serio problema con la erosión de las playas. Puesto que los camiones de la basura vertían regularmente sus residuos a 350 kilómetros de distancia en los vertederos de Arizona, no costaría mucho más que los camiones realizaran viajes de regreso con toneladas de arena de Arizona. El transportista obtuvo su precio y la ciudad consiguió reponer sus playas.

Misino, que en su trabajo se enfrentó con frecuencia a individuos peligrosos medio enloquecidos, dice que siempre trataba de ver la situación desde el punto de vista del secuestrador, pero solo para poder anticipar las vulnerabilidades del hombre perturbado y conducir un trato más favorable. «La empatía», explica Misino, «no es simpatía». El truco, dice, está en entender a fondo la posición de la otra persona sin sentir pena por ella. Un experimento de negociación llevado a cabo por la Universidad Northwestern mostró que los negociadores preparados para entender lo que sus oponentes estaban pensando dieron resultados mucho mejores que los que se guiaron por comprender lo que sus oponentes podrían estar sintiendo. Los resultados sugieren que realmente es mejor comprender lo que pasa por la cabeza de los que están al otro lado de la mesa que lo que hay en sus corazones. «Quieres conocer cuáles son los intereses de la otra parte», contó un investigador a *The Economist*. «Pero no quieres renunciar a tus propios intereses. Una gran cantidad de empatía en realidad puede afectar a la capacidad de las personas para alcanzar un acuerdo productivo».

Este último punto destaca otra ventaja de conocer todo acerca de la otra parte, una ventaja que no implica para nada el *todos ganan*. Se trata de la búsqueda de los puntos débiles de la otra parte, y aquí también nos encontramos con que los millonarios hechos a sí mismos tienen más probabilidades de estar psicológicamente preparados para el éxito. Cerca de nueve de cada diez millonarios hechos a sí mismos informaron en la encuesta de Brillantez para los Negocios que «Es importante en las negociaciones explotar las debilidades de los demás». Solo uno de cada cuatro miembros de clase media dijeron lo mismo. Si esto parece un poco frío, considera que la mayoría de los millonarios hechos a sí mismos lo ven como una cuestión de juego limpio, ya que cuentan con recibir el mismo trato miento desde el otro lado de la mesa. Cerca de siete de cada diez dijeron que «En las negociaciones, espero que la gente lo intente y se aproveche de mí». La mayoría de la clase media tiene una visión más benigna. Solo uno de cada tres espera que la otra parte negociadora intente aprovecharse. Y sin embargo, como vimos en el capítulo 3, cada primera oferta salarial que hayas recibido fue un intento de aprovecharse de ti, ya que cada primera oferta salarial es deliberadamente baja con el fin de dejar espacio a la negociación potencial. Este simple hecho de la vida laboral parece no ser reconocido por dos tercios de la clase media, y probablemente le cuesta miles de millones de dólares en salarios perdidos cada año.

Abrimos este capítulo con una discusión acerca de la importancia de estar preparados para alejarse de un acuerdo, que es el último de los tres puntos importantes de la negociación. En resumen, cerca de siete de cada diez millonarios hechos a sí mismos nos dijeron que «Yo puedo abandonar fácilmente un negocio si no es justo». Entre la clase media, solo dos de cada diez dicen que puede marcharse tranquilamente.

Pero ¿qué ocurre si realmente necesitas ese acuerdo que estás negociando? Aun en ese caso, la disposición a ser obedientes y el afán de complacer durante las negociaciones no es garantía de cerrar el trato. Ese afán puede ser confundido con necesidad desesperada, lo que hará que la otra parte sospeche y sea reacia a comprometerse. Según Camp: «Se firman más tratos perjudiciales y se pierden más ventas a causa de la necesidad que por cualquier otro factor». Él aconseja a sus clientes que nunca exhiban necesidad y les instruye en el aprendizaje de cómo no *sentir* jamás esa necesidad. «La "necesidad" es muerte, "querer" es vida», escribe. «Créeme, esta actitud distinta será percibida al instante por la gente que esté al otro lado de la mesa. La confianza y la seguridad llegan al otro lado de la mesa. El control y disciplina están a tu favor».

Camp cuenta la historia de un cliente nuevo que lo había contratado después de desperdiciar una gran operación con una importante corporación multinacional. El cliente sentía que su compañía había ofrecido a la corporación una tecnología superior, un servicio óptimo y condiciones excelentes desde el principio. Luego, durante las negociaciones acerca del contrato, se comprometió en todo lo posible a fin de conseguir el acuerdo, incluyendo añadir una gran cantidad de costosos equipos, sin cargo. Los negociadores de la gran corporación rompieron con las conversaciones de todas formas.

No fue hasta mucho después que el cliente de Camp descubrió que el director ejecutivo de la multinacional había vetado el acuerdo. Su afán por cerrar el acuerdo haciendo concesiones costosas había fracasado. En lugar de cultivar la buena voluntad, sus concesiones despertaron la sospecha de que su compañía era incompetente, poco fiable, o incapaz de cumplir. El director ejecutivo de la empresa más grande estaba seguro de que algo debía andar mal para que el presidente de la pequeña compañía fuese tan agradable y servicial.

➤ La trampa de la reciprocidad

Una cita apócrifa que suele atribuirse a Bill Gates dice: «En los negocios no recibes lo que mereces. Consigues lo que negocias». La disciplina de la negociación puede ser considerada un sistema sinérgico para producir ganancias financieras. Sus tres principios fundamentales (adhesión a las altas metas, comprensión de la perspectiva de la parte contraria y el establecimiento de un punto de límite para retirarse del acuerdo) funcionan de un modo muy similar al sistema de control de calidad de Toyota analizado en el capítulo 1. No tienes que saber qué parte del proceso de negociación en tres pasos está operando cada vez, sino que todas las partes trabajan juntas lo suficientemente bien y con la suficiente frecuencia para poderse combinar y crear resultados impredecibles que constituyen el sello distintivo de la sinergia. Recordemos la historia de Linda Babcock en el capítulo 3 sobre el éxito de la negociación de la encargada de la limpieza en el hotel de las Bermudas. La mujer nunca hubiera soñado con conseguir unos ingresos de seis cifras hasta que decidió que «Deseo, quiero, voy».

Así pues, con cientos de libros y programas de todo tipo disponibles para la negociación, ¿por qué hay tanta gente tan mala con ello? G. Richard Shell da tres razones simples, y cada una encaja con el deseo, quiero, voy. Él dice que la mayoría de las personas establecen metas que son demasiado modestas, no se preparan y carecen de deseos. Por encima de todo, los negociadores novatos evitan el «Deseo, quiero, voy» de Donaldson porque la realización de estas medidas contribuye a menudo a que las personas se sientan mal. En la raíz de todo éxito y fracaso de la negociación existe un conjunto de costumbres sociales y de trampas psicológicas.

Shell es profesor en la Escuela Wharton de la Universidad de Pennsylvania, donde imparte seminarios y talleres sobre negociación. Se ha dado cuenta de que a medida que los estudiantes y ejecutivos aprenden a establecer metas mayores y más ambiciosas, mejoran sus resultados objetivos, pero en el proceso también desvelan sentimientos de insatisfacción y desánimo. Apuntar alto puede proporcionarte mejores resultados y hacer que te sientas peor al momento. Es por esto que, en psicología, hay un fenómeno conocido como «preservación de la autoestima, pero con expectativas reducidas». El viejo y holgazán credo de «Apunta bajo, ten éxito a menudo» es divertido porque contiene una pizca de verdad sobre la naturaleza humana. Existen ciertas evidencias de que las personas se sienten mejor cuando piden cincuenta dólares y reciben cincuenta que si piden cien dólares y «solo» se consiguen sesenta. Económicamente, te va mejor con sesenta dólares, pero perder tus objetivos deja un sentimiento amargo que no aparece cuando alcanzas un objetivo bajo.

Shell dice que la mayoría de las bases psicológicas para las negociaciones pueden resumirse en esa clase de ataduras psicológicas comunes, conocidas como prejuicios, que deben ser superados para poder sobresalir en la negociación. Para la mayoría de la gente es difícil establecer metas altas porque tienen miedo de los sentimientos amargos que vienen cuando se quedan cortos. La mayoría de las personas también se sienten incómodas husmeando entre las debilidades de la otra parte. Y es particularmente grosero y mal educado para la mayoría trazar una línea y decir que «no hay trato». Supongamos por un momento que todas las personas que se apuntan al curso de Shell en Wharton son estudiantes y ejecutivos que estudian en una escuela empresarial de renombre mundial. Si ellos afirman tener sentimientos amargos acompañando a sus éxitos en la negociación, ¿cómo deberíamos sentirnos nosotros?

Desde la perspectiva de la negociación, el más pernicioso de estos sesgos psicológicos podría ser la llamada «norma de reciprocidad». La mayoría de la gente trata instintivamente de devolver amabilidad con amabilidad. Diles algo agradable, y ellos sentirán el tirón emocional de devolver el favor. Esta es la razón de que los cumplidos y los regalos sean comportamientos sociales tan exitosos. El cumplido o el regalo incurre en un sentimiento de endeudamiento psicológico en el receptor. Si alguna vez has recibido correo basura con la expresión «regalo gratuito en el interior» impresa en el exterior del sobre, el patrocinador de ese correo está tratando de explotar tu instinto para la norma de reciprocidad. Se ha probado que los correos que incluyen regalos simbólicos, como un conjunto asequible de etiquetas de correo personalizadas, recaudan más donaciones que los que se envían sin ellos.

La norma de la reciprocidad es algo agradable. Es una característica principal de nuestra humanidad. Pero en una negociación comercial, tu inclinación natural a la reciprocidad puede ser empleada fácilmente en tu contra. Todo asesor de negociación señalará las muchas formas en que los hábiles negociadores intentan engendrar sentimientos de camaradería, amistad y solidaridad, todo con la única intención de ganar ventaja sobre ti. La parte contraria en una negociación te dirá que has sido muy justo y razonable, y a continuación propondrá una oferta excesivamente baja de partida. En ese momento está esperando a que recurras a tu instinto humano básico para pagar sus bonitas palabras con la aceptación de su injusta oferta.

Regresando al tema de la negociación del contrato y el salario, muchas personas afirman que aceptan la primera oferta de salario que se les ofrece porque responder con una petición de más dinero es de alguna manera ingrato. Así es exactamente como el director de recursos humanos espera que te sientas. Para ahorrar dinero en su presupuesto, el director de recursos humanos te halagará y te dará la bienvenida al equipo con una oferta salarial bajísima, a sabiendas de que la naturaleza humana provocará que tres de cada cuatro personas no hagan otra cosa que estrechar la mano y aceptar de buen grado.

El movimiento correcto en esa circunstancia es invertir psicológicamente los papeles. Expresas gratitud por la oferta, comentas que no puedes esperar para empezar a trabajar *y* dices que estarías muy contento de aceptar la oferta de trabajo con un sueldo de unos cuantos miles más. ¿Qué instinto de reciprocidad está siendo ahora desafiado? Para el gerente hacer cualquier cosa excepto darte por lo menos una parte de lo que quieres es correr el riesgo de hacerte infeliz, y nadie quiere tener a un empleado nuevo descontento. Como ya comentamos en los estudios de Pinkley y Northcraft del capítulo 3, alrededor del cuarenta por ciento de los responsables de contratación están dispuestos a pagar lo que haga falta para hacer que sus nuevos empleados estén contentos, *si* es que esos empleados lo piden. El noventa por ciento de los gerentes dijeron estar dispuestos a negociar un nivel de salario lo suficientemente alto para garantizar que el nuevo empleado, al menos, se sienta satisfecho, pero solo si el empleado les ofrece una cifra sobra la que negociar.

En última instancia, la norma de la reciprocidad va sobre todo del innato deseo humano de ser percibido como una persona agradable y considerada en su entorno social. El nuevo empleado acepta menos dinero del que quiere porque teme aparentar ingratitud ante la oferta de trabajo. La parte más débil en la negociación coincide con un acuerdo que al instante lamenta porque se hubiera sentido como un idiota de haberse levantado y anunciado que no hay trato. Sin embargo, según Stephen Covey, traicionar las metas que has establecido para ti mismo no significa que seas razonable o considerado. Significa que te falta coraje. Los negociadores que se preocupan demasiado por los juicios de la otra parte acerca de ellos están preparando el terreno para desastrosas ofertas «yo pierdo-ellos ganan» con las que, como Covey dice, «voy a ser tan considerado con tus convicciones y deseos que no voy a tener el coraje de expresar y materializar las mías».

La susceptibilidad frente a esta falta de coraje varía mucho de persona a persona. Las personas que son menos susceptibles, según la encuesta de Brillantez para los Negocios, se llaman multimillonarios. Casi el noventa y siete por ciento de los multimillonarios hechos a sí mismos están de acuerdo con que «en los negocios, no es mi responsabilidad "cuidar" de los intereses de la otra persona». Entre todos los millonarios hechos a sí mismos, aproximadamente el ochenta y cinco por ciento está de acuerdo. ¿Y entre la clase media? Menos del veinticinco por ciento coincide con ello. Solo uno de cada cuatro cree en este hecho bastante importante en la negociación: que la otra parte tiene que cuidar de sí misma, sin tu ayuda. Como diría el negociador de rehenes Dominick Misino, la empatía es útil para la negociación inteligente, pero la simpatía no.

Una serie de resultados en la encuesta de Brillantez para los Negocios desvela que los millonarios hechos a sí mismos, en general, están mucho más cómodos que la clase media con la prominencia de sus intereses sobre los de otras personas. Alrededor del setenta y cinco por ciento de los millonarios hechos a sí mismos están de acuerdo con la afirmación de que «Quedar por encima es primordial en los negocios». Un poco más del treinta por ciento de la clase media coincidía con ello. Cerca de nueve de cada diez millonarios hechos a sí mismos dijeron: «Siempre estoy buscando la manera de sacar ventaja en los negocios» y «Es importante en las negociaciones explotar las debilidades de los demás». Para la clase media, apenas cuatro de cada diez están buscando sacar ventaja, y poco más de dos de cada diez ven la importancia de explotar las debilidades de los demás. Los millonarios hechos a sí mismos parecen mucho más dispuestos que la clase media a aceptar que seguir el dinero es un deporte competitivo con ganadores y perdedores.

De hecho, casi ocho de cada diez millonarios creen que «ser maquiavélico es esencial para ser rico». Entre los multimillonarios hechos a sí mismos, las personas que han alcanzado una gran riqueza, la creencia en el maquiavelismo está presente en casi nueve de cada diez encuestados. La clase media, sin embargo, rechaza esta idea. Menos de dos de cada diez creen que ser maquiavélico es esencial para convertirse en rico. Como hemos observado muchas veces antes, nuestro estudio revela que las percepciones de la clase media sobre la forma de alcanzar la riqueza están totalmente fuera de sintonía respecto a las percepciones de aquellos que la han alcanzado.

El maquiavelismo ha sido descrito por los psicólogos como una actitud fría, racional, indiferente y oportunista. Las personas que puntúan alto en las pruebas para el maquiavelismo son más capaces que la mayoría de identificar las mejores estrategias para conseguir lo que quieren y tienden a comportarse de una manera interesada si sirve a su beneficio. No están tan afectados emocionalmente como otros por las normas y las presiones sociales, que es el motivo por el que tienden a molestarse más con la ineficacia que con la injusticia. Pero no se trata de que nunca pueda confiarse en las personalidades maquiavélicas. Ellos entienden, tal vez más que la mayoría, que la reciprocidad es vital en la construcción de las relaciones de confianza a largo plazo. Por otro lado, si hay poca o ninguna consecuencia por el hecho de sacar ventaja, los maquiavélicos suelen sacar ventaja.

En un experimento clínico, se descubrió que los individuos que sacaban un «Mach alto» en las pruebas tenían el doble de probabilidades de tomar ventaja sobre una parte más débil que aquellos con un promedio bajo de Mach. Cada sujeto del experimento participó en un simple juego de dos pasos en un ordenador de pantalla dividida con otro jugador situado en una habitación separada. Cuando este jugador invisible apostaba por el sujeto de la prueba con cuarenta dólares, las reglas del juego daban al sujeto de la prueba dos opciones. Podía corresponder al acto de confianza y dividir los cuarenta dólares con el otro jugador, o quedarse con todo el dinero sin consecuencias negativas. En este entorno de prueba, las personas que puntuaban bajo en el promedio de Mach compartieron el dinero el cincuenta y cinco por ciento de las veces. Las personas con puntuaciones altas de Mach, por otro lado, respondían a la confianza y compartían el dinero solo en el veintisiete por ciento de las ocasiones. En casi tres de cada cuatro casos, los que tenían un Mach alto tomaban el dinero porque estaba allí para ser tomado.

Muchos empresarios exitosos son conocidos por sus rasgos maquia-vélicos. Retrocede hacia las historias sobre multimillonarios que hemos contado hasta ahora, y no te será difícil detectar los afilados movimientos maquiavélicos que ayudaron a asegurar sus fortunas en los momentos cruciales. Warren Buffett nunca se preocupó mucho por los directivos de las pequeñas empresas en quiebra que compró y luego explotó con sus primeras asociaciones. Guy Laliberté no fue equitativo con sus acreedores o sus compañeros de actuación en el recién creado Cirque du Soleil, a pesar de que muchos habían hecho grandes sacrificios personales y financieros para ayudar a que el circo de Laliberté tuviera éxito. Bill Gates, que había sido un leal amigo de Gary Kildall cuando las ventas de Microsoft dependían del sistema operativo de Kildall, se volvió contra él una vez que se hubo acostado con IBM. En ese punto, Gates decidió que para que el nuevo sistema operativo de Microsoft ganara, había que eliminar a la compañía de Kildall.

Historias de este tipo plantean la cuestión de si seguir el dinero es un instinto con el que uno nace, o si se puede aprender. En cuanto al rendimiento, por supuesto que los cursos de negociación impartidos por Linda Babcock, Richard Shell y otros demuestran que un mayor enfoque en técnicas probadas puede mejorar los resultados de las negociaciones de cualquiera. Pero una experiencia de decepción y frustración por causa de los malos negocios también puede llevar a un individuo a la determinación de dejar de ser un pringado y leer una o dos páginas de Maquiavelo. El minorista en la historia de Stephen Covey tuvo que negociar un montón de malas ofertas antes de aprender a decir «no hay trato». El pequeño propietario de empresa asesorado por Jim Camp tuvo que aprender una dolorosa lección acerca de parecer desesperado, un error que no es probable que repita. Es importante recordar, también, que Buffett, uno de los hombres más ricos de la historia, comenzó su primera sociedad de inversión solo después de haber fracasado en sus decididos esfuerzos por crecer invirtiendo solo. Buffett no tenía una capacidad innata para hacerse con el dinero de otras personas y usarlo para hacerse con el control de las empresas de otros. Su carrera como tiburón financiero no era más que un medio para lograr un fin, después de que su primera preferencia (permanecer como inversor tímido y solitario) no hubiera dado resultado.

Una de las mejores historias acerca de un emprendedor que da sentido a la frase «gato escaldado del agua huye» puede encontrarse en *The New New Thing*, la biografía del magnate de Internet Jim Clark, escrita por Michael Lewis. Clark es más conocido como fundador de Netscape, el primer navegador web que fue comercializado. Clark era un ingeniero de formación que fundó una empresa llamada Silicon Graphics en 1983. Estaba tan enamorado de los productos de imágenes tridimensionales de su compañía, que necesitaba desesperadamente el dinero necesario para desarrollar los productos en todo su potencial. Coqueteó con capitalistas de riesgo e inversores, y continuó vendiendo piezas de Silicon Graphics para asegurarse un precioso capital. La estrategia fue bien para Silicon Graphics, pero no tan bien para Clark. A medida que la sociedad se hacía más grande y más exitosa, la participación de Clark en Silicon Graphics se había reducido tanto que descubrió que ya no controlaba su creación. Para cuando vendió su participación final en la empresa tras una pelea con el director general, Clark se había convertido en millonario, pero había convertido en mucho, mucho más ricos a otros inversores de la empresa. Clark se merecía algo mejor, habiendo fundado la empresa, pero para reafirmar el axioma atribuido a Bill Gates, no obtienes lo que mereces en los negocios. Consigues lo que negocias, y Clark había negociado mal.

Amargado por esta experiencia, Clark lanzó Netscape en 1991 con un enfoque completamente diferente. Esta vez, cuando tuvo que recaudar dinero para financiar la puesta en marcha, Clark no recurrió a pedir limosna. En cambio, se comportó como si estuviera en la postura del menor interés. Primero anunció que él decidiría quién sería invitado a invertir en Netscape, y excluyó a algunos inversores que le habían fastidiado durante sus años en Silicon Graphics. Entonces Clark planteó sus condiciones. Las acciones en el patrimonio de la empresa se venderían a tres dividendos por uno. Netscape estaba valorada en dieciocho millones de dólares, pero comprar una participación del diez por ciento de

Netscape, no te costaría 1.8 millones. Costaría tres veces esa cantidad: 5.4 millones de dólares.

Hasta entonces, era costumbre que los fundadores de las compañías informáticas vendieran equitativamente un dólar por otro dólar. Nadie lo cuestionaba. Esa era la norma social de la reciprocidad en la cultura de Silicon Valley. Si quieres disfrutar de los frutos de la inversión de capital de riesgo, debes aceptar ciertas prácticas consuetudinarias en relación con la equidad. Pero Clark estaba harto de las convenciones sociales de Silicon Valley. Había salido escaldado antes, y estaba decidido a que esta vez fuera diferente.

El resultado fue que, aunque algunos capitalistas de riesgo se indignaron con la escandalosa oferta de Clark de tres dividendos por uno, otros compraron con entusiasmo. Un capitalista de riesgo que había sido de los primeros inversores en Silicon Graphics rogó a Clark su permiso para invertir en Netscape, pero fue en vano. Clark culpó al hombre de sus problemas en Silicon Graphics y se negó a que tuviera un pedazo de la nueva compañía. El día que Netscape fue legalmente una sociedad anónima, aquel hombre se suicidó de un disparo en la cabeza. Había estado sufriendo de delirios paranoides semanas antes de su suicidio, pero algunos especularon con que no podía vivir con lo que sabía que había perdido.

Cuando Netscape hizo su primera oferta pública de acciones en 1995, el precio de las acciones subió en cuestión de meses de veintiocho a ciento cuarenta dólares. El asombroso éxito de Netscape marcó el inicio de la burbuja de la inversión en Internet, y Clark fue una de las muchas personas que se harían muy ricos con ella. De su inversión inicial en Netscape de solo cinco millones de dólares, Clark hizo una fortuna reconocida de dos mil millones. No porque eso fuera lo que se merecía, sino porque eso fue lo que negoció.

7

Reparte el trabajo, reparte la riqueza

CERCA DE NUEVE DE CADA DIEZ MILLONARIOS HECHOS
A SÍ MISMOS DIJERON QUE CUANDO SE TRATA DE
TAREAS EN LAS QUE NO SON ESPECIALMENTE BUENOS,
ES MUY PROBABLE QUE DELEGUEN ESAS TAREAS A LAS
PERSONAS QUE LAS HACEN MEJOR.

COMO CONTRASTE, DOS DE CADA TRES ENCUESTADOS DE
CLASE MEDIA DIJERON QUE CUANDO SE ENFRENTAN A
TAREAS COMO ESTAS, PROBABLEMENTE «LAS HACEN DE
TODAS FORMAS».

➤ El beneficio de la desventaja

Para ser alguien que solo se había graduado en la escuela secundaria, con cincuenta y seis años de edad, a Jay Thiessens le iba bastante bien en 1998. Tenía una hermosa casa en Sparks, Nevada, en la que él y su esposa habían criado a tres hijos. Era dueño de un barco de pesca y una caravana, y su pequeña compañía de fabricación a medida, B&J Machine and Tool, estaba recaudando cinco millones de dólares anuales.

Thiessens alcanzó este nivel de éxito al seguir una serie de movimientos muy propios de los millonarios hechos a sí mismos. Ganó una participación accionaria en su empresa a una edad temprana. Se separó y comenzó su propia compañía tan pronto como pudo. Luego hizo crecer la compañía en unos años por la reinversión en ella, en lugar de ahorrar dinero para la jubilación. No había nada innovador en los productos de B&J y la empresa no tenía personal de ventas porque se basaba en la creación de redes y el boca a boca para conseguir su clientela. Cuando Thiessens lanzó B&J en 1971, solo puso doscientos dólares de su propio bolsillo. En una pequeña e inteligente negociación, Thiessens convenció a uno de sus antiguos empleadores para asumir todo el riesgo de la financiación inicial para el equipo y los costes de alquiler de inmuebles de B&J.

Durante la mayor parte de su vida, sin embargo, Thiessens guardó lo que llamó «un pequeño secreto». El secreto fue que Thiessens era analfabeto. Gracias a unos profesores indulgentes y un montón de clases de formación profesional, se le dio un diploma de escuela secundaria en 1962 que no podía leer. Durante los años siguientes, desarrolló una especie de bloqueo mental para la lectura y, a la edad de cincuenta y seis años, todavía no podía terminar un libro para niños.

Al igual que una gran cantidad de adultos analfabetos, Thiessens era muy bueno ocultando su secreto. Tenía una actitud abierta y asertiva, principalmente porque no podía trabajar bien sin ayuda de sus empleados. «Nunca podía manejar una situación en el momento en que surgía», le dijo a un entrevistador. «Tenía que esperar para actuar hasta que las personas adecuadas estuvieran a mi alrededor». La mayoría de sus trabajadores le consideraban un buen oyente con una excelente memoria para los detalles, por lo que su aversión a la lectura y la escritura parecía ser una simple cuestión de estilo personal. Asumieron que estaba demasiado ocupado durante el día para lidiar con el papeleo, cuando en realidad se llevaba la correspondencia del negocio a casa cada noche para que su esposa pudiera leérsela en la cama.

Fue en 1998 cuando Thiessens finalmente compartió su secreto con sus empleados en un retiro de la empresa. Después, encontró un tutor de lectura e hizo pública la información, con la esperanza de animar a otros adultos que se enfrentaban con el mismo problema embarazoso. Un informe de Associated Press difundió la historia de Thiessens en los periódicos de todo el país, la revista *People* publicó una panorámica, e incluso fue retratado en un *reality show* de la televisión por cable llamado *Courage* [Valentía]. La mayoría de las historias sobre Thiessens en ese momento hablaban de cómo había construido una empresa rentable con una nómina de cincuenta personas, *a pesar* de su incapacidad para leer. Pero también es verdad que muchas de las buenas prácticas de gestión de Thiessens sucedieron precisamente porque no sabía leer.

Thiessens, por ejemplo, admitió ser un poco fanático del control por naturaleza. Su analfabetismo le obligó a dejar y delegar más tareas a sus directivos y trabajadores. El gerente general de B&J recordó que «[Jay] me traía el papeleo legal y me decía, "Eres mejor con la jerga legal que yo". Yo nunca supe que era el único que lo leía». Thiessens también aligeró su carga inculcando una férrea cultura del trabajo en equipo en la empresa. Se utilizaban varios comités de empleados para resolver problemas que de otro modo se le habrían amontonado. El espíritu de camaradería resultante en B&J era tan fuerte que cuando una inundación repentina cubrió la planta principal con un metro de agua, los empleados echaron una mano y salvaron la empresa trabajando todo el día durante cuatro días desmontando y limpiando toda la maquinaria.

La historia de Thiessens es un ejemplo extraordinario de un hecho muy común: una gran cantidad de empresarios fueron malos estudiantes cuando eran jóvenes y tuvieron especiales dificultades con la lectura y la escritura. Un estudio de 2007 concluyó que alrededor del treinta y cinco por ciento de los estadounidenses propietarios de pequeñas empresas sufrían de algún tipo de dislexia, en comparación con el diez por ciento aproximado de la población general y tan solo el uno por ciento de los gerentes corporativos. La profesora de empresariales Julie Logan, autora del estudio, llegó a la conclusión de que para superar sus déficits de aprendizaje, los disléxicos de éxito son competentes al solicitar ayuda, que resulta ser una habilidad absolutamente crucial para cualquiera que establezca un negocio.

«Sé que suena muy extraño», dijo Logan a la Radio Pública Nacional. «Pero una de las cosas que descubrimos con el estudio fue que las personas que tienen dislexia, de hecho, desde una edad muy temprana, aprenden a conseguir que la gente haga cosas por ellos. Aprenden cómo delegar para compensar sus debilidades. Aprenden a confiar en otras personas para hacer las cosas. Esta es una gran ventaja en los negocios porque si empiezas un negocio, consigues a buenas personas que te rodean y sobre las que delegar. En realidad puedes estar atento al rumbo del negocio y ser muy estratégico».

La investigación de Logan demostró que las empresas dirigidas por propietarios disléxicos tienden a crecer dos veces más rápido que otras empresas y que los dueños disléxicos son dos veces más propensos que los demás a poner en marcha dos o más empresas a la vez. Presumiblemente, los dueños de negocios que no son disléxicos fallan porque no pueden resistir la tentación de la gestión excesiva. Como explicó Logan: «La voluntad de delegar la autoridad da [a los disléxicos] una ventaja significativa sobre los empresarios no disléxicos, que tienden a ver su negocio como su bebé y les gusta tener el control total».

El empresario disléxico de mayor éxito en Estados Unidos es probablemente el multimillonario hecho a sí mismo Charles R. Schwab, fundador de la sociedad de valores que lleva su nombre. Cuando Schwab envió su solicitud a las universidades cuando era joven, tenía malísimos resultados en los exámenes orales y fue aceptado en Stanford solo porque fue reclutado para el equipo de golf. Schwab lo hizo bien en ciencias y matemáticas durante su primer año, pero casi suspendió porque reprobó el mismo curso de introducción al inglés dos veces. «Era muy debilitante y deprimente para mí hacer eso», recuerda Schwab, «porque creía ser muy brillante y no me di cuenta de lo incompetente que era con la escritura». Para salir adelante, engatusó a sus maestros y se apoyó en otros estudiantes en busca de ayuda. Incluso en las clases de ciencias y matemáticas, tuvo que pedir a los amigos y compañeros que tomaran notas durante las clases para él porque le resultaba imposible escuchar y escribir al mismo tiempo.

La escuela de empresariales fue algo más fácil para Schwab, pero ni se acercaba a ser de los mejores de su clase. Recuerda con envidia a los compañeros de clase que eran contratados por las compañías de Fortune 500 como «General Motors Scholars, Merit Scholars, Baker Scholars». Schwab decidió saltarse la escala corporativa, donde las habilidades de lectura y escritura son esenciales, y tomó la ruta del empresario en su lugar. Se asoció con dos amigos de la escuela de negocios y el trío comenzó un boletín de inversión que Schwab no podía editar y ni siquiera leer demasiado fácilmente. «Una gran cantidad de empresarios brillantes piensan que pueden hacerlo todo», dijo una vez. «No desarrollan el equipo necesario para lograr los diferentes niveles que has de alcanzar en tu curva de crecimiento como una empresa de éxito». Schwab nunca tuvo problemas para desarrollar equipos con habilidades que complementaran las suyas. Había estado haciendo eso por necesidad desde los dieciocho años. Sus habilidades con la creación de equipos le ayudaron a hacerle multimillonario varias veces, y ha superado con creces los logros comerciales de sus compañeros de clase más estudiosos de la escuela de negocios.

La encuesta de Brillantez para los Negocios revela que el deseo de delegar tareas es más común entre aquellos que han tenido más éxitos financieros. Casi nueve de cada diez millonarios hechos a sí mismos dijeron que cuando se trata de tareas en las que *no son excepcionalmente buenos*, son muy propensos a delegar esas tareas a las personas que las hacen mejor. Por el contrario, entre los encuestados de clase media, dos tercios dijeron que cuando se enfrentan a este tipo de tareas, lo más probable es que «hagan las tareas de todos modos». Este enfoque suele ser un error que puedes acabar pagando dos veces. Probablemente el resultado final no es tan bueno como podría haber sido, y aun si lo es, has gastado tiempo y energía que habría sido mejor emplear en las cosas que haces bien. Los millonarios (disléxicos) hechos a sí mismos parecen saber esto mejor que la mayoría de los miembros de la clase media.

El capítulo 5 describía cómo Paul Orfalea, fundador y director de Kinko's Copies, mejoró los niveles de servicio en sus tiendas estudiando e imitando a McDonald's y otras empresas que admiraba. En la base de la afición de Orfalea por la apropiación de ideas brillantes estaba su extremadamente agotadora dislexia. La oficina de Orfalea en Kinko's no tenía ordenador y estaba casi totalmente desprovista de papel. Repasaba su correo con sus ayudantes cada día y les daba sugerencias verbales sobre cómo debían responder en su nombre. Entonces salía por la puerta e iba a visitar algunas tiendas. «Cualquiera podía sentarse en una oficina a pensar en lo que la gente estaba haciendo mal», escribió en su autobiografía. «Mi trabajo era salir y descubrir lo que la gente estaba haciendo bien... y explotarlo. Así que traté de difundir esas prácticas a lo largo de la infraestructura de Kinko's».

Orfalea aprobó por los pelos sus estudios en la Universidad del Sur de California de la misma manera que Schwab sobrevivió en Stanford: haciendo que otras personas tomaran apuntes y reescribieran sus tareas por él. Cuando se les asignaba a un proyecto de grupo grande, Orfalea proponía que si los demás miembros del grupo hacían todo el trabajo escrito, él se encargaría de hacer las fotocopias. Irónicamente, sus visitas al centro de reprografía de la universidad en ese proyecto le inspiraron para abrir una tienda de copias comercial por su cuenta. A medida que expandió Kinko's de una tienda a ochocientas por todo Estados Unidos y Europa, Orfalea afirmaba que gestionaba su tiempo repitiendo el mantra: «Hay alguien más que puede hacerlo mejor». Repasando su historia, dice que «cada gran éxito que he tenido en mi vida ha ocurrido porque yo sabía que alguien, a menudo cualquiera... podía hacer algo mejor que yo».

Después de vender su participación en Kinko's por cientos de millones de dólares y dejar la empresa en el 2000, Orfalea comenzó a impartir un inusual curso de economía en la Universidad de California en Santa Bárbara. Naturalmente, pedía infrecuentes tareas de escritura y las limitaba a una sola página de extensión. Las discusiones en clase se puntuaban mediante ejercicios en los que Orfalea escogía un alumno varón al azar y le retaba a pedir una cita a alguna de las jóvenes de la clase, allí mismo, delante de todo el mundo. «Tenían la oportunidad de aprender a hablar con los demás», explicó Orfalea. «Veían a alguien pidiendo algo que quería o que necesitaba de otra persona. A veces eso es todo lo que necesitamos hacer en la vida».

Cuando Kinko's se expandió a Gran Bretaña durante la década de 1990, Orfalea encontró un socio comercial y un alma gemela en el excéntrico y arriesgado empresario Richard Branson, otro disléxico increíblemente exitoso. Sir Richard (fue nombrado caballero en 2000) puede ser el más rico entre los desertores escolares de la historia. Con Virgin Group, ha construido un vasto imperio de negocios en el que las responsabilidades se delegan a una única gran escala, aunque solo fuera para adaptarse al cerebro disléxico de Branson.

Durante su educación en los internados británicos, Branson fue castigado físicamente por directores que asumían que era demasiado estúpido o perezoso para completar sus deberes. En 1967, a los dieciséis años de edad, abrió una revista para los estudiantes universitarios del área de Londres. Como Schwab, no podía editar o leer la publicación que dirigía, pero destacaba en la venta de publicidad, por lo general desde un teléfono público de la residencia de su internado. Cuando ese año Branson dejó la escuela para siempre, su director predijo que terminaría en la cárcel o se convertiría en millonario.

Hoy la riqueza de Branson se estima en 4,200 millones de dólares gracias a los cientos de productos y servicios que llevan la marca Virgin, incluyendo Virgin Atlantic Airways, Virgin Megastores, hoteles Virgin, los teléfonos de Virgin Mobile, Virgin Money e incluso el vino Virgin. Virgin se ha convertido en una de las marcas más conocidas del mundo, a pesar de que Branson admite alegremente que no es bueno en los detalles. Ahora él está en los sesenta, y no se ha ocupado de las responsabilidades del día a día en ningún negocio desde que era adolescente. Ni siquiera ha aprendido a leer una hoja de cálculo financiera. Una vez, en una reunión de la junta, Sir Richard seguía confundiendo los términos «ingresos netos» e «ingresos brutos» hasta que un miembro del personal lo llevó aparte y le hizo un dibujo de una red pescando peces para explicarle la diferencia.

Si Virgin se hubiera organizado como Procter and Gamble o cualquier otra gigantesca corporación diversificada, Branson hubiera fracasado irremediablemente como director. Pero el modus operandi de Virgin Group es el mejor en la delegación de responsabilidades. Cada una de sus más o menos doscientas líneas de productos es una corporación independiente separada, controlada por Virgin, pero dirigida por un equipo de empresarios que poseen participaciones significativas. Branson ha explicado que él nunca quiso que Virgin tuviese «una enorme oficina principal y una pirámide de mando con una junta general de directores. No estoy diciendo que tal estructura sea errónea... solo que mi mente no funciona de esa manera».

Libre de atender hojas de cálculo y planes estratégicos a cinco años, Branson ha promocionado la imagen rebelde de Virgin a través de sonadas acrobacias como vuelos alrededor del mundo en globo y una travesía en lancha por el Océano Atlántico sin precedentes. Para dar a conocer la introducción estadounidense de Virgin Cola, apareció en el Times Square a horcajadas sobre un tanque de guerra. Aunque Virgin ha tenido un buen número de fracasos (Virgin Cola y Virgin Money fracasaron en Estados Unidos) la marca Virgin sigue siendo tan atractiva para los inversores que Virgin Group a menudo puede poner en marcha una nueva empresa con riesgo cero en sus apuestas. De acuerdo con un informe, Virgin Money fue financiada en Gran Bretaña con ayuda de quinientos millones de dólares de fondos de los inversores, mientras que «Virgin retuvo una participación del cincuenta por ciento sin perder un céntimo».

Es probable que Branson delegue cualquier propuesta que no le emocione de inmediato. Es bien sabido que toma dimensión de las personas y las ideas durante los treinta segundos en que le son presentados. «Confío mucho más en el instinto que en investigar una enorme cantidad de estadísticas», escribió en su libro *Perdiendo la virginidad*. «Esto puede ser porque, debido a mi dislexia, desconfío de los números, que creo pueden ser torcidos para probar lo que sea». Una vez dijo en *60 minutos*, «Si yo hubiera podido leer un balance... no hubiera hecho nada en la vida».

Lo que más entusiasma a Branson es la posibilidad de jugar a David contra los Goliat de las industrias dominantes. Busca empresas dispuestas a ir en contra de lo que él llama «el lobo feroz» que ha sobrecargado y sometido al público. No importa si el lobo es British Airways o el banco Barclays, la simple fórmula de Virgin es robar un pedazo pequeño y rentable del mercado ofreciendo un mejor servicio a un menor coste y con un sentido de estilo y diversión.

Según este criterio, Branson se ha jactado de que no existe límite para lo lejos que la marca Virgin puede llegar. De hecho, ya puedes cortar camino a través del paralizado tráfico de Londres en la parte posterior de un taxi-motocicleta llamado Virgin Limobike, o hacer un depósito de un diez por ciento para un paseo espacial Virgin Galactic de doscientos mil dólares (la fecha de despegue es por ahora una incógnita). La estrella de rock Peter Gabriel bromeó una vez con Branson diciendo que Virgin debía ofrecer servicios totales de la cuna a la tumba, comenzando con Virgin Births [Nacimientos] y terminando con Virgin Funerals [Funerales]. La respuesta de Branson, en menos de treinta segundos, fue que no estaba seguro de Virgin Funerals, pero que le gustaba cómo sonaba Virgin Births.

➤ La prueba de resistencia

Si la dificultad para leer, o cualquier otra incapacidad, puede ser considerada como un don, es porque algunas personas discapacitadas prenden a asimilar sus limitaciones personales a una edad temprana. Se dan por vencidos tratando de arreglar sus puntos débiles y en cambio buscan oportunidades para mostrar lo que mejor saben hacer. Para cuando cumplió los veintidós años, Paul Orfalea ya había aceptado que tendría que iniciar un negocio propio, porque sabía que era un empleado increíblemente inepto. Charles Schwab ha señalado: «He sido capaz, creo, de reconocer mis fortalezas y mis déficits... Creo que este ha sido probablemente el beneficio más importante que he recibido de este problema de aprendizaje que he tenido en mi vida».

Hay un gran sentido común en centrarte en tus puntos fuertes y conseguir que otros cubran tus debilidades. Pero el sentido común no siempre da lugar a una práctica común. La mayoría de las personas dicen sentir una mayor atracción por reparar sus puntos débiles antes que desarrollar sus puntos fuertes. Una encuesta de Gallup encontró que el ochenta y siete por ciento de los estadounidenses respondían afirmativamente a la pregunta: «¿Es encontrar tus debilidades y solventarlas la mejor manera de lograr un rendimiento excepcional?». Cuando se les pidió elegir entre reforzar sus fortalezas y corregir sus debilidades, el cincuenta y nueve por ciento prefirió corregir sus debilidades.

La encuesta sobre Brillantez para los Negocios arroja resultados similares, pero sobre todo entre la clase media. Cerca de siete de cada diez encuestados de clase media dijo que cuando se trata de tareas en las que no son excepcionalmente buenos, su respuesta más probable es «trabajar duro para ser bueno en estas tareas». Entre los millonarios hechos a sí mismos, solo el dos por ciento dijo lo mismo. Una minoría importante de la clase media, aproximadamente cuatro de cada diez, también coincidió en que «intento actividades nuevas y desconocidas con el fin de ampliar mis capacidades». Menos de uno de cada diez millonarios hechos a sí mismos dijo que estaban interesados en intentar lo desconocido. Si no eran excepcionalmente buenos en algo, los millonarios preferían no empezar a aprender a esas alturas.

Durante más de una década, Marcus Buckingham, de la Organización Gallup estudió cómo la gente elige trabajar con sus fortalezas y debilidades. Él piensa que la gran preocupación con la debilidad radica en la forma en que nos educan y en cómo nos enseñan en la escuela. Cuando Gallup preguntó a los padres cómo reaccionarían si un niño trajera un suspenso en álgebra y un sobresaliente en estudios sociales e inglés, el setenta y siete por ciento de los padres respondió que invertirían más tiempo hablando con el niño del suspenso, no del sobresaliente. Buckingham preguntó en *Ahora, descubra sus fortalezas*: «A pesar de las demandas del sistema educativo actual, ¿merece la pena realmente invertir en las debilidades del niño la mayor parte de las veces?». Las escuelas también dedican más tiempo y atención a las debilidades. Un niño con estas notas es mucho más probable que consiga ayuda extra con el álgebra que clases especiales de mejora en ciencias sociales e inglés.

Gallup ha descubierto una serie de mitos extendidos y potencialmente destructivos sobre la importancia relativa de las fortalezas y debilidades en el lugar de trabajo. Por ejemplo, el sesenta y uno por ciento de los trabajadores dicen que necesitan centrarse en sus debilidades porque ahí es donde sienten que tienen más espacio para crecer. En las entrevistas de seguimiento, decían que apuntalar sus áreas débiles les hace sentirse más responsables, más completos y menos vulnerables a la vergüenza y al riesgo de fracaso. Lo que falta en esta ecuación es el deseo de alcanzar la experiencia, la excelencia o el dominio, capacidades que producen un valor real en el lugar de trabajo y solo se obtienen trabajando tus puntos fuertes. Y, como señala Buckingham, trabajar tus puntos fuertes es siempre una experiencia más significativa y gratificante, ya que «serás más curioso, más resistente, más creativo y más abierto a aprender en tus áreas de fortaleza».

En capítulos anteriores hemos explorado una serie de creencias sobre el éxito financiero que dan a los millonarios hechos a sí mismos una ventaja decisiva sobre la clase media. Esta diferencia en las actitudes hacia las fortalezas y debilidades puede ser la ventaja más importante de todas. Cada día, los empleados de clase media toman obedientemente ciertas tareas que les obligan a involucrar sus debilidades. Se sienten conscientes de trabajar con sus debilidades, y esperan que la práctica les proteja de reproches y fallos en el futuro. Mientras tanto, los millonarios pasan cada día *evitando* sus debilidades con el fin de mantener la concentración sobre sus fortalezas, donde encuentran distinción, realización y ganancias. Hora tras hora, día tras día, la gente de clase media se protege volviéndose más común y ordinaria, mientras que los millonarios se enriquecen siendo más especializados y extraordinarios.

Para ser justos, los millonarios hechos a sí mismos probablemente tengan más oportunidades de delegar responsabilidades en sus áreas débiles, ya que nueve de cada diez encuestados son propietarios de negocios que llaman suyos. Por el contrario, tres de cada cuatro encuestados entre la clase media son empleados de otra persona. Es probable que tengan funciones de trabajo que no sean tan fácilmente traspasables a otros. Pero ¿es eso cierto? Buckingham tiene una receta de sentido común para estar más fuertemente orientado hacia el trabajo: aconseja que tengas una «conversación dura» con tu jefe acerca de tus responsabilidades laborales. Dale a tu supervisor inmediato una propuesta, detallando cómo ayudaría a la compañía si trabajases en tus fortalezas más a menudo y tuvieras algunas otras tareas reasignadas. La mayoría de la gente nunca ha hecho tal cosa y sospecho que la mayoría tiene miedo a intentarlo. Como mostraba el capítulo 6, la mayoría de los trabajadores son más como Adam McKay en el *Saturday Night Live* antes de hablar con su jefe. No reconocen cuándo tienen a su jefe entre la espada y la pared. E incluso si lo reconocieran, serían reacios a explotar esa ventaja.

Pero antes de que puedas considerar una modificación de tus tareas laborales, es importante que sepas cuáles son en realidad tus puntos fuertes. (Un punto fuerte, según Buckingham, puede definirse simplemente como algo que te hace sentir fuerte cuando lo estás haciendo.) Los millonarios hechos a sí mismos están más seguros de sus fortalezas que la clase media. Entre los millonarios hechos a sí mismos, el ochenta y cinco por ciento dijo que «sé dónde soy excepcionalmente bueno para hacer dinero». Solo un poco más de la mitad de los encuestados entre la clase media dijo lo mismo. Lo que es más, los puntos fuertes de los millonarios han tenido que batallar con un doloroso proceso de ensayo y error. Aproximadamente siete de cada diez millonarios hechos a sí mismos coincidieron en que «los reveses y fracasos me han enseñado qué se me da bien». Menos de dos de cada diez entre la clase media estuvo de acuerdo.

Norm Brodsky estaba bastante seguro de conocer sus fortalezas en 1987. En apenas ocho años había llevado a Perfect Courier, su empresa de mensajería y transporte con sede en Nueva York, de cero a 120 millones de ventas anuales. El rápido crecimiento de la compañía requería que Brodsky pusiera mucha fe en su propio juicio. Las ideas de otras personas no le valían, porque nadie conocía su negocio mejor que él. Cada vez que algo salía mal, se basaba en su propio ingenio para idear reglas que impidieran que volviera a suceder. A medida que la compañía crecía, Brodsky premiaba a sus empleados más leales con ascensos, a veces dándoles funciones que no estaban plenamente cualificados para ocupar. Y funcionó. Perfect Courier fue una de las pequeñas empresas con un crecimiento más rápido del país. Brodsky se endeudó y comenzó a comprar otras compañías, con la esperanza de poder extender su toque de rey Midas.

Pero entonces, el 19 de octubre de 1987, los mercados de valores cayeron en todo el mundo. El Dow perdió el veintidós por ciento de su valor en un solo día, y Perfect Courier sufrió las consecuencias. El negocio de impresión financiera de Wall Street se paralizó de la noche a la mañana, costándole a una división de Perfect Courier casi todos sus ingresos y poniendo a toda la compañía en una restricción de efectivo. Entonces los bancos de Perfect Courier, asustados por el colapso financiero, pidieron la devolución de sus préstamos, exigiendo un dinero en efectivo que Perfect Courier no tenía. Perfect Courier tuvo que declararse en quiebra y hacer recortes hasta casi desaparecer. Hasta la cuenta de cheques personales de Brodsky fue intervenida. Todo lo que él había construido durante ocho años se deshizo en el plazo de unos pocos meses.

«La conmoción de despedir a cuatro mil personas fue abrumadora para mí», recuerda Brodsky. «Esa fue la primera vez en la que realmente me senté y me pregunté a mí mismo qué había ido mal». Además de la quiebra y las demandas de préstamos, había otras causas que estaban fuera del control de Brodsky. La competencia en el negocio de la mensajería se había duplicado en los últimos años, ejerciendo presión sobre los precios. Y las máquinas de fax recién aparecidas, consideradas como «maravillas electrónicas» por la revista *Time* en agosto de 1987, habían comenzado a cobrarse una parte de la demanda de servicios de mensajería.

Pero Brodsky decidió que no era suficiente con culpar a la crisis, los bancos, la competencia y la máquina de fax. «Había un montón de procesos que pude haber utilizado para impedir que esas cuatro cosas destruyesen la compañía», dice Brodsky. «Hubo una serie de decisiones que tomé que eran realmente malas decisiones». La primera fue que no escuchaba. La misma confianza en sí mismo que le permitió a Brodsky llevar a Perfect Courier hasta lo más alto también resultó ser su perdición. «Cuando las cosas empezaron a desmoronarse, mis asesores, mi abogado, mi contable, me decían: "Mira, hay una manera de salvar esto. Fíjate mejor en este método, o en ese otro". Me dijeron un montón de cosas. Y yo decía: "No, no, no. Yo puedo salvar esta empresa". Esto [la caída de la bolsa] son pamplinas, les dije. Esto es temporal. He creado una atmósfera inexpugnable a mi alrededor».

Brodsky no reconoció la validez de los consejos que le habían ofrecido hasta que Perfect Courier no hubo caído en bancarrota. Si hubiera escuchado a sus abogados y contables antes, la caída podría no haber sido tan dura. «Claro que hubiera recibido un golpe», dice. «Habría perdido el treinta por ciento de mis ventas, pero hubiera sobrevivido. En vez de eso pensé que únicamente yo podía salvar a la que era invencible, que nada malo me podía suceder».

Desde entonces, Brodsky se ha convertido en gurú y sabio de la pequeña empresa, y guía y orienta a jóvenes emprendedores en el tema de la gestión inteligente de negocios. Es columnista de la revista *Inc.* y escribió un libro llamado *Street Smarts: An All-Purpose Tool Kit for Entrepeneurs* [Genios de la calle: kit de herramientas todoterreno para emprendedores]. La quiebra de Perfect Courier es algo que ahora lleva como una insignia de honor. Fue una experiencia que le enseñó lecciones que no podría haber aprendido de otra manera. Su observación principal es que la mayoría de la gente se equivoca al tratar de hacer todo el trabajo por sí misma y culpando a los demás de los malos resultados. El truco, dice, es hacer exactamente lo contrario. Confía en los demás para que hagan el trabajo por ti, pero conserva toda la culpa y la responsabilidad.

Al recoger los pedazos de su empresa fallida, Brodsky dirigió a su reducido personal de una manera muy diferente. Se dio cuenta de que había estado ascendiendo a empleados leales más allá de sus capacidades porque él quería que la gente a su alrededor hiciera lo que él decía. Eso no es lo que necesitaba para sacar a Perfect Courier de la bancarrota. En su lugar, contrató a personas extremadamente capaces que pudieran trabajar sin su instrucción directa. Eran personas que podían contribuir a la compañía de manera que complementaran las fortalezas propias de Brodsky. Por primera vez, Brodsky dejó de tratar de controlar a sus empleados. Se permitió aprender de ellos.

«Cuando entro a una reunión con un cuaderno», dice, «lo abro por la mitad y anoto tres palabras: "Estúpido, estúpido, estúpido". Lo hago para recordarme a mí mismo que tal vez no sea la persona más inteligente de la habitación. Y para recordarme a mí mismo que hasta la persona menos inteligente en esa sala puede tener una muy buena idea». Sin esa humildad disciplinada, una gran cantidad de gerentes y dueños de negocios están tan ocupados mandando que se cierran a las ideas y observaciones de sus empleados.

Brodsky ilustra el asunto contando cómo empezó Perfect Courier en el negocio del almacenamiento de documentos. Después de declararse en quiebra, Brodsky decidió reconstruir con una cultura de la escucha: escuchar a los clientes y escuchar a los demás. Una parte clave de esa cultura era el compromiso de nunca decir «no» a nadie. Así que cuando alguien llamó para preguntar si Perfect Courier podía almacenar cajas de documentos, no oyó un «no», a pesar de que esa era la verdadera respuesta. En su lugar, el empleado de Perfect Courier tomó nota de sus datos y prometió devolver la llamada. Luego le pasó la información a Brodsky.

La consulta despertó la curiosidad de Brodsky. Hizo algunas llamadas, fingiendo ser alguien que necesitaba un lugar para almacenar cajas de documentos. Brodsky descubrió que los grandes empresarios locales de la industria del almacenamiento ofrecían un servicio pésimo a precios exorbitantes. En términos de Richard Branson, eran los «grandes lobos feroces» que significaban una oportunidad. Brodsky también descubrió que el mercado estaba creciendo. Los bufetes de abogados de Manhattan y otras corporaciones necesitaban desesperadamente lugares de bajo coste donde almacenar de forma segura sus documentos y recuperarlos con un día de aviso. Brodsky se imaginó a sus conductores de mensajería yendo de un lado a otro con cajas de documentos entre las torres de oficinas de Manhattan y un pequeño almacén barato del East River en Queens.

«A partir de esa llamada creció un negocio que acabo de vender por 110 millones de dólares», cuenta Brodsky. «Aquí había un tipo sirviendo al cliente para ganar unos cientos de dólares a la semana. No es el tipo más listo de la habitación, pero si confías en él para hacer lo correcto y sigues adelante, puedes construir un negocio entero a partir de ello».

Existen ciertos riesgos inevitables en la delegación, que es la razón por la que tantas personas la evitan. El problema más obvio es que cuando alguien recibe una tarea de tus manos, esa tarea no se cumple de la manera en que tú lo habrías hecho. Delegar la responsabilidad implica confianza y aceptación. Tienes que confiar en que la tarea se hará bien y también hay que aceptar que a veces no se hará.

La renuencia a delegar puede tener raíces psicológicas profundas. En su libro *The Decision to Trust* [La decisión de confiar], el profesor de la Universidad de Fordham Robert F. Hurley habla de su experiencia en consultoría con un alto ejecutivo brillante y talentoso cuya incapacidad para confiar en sus subordinados terminaron por arruinar su carrera. El ejecutivo era un conocido fanático del control. No permitía que ni sus empleados más fiables intervinieran en un proyecto sin su aprobación en cada etapa. Como resultado, los proyectos iban a paso de tortuga, pero el ejecutivo respondía airadamente ante cualquier sugerencia de que necesitaba dar a su gente mayor espacio para avanzar.

El «contagio de la desconfianza y la ansiedad» se expandió en la unidad de negocios del ejecutivo, escribe Hurley. Los empleados se sentían tan controlados y devaluados que dejaron de tratar de aportar ideas creativas. Los resultados financieros del equipo comenzaron a retrasarse, y Hurley fue traído como asesor. Con el tiempo, Hurley descubrió que la forma de crianza que había recibido ese ejecutivo lo había convertido en un individuo terriblemente inseguro. La vida había sido dura con sus padres, por lo que estos le enseñaron a su hijo que el mundo es un lugar amenazante donde incluso el más pequeño error puede causarte un grave daño. Se convirtió en un perfeccionista con un miedo patológico al fracaso y la vergüenza, lo que ayudó a impulsar su carrera, pero solo hasta cierto punto. En este nuevo puesto de alto nivel, su miedo al fracaso solo garantizaba que fallaría. No aprendió a delegar responsabilidades a sus empleados y como resultado sufrió una degradación humillante. En términos psicológicos, el «bajo ajuste» emocional del ejecutivo, que no tenía nada que ver con su inteligencia o competencia, hizo imposible que fuera un líder eficaz.

Cada vez que delegas una tarea a un empleado, un contratista o un profesional independiente, se necesita un cierto nivel de madurez emocional para aceptar que van a cometer errores, y hasta algunos errores tontos que sientes seguro que tú nunca habrías cometido. Brodsky destaca que si realmente quieres que tus empleados aprendan y crezcan, tienes que dejar que intenten hacer cosas en las que *sabes* que fallarán.

Brodsky recuerda la aprobación de un programa de ascensos que ofrecía tasas introductorias gratuitas, «aunque sé que regalar cosas gratis nunca funciona». A menos que una idea amenace con causar un daño real a la empresa, Brodsky está dispuesto a dejar que sus empleados la prueben, sin tener en cuenta lo que él piense. Las alternativas, dice, son tratar de hacer cada trabajo tú solo, o establecer un montón de reglas acerca de cómo se hacen las cosas. De cualquier manera, pondrás un límite sofocante y autodestructivo para la capacidad de crecimiento de tu empresa.

Inevitablemente, uno u otro empleado abusará de la libertad que recibe. Traicionarán tu confianza. Tienes que mantener los ojos abiertos, dice Brodsky, pero no puedes responder a la traición de una persona apretando las tuercas a todo el mundo. Él dice: «Cuando alguien está robando a tu empresa (y eso nos pasa a todos), si desarrollas la desconfianza y decides no confiar en nadie, la consecuencia es la sentencia de muerte para el crecimiento». Y si no estás creciendo, no estás realmente en el negocio. Una vez que eliges poner el crecimiento y la oportunidad en el asiento trasero detrás de la seguridad y el control, estás siguiendo tus peores instintos, los más temibles... en lugar de seguir el dinero.

➤ El truco de la jubilación

Norm Brodsky no pasaba mucho tiempo en casa una vez que puso en marcha Perfect Courier en 1979. Cuando la empresa era joven y apenas tenía personal, Brodsky intentó de verdad hacer todo por sí mismo. Llevaba un localizador que estaba disponible a cualquier hora de la noche, y a veces incluso reemplazaba a los conductores de entrega ausentes. Más tarde, cuando la compañía creció y aumentó el personal, Brodsky estuvo aún más ocupado con la incorporación de nuevos clientes y la adquisición de otras compañías. Luego vinieron las largas horas de discusiones con los acreedores durante la quiebra, seguido de la reconstrucción de Perfect Courier desde cero. Nunca se quejó por las horas que empleó en ello. «Yo no considero que lo que estoy haciendo sea un trabajo», decía.

«Cortar el césped, eso sí que es trabajo». Pero la ausencia de Brodsky fue un gran problema para su familia. En 1988, su esposa Elaine escribió un artículo para una revista titulado «Confessions of a Woman Married to a Man Married to His Business» [Confesiones de una mujer casada con un hombre casado con su negocio].

Los millonarios hechos a sí mismos trabajan muchas más horas que la clase media. Esto es especialmente cierto en los millonarios situados en un rango de patrimonio neto de un millón a diez millones de dólares. Según la encuesta sobre Brillantez para los Negocios, el promedio de este grupo en particular es de sesenta y cinco horas por semana, en comparación con las cuarenta y dos horas de la clase media. (El tramo más largo, setenta horas por semana, se localizaba entre las mujeres millonarias del grupo de entre uno y diez millones.) Sin embargo, su propósito real para trabajar tantas horas no está del todo claro. Más de ocho de cada diez dicen que «los resultados que obtengo son más importantes que el número de horas que trabajo», pero siete de cada diez dicen también que «el número de horas que trabajo es un factor importante para hacerse rico». Por lo tanto los resultados son más importantes que las horas trabajadas, dicen, pero los horarios largos son extremadamente importantes de todos modos. Los encuestados más ricos consultados eran un poco más coherentes en su pensamiento. Estas personas, con patrimonios netos superiores a los treinta millones, trabajan cincuenta y siete horas por semana de media, y sin embargo solo tres de cada diez afirman que los horarios largos son vitales para ser fructífero. Trabajan doce horas más por semana que la clase media no porque lo necesiten. Lo hacen porque quieren.

Estas cifras apuntan a algo que el profesor de negocios de Harvard Thomas J. DeLong ha llamado «la paradoja de la excelencia». Los empresarios de alto nivel tienen la tendencia a encerrarse en rutinas en su camino hacia el éxito. Están tan impulsados y motivados que, a medida que sus responsabilidades se expanden, siguen asumiendo más tareas relacionadas con lo que les ha llevado a triunfar en primer lugar. Un artículo que DeLong coescribió con su hija, una psicoterapeuta, establece que «cuando [los ejecutivos] se encuentran sobrepasados suelen ser reacios a admitirlo, incluso ante sí mismos, y se niegan a pedir la ayuda que necesitan». Se sienten a menudo culpables y con miedo al fracaso, por lo que buscan satisfacción haciendo lo que saben. Mantienen el ritmo aun cuando sus actividades no constituyen el mejor uso de su tiempo, aun cuando sus actividades les agotan y abruman.

Así que la horas se acumulan. Empiezas por seguir el dinero como propietario único o con un pequeño negocio aparte y te acostumbras a las largas jornadas de trabajo, porque eso es lo necesario en la fase temprana de cualquier negocio. Luego, a medida que agregas empleados para lidiar con el crecimiento, continúas haciendo todas las cosas que te atrajeron a la empresa en primer lugar. Si haces las cosas bien, o si tienes suerte, pronto encontrarás que tienes mucho que hacer. Ese es el precio inevitable del éxito. Recordemos la historia del profesor de guitarra Paul Green, en el capítulo 5, quejándose a su dentista de lo exhausto que estaba tratando de dirigir dos ubicaciones de la escuela de rock simultáneamente. Green había alcanzado lo que el asesor empresarial Dan Sullivan llama «el techo de la complejidad». Una vez que tocas ese techo, ninguna cantidad de horas extraordinarias o diligencias producirá mejores resultados. Es necesario repartir el trabajo. De lo contrario, te estancas en tu puesto para siempre o te quemas y fracasas.

Los millonarios hechos a sí mismos permiten que sus largas horas de trabajo invadan las noches y los fines de semana, y la mayoría dice que lo prefieren así. Más de ocho de cada diez dijo que «prefiero tener control sobre mi tiempo (estar en condiciones de participar en los asuntos personales del día), incluso si eso significa que tengo que hacer más horas y trabajar las noches y los fines de semana». La clase media, por el contrario, prefiere fichar solo de lunes a viernes. Aproximadamente dos de cada tres dijo: «Preferiría trabajar solo durante las horas de oficina, incluso si esto significa que no tengo ningún control sobre mi tiempo a esas horas».

A primera vista, estos resultados sugieren que a la mayoría de la clase media no le importa trabajar las horas necesarias para el éxito financiero. Pero Dan Sullivan dice que la acumulación de horas es un síntoma de la riqueza, no la causa de la misma. La empresa de Sullivan, Strategic Coach, tiene uno de los programas de formación para pequeñas empresas más importantes del mundo. Promueve la idea de que los dueños de los negocios se lastiman a sí mismo y ponen sus empresas en situación de riesgo al trabajar durante muchas y agotadoras horas. La única constante en los negocios actuales es el cambio, señala Sullivan. Los empresarios que más a menudo fallan al adaptarse a los cambios de sus mercados son los que se atan a un horario de trabajo esclavo. Por usar un cliché, los árboles no les dejan ver el bosque.

Los asesores de la compañía de Sullivan animan a los empresarios a delegar todo lo relacionado con las operaciones del día a día para que puedan estar libres para establecer la estrategia y hacer frente a las tareas que tienen un impacto a largo plazo. De hecho, Sullivan aboga por que los propietarios se reserven 150 días al año para «tiempo libre» fuera de la oficina, lo que llevó a una revista de negocios a apodarle «el portavoz de la *desmotivación* con más éxito del país». Pero Sullivan se aplica su propia medicina. Él está ausente del trabajo e inaccesible por teléfono o correo electrónico el equivalente de cinco meses del año. Haciendo eso, ha convertido a Strategic Coach en una empresa de veinte millones de dólares con oficinas en Chicago, Toronto y Londres.

El asesoramiento empresarial se ha convertido en una industria multimillonaria en la última década, debido precisamente a las cuestiones planteadas por DeLong y su «paradoja de la excelencia». No es una coincidencia que el campo esté desarrollándose al mismo tiempo que los teléfonos inteligentes y otras tecnologías hacen que la deriva hacia la adicción al trabajo sea más seductora que nunca. La mayoría de los nuevos clientes de Strategic Coach confiesan ser incapaces de pasar un solo día sin llamar, enviar mensajes de texto o un correo electrónico a la oficina.

La prueba de ese nivel de adicción al trabajo se evidencia en la encuesta de la Brillantez para los Negocios. Incluso los miembros destacados (del grupo de los treinta millones de dólares), personas que tienen presumiblemente grandes habilidades para delegar responsabilidades, están enganchados al trabajo. Solo dos de cada diez dicen «sé cómo desconectar del trabajo y descansar o relajarme». Y aunque nueve de cada diez dicen que «estoy interesado y emocionado con lo que hago en mi trabajo», ocho de cada diez también están de acuerdo con que «encuentro el trabajo estresante y no agradable». ¿Por qué siguen en un trabajo estresante y que no disfrutan? En parte porque ocho de cada diez también creen que sus hábitos de trabajo son los responsables de que tengan éxito. Expresaron una fe más fuerte en la importancia de sus hábitos de trabajo que cualquier otro grupo que encuestamos. Incluso entre los millonarios luchadores, el grupo de uno a diez millones de dólares, menos de la mitad reconoció que sus hábitos de trabajo son responsables de su éxito.

Los hábitos de trabajo obsesivos no serían un problema tan grande si las horas de trabajo se dedicaran a la estrategia y a tener una visión más amplia. Pero entre todos los millonarios hechos a sí mismos, ocho de cada diez dicen que pierden «mucho tiempo apagando "fuegos"». Entre aquellos con una riqueza superior a los treinta millones de dólares, son casi nueve de cada diez. Piensa en ello por un momento. Las personas con mayores recursos, que son más capaces de delegar a los demás las tareas de responder a las emergencias, también son las más propensas a tratar con las emergencias mismas.

En los ejecutivos, este enfoque sobre el trabajo como «apaga-fuegos» suele ir acompañado de un ansioso y distraído estilo de liderazgo, algo que el psiquiatra Edward Hallowell ha denominado «Rasgo de déficit de atención (RDA)». Hallowell descubrió el RDA mientras trataba a ejecutivos que acudían a él quejándose de tener *trastorno* de déficit de atención (TDA). Hallowell se fijó en que estos ejecutivos mostraban síntomas típicos de TDA en su incapacidad de enfocar sus pensamientos, pero los síntomas desaparecían durante las vacaciones, lo que no sería el caso si realmente sufrían de trastorno por déficit de atención. Hallowell, escribiendo en la revista *Harvard Business Review*, dice que el RDA resulta en ejecutivos impacientes y de bajo rendimiento que tienen dificultades para mantenerse organizados, para establecer prioridades y gestionar su tiempo. «Los ejecutivos con RDA hacen todo lo posible por manejar una carga que simplemente no pueden dirigir tan bien como les gustaría», escribe. «[Sienten] un nivel bajo y constante de pánico y culpa. Frente a una ola de tareas, el ejecutivo se vuelve cada vez más acelerado, cortante, apremiante y descentrado, mientras finge que todo va bien». Algunos sugieren que la burbuja inmobiliaria y la crisis financiera mundial se vieron exacerbadas, e incluso precipitadas, por miles de ejecutivos de alto nivel trabajando en este frenético y atropellado modo de pensar.

Hace doce años, Stan Doobin era uno de estos ejecutivos. A fuerza de trabajo duro y largas horas, había hecho crecer su empresa de limpieza de oficinas, Harvard Maintenance, de un pequeño equipo en el centro de Manhattan a un negocio de noventa millones de dólares al año con sucursales en tres estados. Al igual que Norm Brodsky, Doobin había empezado como la persona más inteligente y mejor educada de su empresa. Era contable con un máster en Administración de Empresas, así que sentía que debía estar al tanto de todas las operaciones diarias de la empresa. Brindaba con orgullo a los clientes un acceso total a su número de teléfono, y dado que la limpieza de oficinas tenía lugar por la noche, Doobin era despertado con regularidad debido a las emergencias. Trabajaba catorce horas diarias, siete días a la semana, cuando un colega le recomendó que se inscribiera en Strategic Coach. Como recuerda Doobin, «Se dio cuenta de que yo era un adicto al trabajo y que algo tenía que cambiar».

No le llevó mucho tiempo a Doobin darse cuenta de dónde se había equivocado. «Yo estaba tratando de hacerlo todo», dice. «Pensaba que podía hacer todas las tareas mejor y que era más rápido para mí actuar por mi cuenta que formar y confiar en otros para lo hicieran». Reconoció también que su compañía era lo suficientemente grande para poder recortar sus horas delegando aquellas tareas que no disfrutaba. «Soy pésimo con las necesidades operativas de mi negocio», dice Doobin. «Pero hay un montón de personas apasionadas por ello. Pueden hacer un trabajo mucho mejor que yo en menos tiempo».

Este capítulo se inició discutiendo la idea del sentido común de la delegación de tareas en las que no eres bueno. Pero los días laborables de Doobin realmente funcionaron cuando soltó las tareas que, a pesar de que *podía* hacerlas muy bien, reconocía que no debería hacer en absoluto.

«Hay actividades por las que no tienes pasión y no eres excelente, con las que estás perdiendo tu tiempo», dice. Para Doobin el contable, esto describe su supervisión de los detalles financieros de la compañía. Con el tiempo ha aprendido a retroceder más y más, y ahora dice: «No sabría por dónde empezar a hablarte de las funciones del sistema informático. No tengo ni idea».

Siempre que puede, Doobin trata de limitar su participación en Harvard Maintenance a las pocas cosas por las que tiene pasión, porque esas son las cosas que le dan energía, le hacen más productivo y además proporcionan los mejores resultados para la empresa. Él estima que gasta casi la mitad de su tiempo contratando a nuevos ejecutivos, agasajando a clientes en una comida y buscando a nuevos clientes potenciales. Se fue de safari a África con su hijo y no tuvo contacto con su oficina durante dos semanas enteras. «Tu personal es más feliz cuando no estás allí», explica. «De hecho hacen un mejor trabajo si no te entrometes en funciones por las que no tienes pasión». En los doce años desde que Doobin comenzó a trabajar menos horas y se alejó de las operaciones del día a día, Harvard Maintenance se ha expandido a treinta y cinco estados y triplicado sus ingresos, hasta los 270 millones de dólares.

La mayoría de los millonarios hechos a sí mismos nos dicen que la jubilación anticipada no es uno de sus objetivos. Solo alrededor de dos de cada diez ven la jubilación como su razón para convertirse en ricos (en comparación con cerca de dos tercios de la clase media). En Strategic Coach, saben esto de sus clientes, así que programan un ejercicio llamado el truco de la jubilación. Se les pide a los dueños de negocios que traten de imaginar a qué se parecería la jubilación para ellos si fueran capaces de realizar solo aquellas tareas de sus empresas que definitivamente disfrutan más. El ejercicio aleja su mente de los prejuicios que tienen acerca de las costosas responsabilidades diarias. Les motiva a identificar sus habilidades más raras y valiosas. Muchos se dan cuenta de que no irían más a las reuniones de personal, o casi nunca aparecerían por la oficina. Un ejecutivo de seguros quedó tan inspirado por el ejercicio que puso en marcha una compañía de excursiones al aire libre, solo para poder pasar más tiempo cazando y pescando. Para las personas de alto rendimiento, la recompensa final del éxito no es la ociosidad de la jubilación. La recompensa es hacer más aquellas cosas productivas que les encantan, lo que, al igual que ocurrió con Doobin, suele resultar ser lo que tiene más sentido económico.

De momento este libro ha cerrado el círculo. Comenzó con «Haz lo que te apasiona, pero sigue el dinero», y ahora es evidente que el gran premio por seguir el dinero muy bien es el raro privilegio de hacer únicamente lo que te apasiona. Todas las sinergias sobre seguir el dinero descritas en el capítulo 1 (buscar la equidad, maximizar tus ganancias, copiar lo que funciona, hacer amigos, hacer ofertas y obtener ayuda), pueden contribuir con un increíble nivel de libertad personal y creativo, pero solo si tomas esta última y decisiva etapa de compartir la carga de trabajo. De lo contrario, el logro de la riqueza puede equivaler a una sentencia de por vida de adicción al trabajo, una rutina de extinguir incendios.

Queda tal vez una gran pregunta que formular. A menudo, aunque pienses que has hecho todo lo correcto por seguir el dinero, el pago no llega. Los sistemas sinérgicos son así. Por definición, producen resultados impredecibles de *todo* tipo. Esto significa que a veces no recibirás lo que estás buscando. A veces recibes algo todavía peor. A veces fallan.

¿Entonces qué?

8

Nada como fracasar para tener éxito

CASI SIETE DE CADA DIEZ MILLONARIOS HECHOS A SÍ MISMOS DIJERON QUE «LOS REVESES Y FRACASOS ME HAN ENSEÑADO EN LO QUE SOY BUENO».

MENOS DE DOS DE CADA DIEZ EN LA CLASE MEDIA ESTUVO DE ACUERDO.

➤ La masacre del día de San Valentín

Una enorme tormenta de nieve se dirigía hacia la costa este el día de San Valentín de 2007 cuando David Neeleman, el fundador y director general de JetBlue Airlines, tomó una serie de decisiones que al final le costarían el trabajo.

Docenas de vuelos de JetBlue estaban programados para dejar ese día el aeropuerto JFK de Nueva York. Otras aerolíneas que operaban fuera del JFK respondieron a las predicciones de fuertes nevadas y lluvia helada cancelando todos sus vuelos de la mañana. Neeleman y sus colegas, por otro lado, eligieron contar con una predicción meteorológica que decía que las temperaturas podían subir y convertir la nieve en lluvia para cuando la tormenta golpease Nueva York. Mantuvieron los aviones de JetBlue según el calendario previsto.

A primera hora de la mañana del miércoles 14 de febrero nueve vuelos de JetBlue completamente cargados salieron rodando de las terminales en dirección a destinos soleados como Cancún o Aruba. Pero cuando la tormenta gigante se asentó sobre Nueva York, las precipitaciones se convirtieron en aguanieve en vez de lluvia. Las reglas federales prohíben despegues en condiciones de lluvia helada, así que los aviones tuvieron que parar y esperar que la tormenta se levantase. «Estábamos solo a minutos del despegue y comenzaron a caer bolitas de hielo —diría más tarde Neeleman a la CNBC—. Esperamos con la esperanza de que escampase, y seguimos esperando. Y entonces todo empezó a írsenos de las manos».

Mientras los nueve aviones esperaban para despegar, otros vuelos de JetBlue continuaban llegando al JFK, llenando todas las puertas de la terminal de JetBlue. Horas después, cuando los oficiales de JetBlue finalmente determinaron que los vuelos retrasados tenían que ser cancelados y regresar, no había espacio libre en la terminal para que los pasajeros desembarcasen. Toda la operación de JetBlue se estancó. Finalmente, a las tres de la tarde, se enviaron autobuses lanzadera para recuperar a los pasajeros de los nueve aviones encallados.

Algunos pasajeros estuvieron atrapados dentro de los aviones de JetBlue hasta nueve horas aquel día. De vuelta en la terminal no pararon de ofrecer a los medios relatos de tripulaciones irritables, cabinas sobrecalentadas, lavabos apestosos y agua y comida racionadas. Una pasajera tuvo que romper una camiseta para hacer un pañal improvisado para su bebé. Otro le dijo al *New York Post*: «Era como... ¿cómo se llamaba la prisión donde estuvo [el senador John] McCain? El Hanoi Hilton». Un titular del *Post* pregonaba: «Refugiados aéreos en el caos de JFK; multitudes acampando por la noche antes de que JetBlue dijera: "Mala suerte, no hay vuelos"».

Neeleman había fundado JetBlue en 1999 con la audaz declaración de que «haría volver la humanidad a los viajes aéreos» y durante años la compañía había ocupado los primeros puestos de la industria en cuanto a la satisfacción del cliente. Ahora JetBlue estaba siendo acusada de crear condiciones que un pasajero se quejó de que estaban «en el límite de las violaciones de los derechos humanos». Neeleman colgó humildemente una disculpa en YouTube en la que parecía tener un nudo en la garganta. «Amamos a nuestros clientes y estamos horrorizados por todo eso», dijo en una entrevista. Neeleman intentó tranquilizar a los clientes diciéndoles que los vuelos de JetBlue estarían de nuevo en marcha antes del fin de semana, pero estaba prometiendo más de lo que su compañía podía cumplir.

Durante los seis días siguientes JetBlue tuvo que cancelar 1,200 vuelos por todo el país. En principio el problema era que había demasiados aviones de JetBlue varados en Nueva York. Pero entonces la operación de la aerolínea se enfrentó a nuevas complicaciones. La primera ronda de cancelaciones había puesto en jaque a muchas tripulaciones de JetBlue. La aerolínea tenía demasiados aviones en algunos aeropuertos, como el JFK, y no suficientes tripulaciones para hacerlos volar. En otros lugares las tripulaciones estaban sentadas en habitaciones de hotel esperando instrucciones de cuándo podrían tomar un avión para volar.

JetBlue se las había arreglado para sacar beneficios de sus bajas tarifas por medio de una filosofía de operar de forma barata de modos que no se veían. Los clientes disfrutaban de la experiencia del lujo a precio de ganga con asientos de cuero, mucho espacio para las piernas, radio por satélite y pantallas de televisión por satélite en cada asiento. Pero la transportista había desatendido la mejora de muchos de sus sistemas internos vitales mientras pasaba de un millón de pasajeros en 2000 a dieciocho millones en 2006. JetBlue todavía tenía una operación muy ajustada cuando el día de San Valentín de 2007 esa cuerda se rompió.

Por ejemplo, la aerolínea no tenía un sistema instaurado para llamar a los titulares de los billetes y decirles que sus vuelos habían sido cancelados, así que miles de viajeros se presentaron en el JFK el día de la gran tormenta sin ningún lugar adónde ir. El sistema telefónico de poca potencia de JetBlue se colapsó rápidamente por el volumen de llamadas, y puesto que la compañía tampoco tenía un software de ordenador para rastrear a sus once mil pilotos y miembros de la tripulación, los empleados que estaban en otros lugares y que llamaban para pedir instrucciones fueron sometidos a la misma señal de línea ocupada durante horas que los titulares de billetes. El transporte del equipaje tampoco estaba computarizado, y las maletas de todos los vuelos cancelados y de los que iban llegando al JFK se apilaban hasta el techo mientras se clasificaban lentamente a mano. Toda la debacle costó a JetBlue cuarenta y cuatro millones de dólares, y fue conocida dentro de la compañía como «la masacre del día de San Valentín».

En los días posteriores a la tormenta, Neeleman respondió con el anuncio de un programa elaborado apresuradamente llamado «Declaración de derechos de los clientes de JetBlue». Todos los pasajeros de JetBlue que sufriesen un retraso de más de treinta minutos obtendrían créditos a partir de veinticinco dólares y aquellos cuyo retraso superase las dos horas recibirían billetes gratis para futuros vuelos. Como gesto de relaciones públicas, funcionó de maravilla, y los clientes leales de JetBlue llenaron de nuevo sus aviones en los días siguientes. Pero Wall Street era escéptico acerca del coste potencial de compensar a los pasajeros por futuros retrasos fuera del control de la aerolínea. La declaración de derechos parecía un plan poco meditado que reflejaba el mismo estilo irresponsable que metió a Neeleman en problemas en primer lugar. El precio de las acciones de JetBlue tuvo un gran éxito esa semana y nunca se ha visto superado. Un día de mayo de 2007, dos de los miembros del consejo en quienes Neeleman más confiaba entraron en su oficina y le dijeron que la junta había decidido transferir sus funciones al director de operaciones de JetBlue.

El cese marcó la tercera vez que Neeleman había sido despedido de un trabajo en la industria de los viajes. El primer negocio que inició, con veintitrés años, fue una agencia de viajes que se vio obligada a cerrar en 1983 cuando uno de sus principales clientes se declaró en bancarrota. En 1994, después de haber ayudado a fundar una pequeña aerolínea que fue vendida a Southwest Airlines, Neeleman tomó el cargo de vicepresidente de Southwest, para ser despedido cinco meses después. Neeleman tuvo que esperar cinco años para que expirara la cláusula de no competencia de su contrato con Southwest antes de la puesta en marcha de JetBlue en 1999, donde ocupó el puesto de director ejecutivo hasta su cese en 2007.

Así, después de tres aterrizajes forzosos en el negocio de los viajes en avión, ¿dónde está Neeleman hoy en día, con cincuenta y tres años? Es el fundador y director ejecutivo de otra aerolínea, una compañía nacional brasileña llamada Azul.

En Brasil, Neeleman ha acertado, allí no nieva.

➤ Los frutos del fracaso

Todas las personas descritas en este libro se han enfrentado a serias decepciones y reveses en sus carreras, pero la experiencia del fracaso es un ingrediente clave para desarrollar la brillantez en los negocios. David Neeleman es un multimillonario hecho a sí mismo, pero en el proceso de conseguir sus millones también se ha convertido en un experto en cómo el fracaso puede proporcionar las semillas de tu próximo éxito. Neeleman señala que JetBlue, la octava aerolínea nacional más grande del país, ni siquiera existiría hoy si él no hubiese fracasado tan estrepitosamente como vicepresidente de Southwest. «El fracaso no trata realmente de lo que te pasa a ti», dijo una vez. «Se trata de cómo lo manejas y qué haces con él».

Neeleman no es único en su estilo asfaltando su camino hacia la riqueza con ayuda de algunos fracasos aplastantes. La encuesta de Brillantez para los Negocios muestra que la mayoría de millonarios hechos a sí mismos han tenido al menos tres reveses importantes o negocios fallidos en sus carreras. Cerca de una quinta parte tuvo cuatro o más, y uno de los encuestados respondió haber tenido seis. La tasa de fracaso en la clase media, por el contrario, tiene un promedio justo por debajo de dos, lo que significa que para la mayoría de personas de clase media, el fracaso es algo que no han experimentado nunca, o solo una vez.

Puede sonar extraño, pero si quieres aprender algo útil sobre el fracaso, ve a hablar con la persona más exitosa que conozcas.

Todas las encuestas que Russ Prince ha hecho en los últimos quince años cuentan la misma historia. La gente que es brillante en los negocios es también la que fracasa más veces durante el camino. O como diría Warren Buffett, tiene éxito por sobrevivir, porque la audacia en los negocios es un juego de perseverancia. No es un juego de promedios, como el instituto o la universidad, donde suspender seis de siete exámenes siempre da como resultado un insuficiente. No es como los deportes de competición, donde una media de uno sobre siete en cualquier cosa te sentará en el banquillo o hará que te expulsen del equipo. En los negocios, puedes fallar seis veces de siete y aun así disfrutar de un gran éxito financiero. El gurú del marketing Seth Godin, padre de múltiples negocios fallidos, lo expresa así: «Si fracaso más veces que tú, yo gano. Aquellos que pierden son los que no fracasan en absoluto y se quedan estancados, o aquellos que fracasan tan estrepitosamente que no vuelven a jugar».

En mi anterior libro, *The Influence of Affluence* [La influencia de la abundancia], Russ Prince y yo contábamos la historia de un millonario hecho a sí mismo llamado Steve Dering, que hoy en día está entre los mejores expertos mundiales en apartamentos para vacaciones de lujo. A principios de 1990, Dering dejó una carrera en marketing para liderar el concepto de apartamento de propiedad «fraccionada» en una estación de esquí en Park City, Utah. Con la venta de participaciones de la sexta parte de un complejo de apartamentos de 750,000 dólares cada uno por 130,000 dólares, esperaba atraer una nueva población de compradores no tan adinerados y también ganar más dinero para los constructores de los apartamentos. La propiedad fraccionada de aviones privados había sido durante mucho tiempo un negocio rentable dentro de la aviación, así que Dering fue en parte imitador y en parte innovador al intentar aplicar el mismo concepto a los inmuebles turísticos.

Dering reunió un equipo de desarrollo, financiación asegurada, y había vendido reservas por valor de diez millones de dólares para su primer proyecto cuando su inversor japonés se retiró debido a una crisis financiera en Asia. Aunque el proyecto fue a la quiebra y Dering tuvo que devolver todos los depósitos a los decepcionados compradores, su récord de ventas le animó a ver que estaba sobre algo. Así que lo intentó de nuevo y se asoció con otro equipo de desarrollo que ya tenía un complejo de apartamentos en construcción en una estación de esquí.

Mientras Dering acumulaba ventas para el nuevo proyecto, sus socios se dieron cuenta de que estaba en una posición vulnerable. Renegociaron una rebaja de sus ganancias, y Dering cedió porque estaba desesperado para demostrar la rentabilidad de vender inmuebles vacacionales de propiedad fraccionada. Vendió todas las unidades por un total de veintidós millones de dólares, nueve millones más de lo que hubieran sacado los constructores si los hubieran vendido a propietarios individuales. Pero Dering se quedó con una parte muy pequeña del beneficio porque sus socios, como la parte con el menor interés, le habían exprimido hasta que su patrimonio desapareció o fue devorado por los gastos.

«No estaban probando el valor de mis convicciones a propósito», nos contó Dering, «pero así es como resultó». El proyecto dejó a Dering casi arruinado. Su única salida era encontrar nuevos socios e intentarlo de nuevo, y luego otra vez. Al final de la década, su compañía DCP International estaba involucrada en docenas de proyectos de propiedad fraccionada, algunos valorados en más de cien millones de dólares, por toda América del Norte y Europa.

Puede que Dering no hubiera superado toda la frustración y decepción que enfrentó en sus primeros años en el sector inmobiliario si no hubiese tenido la convicción de que los reveses son inevitables y que vale la pena perseverar. Hemos descubierto que los millonarios hechos a sí mismos sostienen creencias absolutamente coherentes en este sentido. Aproximadamente nueve de cada diez dicen que la perseverancia es muy importante para el éxito financiero y cerca de ocho de cada diez están de acuerdo en que «el fracaso es importante para convertirse en rico». La clase media, sin embargo, se divide curiosamente en estos dos puntos. Sus respuestas a la encuesta muestran que mientras siete de cada diez están de acuerdo con la importancia de la perseverancia, menos de dos de cada diez creen en la importancia del fracaso. El problema con esa línea de pensamiento es que la perseverancia no puede existir sin el fracaso. ¿Quién persiste ante el éxito?

Los encuestados de clase media dijeron carecer de fe en el valor del fracaso y eso se nota claramente en sus acciones. Los resultados de la encuesta revelan que los miembros de la clase media casi siempre responden al fracaso renunciando. Más de la mitad dicen que normalmente reaccionan a un revés serio o fracaso «renunciando y enfocándose en otros proyectos». Otros tres de cada diez dicen que ellos «lo intentan de nuevo, pero en un campo diferente», lo cual, como veremos después, es lo mismo que renunciar. Los millonarios hechos a sí mismos, por otro lado, reaccionan al fracaso como Neeleman o Dering: se levantan y acometen de nuevo con lo que sea que les haya derribado. Más de ocho de cada diez millonarios hechos a sí mismos dijeron que su respuesta más común a un revés serio o un fracaso es intentarlo de nuevo en el mismo campo. Solo uno de cada diez de la clase media dice que comparte esta respuesta persistente ante al fracaso de «intentarlo e intentarlo de nuevo».

Le comentamos a Dering los resultados y se asombró por la respuesta de la clase media. Si no vuelves atrás e intentas la misma cosa después de dos o tres fracasos, explicó, «entonces no obtienes ninguno de los beneficios de aprender de lo que salió mal». Ciertamente Dering no contaba con que su primera empresa inmobiliaria se fuera a la quiebra, pero siempre supo que era una posibilidad. Para cuando hubo superado la dolorosa experiencia de devolver los diez millones de dólares en depósitos, se consoló con los cientos de cosas que había aprendido a hacer bien mediante el ensayo y error. Había descubierto la mejor forma de exponer las perspectivas, había refinado sus argumentos de venta y descubierto qué servicios eran más importantes para sus compradores. Al final de su segundo proyecto, Dering también había aprendido algunas lecciones nuevas y dolorosas acerca de las asociaciones. Pero había alcanzado su objetivo de completar un proyecto de propiedad fraccionada. Sobrevivió, aunque a duras penas, y después tuvo éxito en su tercer y cuarto intento.

La historia de Dering ayuda a ilustrar por qué los millonarios hechos a sí mismos están tan seguros de que el fracaso es importante y a veces inevitable. Tienes que intentar cosas arriesgadas y difíciles porque ahí es donde está el dinero. Los traspiés de Dering fueron un testimonio del potencial sin explotar de la propiedad fraccionada. Si no hubiera riesgos y fuera fácil vencer el escepticismo del comprador acerca del concepto, otros agentes inmobiliarios se hubieran lanzado a la propiedad fraccionada años antes. Si la obtención de financiamiento para semejante proyecto inusual fuera una tarea sencilla, Dering no habría tenido que confiar en su precario inversor japonés. Vender fracciones de una sexta parte de un apartamento es un trabajo duro porque tienes que exponer seis veces otras tantas perspectivas, cerrar seis ventas por cada unidad y sufrir seis veces los rechazos y las angustiosas ventas perdidas en el último momento. Los riesgos, las incógnitas y las dificultades fueron lo suficientemente desalentadoras para mantener al resto de agentes inmobiliarios a distancia, lo cual explica por qué la propiedad fraccionada marcó un inicio y una oportunidad para Dering.

Sea cual sea la línea de trabajo en la que estés, si buscas seguir el camino de la brillantez en los negocios sufrirás algunos reveses y fracasos. Esto se debe a que ese camino te presentará desafíos que asustan a muchos otros en tu campo. Ir a donde los demás temen pisar es lo que te diferencia. Confirma tu valor único y al final puede hacerte rico. Piensa en las frustraciones que Guy Laliberté enfrentó y los sacrificios que hizo mientras ponía en marcha su circo. Recuerda cómo Warren Buffett tuvo que superar su timidez y soportar las críticas y el rechazo con el fin de conseguir dinero para sus primeras asociaciones. Cuando Bill Gates cumplió con la estricta fecha de entrega del MS-DOS para IBM después de meses de trabajo, el software contenía tantos errores que tuvo que ser reescrito por completo. ¿Cuántas correcciones de errores enloquecedores tuvieron que realizar Gates y su equipo antes de entregar lo que sabían que era un producto chapucero?

Estos períodos de lucha, frustración y fracaso equivalen a lo que Seth Godin denomina «el abismo». Él lo define como «el largo esfuerzo entre el inicio y el dominio... el largo trecho entre la suerte del principiante y el logro real». Es el proceso de eliminación que evita que todos excepto los más tenaces alcancen la cima de cualquier campo, que es donde está el dinero. «La gente exitosa no sobrevive simplemente al abismo», escribe Godin en *El abismo*. «Se apoyan en él. Trabajan más duro, cambiando las reglas sobre la marcha».

Si fallas a la hora de apreciar esta relación entre el fracaso y el éxito, es probable que sigas cambiando de proyecto constantemente cada vez que las cosas se pongan feas. Un montón de gente talentosa y trabajadora comete este error porque es algo natural sentir ganas de renunciar cuando empieza a doler. De nuevo, en palabras de Godin, «Incontables emprendedores han perfeccionado la parte inicial pero abandonan antes de cumplir con sus deberes». El éxito, dice, pertenece a las pocas personas que se enfocan, que superan el dolor del fracaso y siguen esforzándose. «El abismo provoca escasez», escribe. «Y la escasez crea valor».

El capítulo 4 se refirió al modo en que los medios de comunicación resaltan las historias sobre compañías con «grandes ideas» innovadoras, a pesar de que la gran mayoría de negocios exitosos son imitadores que ejecutan ideas ordinarias. De manera similar, aunque los medios adoran una buena historia ingeniosa, la mayoría de historias sobre negocios se centran en los éxitos brillantes que evitan los detalles crudos de los reveses y fracasos que han ensombrecido el crecimiento de cualquier empresa de éxito. Si la clase media no cree que el fracaso es importante para el éxito, en parte podría ser porque los medios de comunicación rara vez se preocupan por contar esa historia.

Las compañías exitosas tampoco están muy dispuestas a recordarle al público sus fracasos pasados. Por ejemplo, Pixar Animation reina actualmente como el estudio de películas más exitoso en toda la historia del cine. Desde el estreno de *Toy Story* en 1995, nunca ha tenido un fracaso de taquilla. Cada una de sus doce películas ha obtenido beneficios enormes, y *Toy Story 3* recaudó mil millones de dólares en todo el mundo. En la página web de Pixar, la historia de su auge espectacular está registrada en un cronograma interactivo. La fecha de lanzamiento y la lista de premios de cada una de las películas de la compañía están catalogadas año por año, incluyendo un puñado de cortometrajes animados por ordenador realizados en la década de los ochenta, algunos de los cuales solo duran un par de minutos.

Lo que falta en este cronograma es el hecho de que cuando Pixar se fundó, la intención no fue nunca la de ser un estudio de cine. Hasta 1991, Pixar era una compañía de hardware de ordenador que construía enormes y caras máquinas de imágenes en 3-D y las comercializaba con su software especial para el gobierno, grandes empresas y las industrias de la salud y la educación. La producción de largometrajes llegó a Pixar por casualidad. Antes de 1988, la única razón por la que la empresa contrataba a personal de animación era para producir pequeños cortos promocionales que ayudasen a vender más ordenadores.

Steve Jobs, el legendario cofundador de Apple Computer, acababa de ser despedido del cargo de director ejecutivo de Apple en 1984 cuando compró Pixar por cinco millones de dólares. Jobs esperaba desarrollar el escáner de 125,000 dólares Pixar Imaging Computer y convertirlo en un artículo obligado para la industria de la defensa, compañías petroleras, hospitales y científicos de investigación universitarios. Como recordó un executivo de Pixar más tarde, «la visión de Steve fue que íbamos a colonizar el mundo con Image Computers». Cuando la empresa introdujo el software de 3-D llamado RenderMan, Jobs escribió que «el renderizado es extremadamente importante ahora, puesto que esperamos que sea una parte estándar de todos los ordenadores para los próximos doce o veinticuatro meses». Él pensaba que todos los hogares pronto estarían poniendo imágenes fotorrealistas en 3-D en sus impresoras de sobremesa de inyección de tinta.

Decir que Jobs calculó mal es un eufemismo. No solo no hubo apenas demanda de RenderMan, sino que las ventas de Pixar Imaging Computer fueron empeorando poco a poco hasta ser nulas. Las empresas no estaban listas para meterse en algo tan caro, tan nuevo y por probar, y eso era especialmente cierto para la industria médica. Jobs pensó que las imágenes en 3-D podrían reemplazar los tac bidimensionales en los hospitales, pero los radiólogos prefirieron aferrarse a lo que ya conocían. Pixar empezó a quedarse sin dinero.

Hasta 1988, el equipo de animación de Pixar nunca había ganado ni un céntimo para la compañía. La unidad había hecho una serie de películas cortas e ingeniosas con la única intención de mostrar las capacidades del 3-D de los productos de Pixar. Pero cuando un nuevo director ejecutivo se unió a la compañía ese año, se reunió con los animadores y les dijo que con la empresa en una crisis de liquidez, tenían que empezar a cumplir su parte. Por pura desesperación, Pixar empezó a hacer anuncios de televisión para empresas como Tropicana y Listerine. Mientras tanto, el equipo de animación encontró tiempo para producir un nuevo cortometraje para promover la última versión del software RenderMan. La película de cuatro minutos, titulada *Tin Toy*, acabó ganando el Oscar al mejor cortometraje de animación en 1989.

En 1991, Pixar despidió a casi todos sus empleados y cerró la fabricación de Pixar Image Computer. La compañía mantuvo solo al equipo de animación porque en aquel momento los anuncios estaban consiguiendo dos millones de dólares al año en ingresos. Más tarde, en 1991, los representantes de Disney quedaron tan impresionados con *Tin Toy* y los anuncios de Pixar que le ofrecieron a la compañía un contrato de veintiséis millones de dólares para producir tres largometrajes. Se necesitaron cuatro agotadores años para completar la primera, *Toy Story*. La película casi se descartó en mitad de la producción porque Disney y Pixar estaban en disputa por el guión.

Cuando *Toy Story* fue finalmente estrenada en 1995, Steve Jobs dijo que esperaba que la película recaudase cien millones de dólares, porque entonces Pixar al fin podría obtener beneficios después de once años de esfuerzos. *Toy Story* recaudó 365 millones de dólares, y las siguientes cuatro películas de Pixar aun fueron mejor. En total, las cinco primeras películas de animación de Pixar consiguieron más de 2,500 millones de dólares, dándole al estudio el mejor promedio de taquilla en toda la historia de Hollywood. En enero de 2006, Disney compró Pixar por 7,600 millones de dólares. Steve Jobs, con su 50.1 por ciento de participación en la compañía, se convirtió en multimillonario por segunda vez, en una industria en la que jamás había tenido la intención de entrar.

Esa es una gran historia de paciencia, persistencia y tenacidad, ¿verdad? Destila brillantez para los negocios por todos los costados. «Esto demuestra cómo las pequeñas cosas, bien hechas, pueden dar lugar a grandes cosas», escribió David A. Price en su extraordinario libro *The Pixar Touch* [El toque de Pixar]. Price también menciona que cada uno de los actores principales que siguieron este enrevesado camino hacia el éxito, incluido Jobs, «fue, según los estándares convencionales, un fracaso en el momento en que llegó a la escena». En realidad es el tipo de historia sobre perdedores que se convierten en ganadores contra todo pronóstico que se ha convertido en estándar de las películas de Pixar.

También es una historia que Steve Jobs evitaba contar. Cuando apareció en el show de *Charlie Rose* en 1996, Jobs dio la siguiente versión excéntricamente exagerada sobre cómo nació Pixar:

Me involucré por primera vez... cuando escuché acerca de este increíble grupo de especialistas en gráficos por ordenador que George Lucas había reunido en Lucasfilm y que quería vender. Y así vi lo que estaban haciendo. Y conocí al líder de este grupo, el doctor Ed Catmull. Y Ed me contó su sueño, que era hacer el primer largometraje animado por ordenador algún día y me mostró en lo que estaba trabajando su equipo. Y yo quedé deslumbrado... así que decidí apostar por ese sueño, tanto espiritualmente, si se quiere, como financieramente. Y compramos la división de ordenadores de George y la incorporamos a Pixar... nos costó diez años llevarlo a cabo. Fuimos pioneros en cada paso del camino.

Esa es la historia de Pixar que Jobs le vendió al público en 1996, dejando fuera del guión todo el tiempo y dinero que Jobs perdió con sus computadoras Pixar no deseadas. Cuando el escritor Walter Isaacson estaba entrevistando a Jobs para su biografía autorizada, sin embargo, el fundador de Apple fue un poco más humilde acerca de cómo los estudios Pixar fueron una accidente que estuvo a punto de no suceder. Isaacson escribió:

Al reflexionar sobre el pasado, Jobs aseguró que, de haber sabido lo que iba a ocurrir, se habría centrado antes en la animación, dejando de lado las aplicaciones de software o los diseños de hardware de la empresa. Pero, por otra parte, si hubiera sabido que el hardware y el software de Pixar nunca llegarían a ser rentables, no habría invertido en la compañía. «La vida me puso en una posición comprometida en la que tuve que seguir aquel camino, y quizá haya sido mejor así».

➤ La verdad acerca del fracaso

Pixar comenzó con grandes empleados y una tecnología de última generación. Lo que no tenía era un camino seguro hacia la rentabilidad. Esa es la pieza del puzle que llevó once años desalentadores de ensayo y error encontrar. Durante esos años, solo hubo una cosa que Steve Jobs hizo de forma regular para forzar las probabilidades a favor de Pixar. Se abrió paso a través de la adversidad. El éxito definitivo de Pixar no fue el resultado de las pruebas de producto, la investigación de mercado o los avances técnicos. Pixar se convirtió en el mayor estudio de cine de toda la historia por seguir las oportunidades, de un fracaso aplastante a otro, hasta que la realización de largometrajes demostró ser la mejor y más rentable aplicación de la tecnología de vanguardia de la compañía.

Ellen Langer, profesora de psicología en Harvard, es la principal defensora del concepto de «concienciación» como método para afrontar los reveses y los fracasos. A partir de sus estudios sobre la creatividad y el aprendizaje, Langer dice que demasiado a menudo las personas se frustran por una tarea específica en la cual han fracasado, cuando el enfoque más productivo es pensar más allá de la intención original. Si eres consciente de que el fracaso puede también haber dado lugar a algunas nuevas posibilidades inesperadas, es más probable que contemples el fracaso con una mente abierta. Langer señala que las primeras máquinas de nieve instaladas en las pistas de esquí eran adaptaciones de un diseño fallido para rociar las cosechas. El minoxidil era una medicación para la hipertensión que provocaba algunos efectos secundarios desafortunados. Se necesitó pensamiento creativo y un poco de trabajo duro para convertir uno de esos efectos secundarios (el crecimiento no deseado del vello) en un tratamiento contra la alopecia conocido como Rogaine.

El éxito en ambos casos requirió la consideración atenta de algunos resultados funestos (insecticida congelado y vello no deseado) y un poco de pensamiento creativo sobre las opciones que presentaban. La vacilante entrada de Pixar al negocio de la producción de películas siguió la misma ruta general. Imagina que esos ordenadores Pixar Image Computer de

125,000 dólares hubiesen sido un éxito. El equipo de animación de Pixar se habría quedado como una parte del personal de apoyo de una compañía informática, en vez de convertirse en los magnates de Hollywood que son hoy en día.

El problema con la prescripción de Langer es que a la mayoría de la gente no le gusta pensar en sus fracasos en absoluto. Sobre todo se resisten a pensar en el fracaso el tiempo suficiente para hacer algo productivo con él. La literatura de psicología muestra que la experiencia del fracaso amenaza los sentimientos de autoestima y de confianza en uno mismo en la mayoría de personas. Por otro lado, la investigación muestra que se sienten mucho mejor si, habiendo fallado en una tarea, se les permite cambiar de tema con rapidez. Cuando nueve de cada diez miembros de la clase media dicen que responden al fracaso renunciando y haciendo algo distinto, debo asumir que este instinto de huir del fracaso es en parte lo que les motiva. Menos de dos de cada diez personas de clase media dicen que el fracaso es importante para indicarles en lo que son buenos (como sucede en siete de cada diez millonarios hechos a sí mismos). Cuando la literatura de psicología se combina con los resultados de nuestra encuesta, debo concluir que para la mayoría de los de clase media, el fracaso es tan doloroso que no quieren merodearlo el tiempo suficiente para aprender de él.

Siempre que algo falla, ya sea un negocio o una tostadora, el fracaso crea incertidumbre sobre qué hacer a continuación. Puede que te preguntes por qué no funcionó, si vale la pena arreglarlo o si puedes apañártelas sin ello. Los estudios de Langer muestran que, en general, la mayoría de las personas se sienten incómodas incluso con niveles triviales de incertidumbre. Les da la desagradable sensación de que no tienen el control sobre sus vidas. Pero de una perspectiva consciente, Langer escribe, «la incertidumbre crea la libertad para descubrir el significado». El éxito puede darte dinero, pero el fracaso te hace pensar.

Para la mayoría de millonarios hechos a sí mismos, el fracaso es una fuente inagotable de oportunidades, porque cada decepción produce una variedad tan amplia de resultados inesperados (lecciones, experiencia, relaciones) que puede ser un desafío atrayente tamizar las cenizas y ver qué se puede hacer con ellas. Para algunos, una carrera como la David Neeleman les puede parecer caótica y llena de intolerable incertidumbre. Pero Neeleman es un ejemplo vivo de cómo una respuesta consciente al fracaso puede cosechar enormes recompensas y crecimiento personal. Mediante las victorias prominentes y las espantosas derrotas, podemos ver cómo cada uno de sus triunfos fue moldeado en gran parte por las lecciones que aprendió y el significado que obtuvo de todos sus fracasos previos.

Volviendo a 1983, Neeleman vivía en Salt Lake City y dirigía una agencia de viajes especializada en paquetes de vuelo y hotel a Hawái. Acababa de abandonar la universidad, tenía veinte empleados, ninguna deuda y ocho millones de dólares anuales en ingresos cuando, en diciembre de ese año, la aerolínea Hawaii Express se declaró en bancarrota de repente. La agencia de Neeleman dependía de los vuelos de Hawaii Express para casi todos sus paquetes de viajes, así que cuando la compañía aérea dejó de volar y los hoteles de Hawái se negaron a devolverle a Neeleman los anticipos, su compañía de viajes se quedó sin dinero y tuvo que cerrar.

Sentirse desanimado es una respuesta natural ante el fracaso y Neeleman no era diferente del resto de la gente. Estaba tan desmoralizado por la pérdida repentina de su compañía que pensó en mudarse a Arizona y unirse al negocio de tapicería de su familia política. Pero el jefe de Morris Travel, la agencia de viajes más grande de Utah, tomó a Neeleman y le ofreció una oportunidad para redimirse. Neeleman pronto se dio cuenta de que el único error real que había cometido con su malograda agencia era que la había dirigido con demasiado poco capital. Cuando Hawaii Express se desplomó, Neeleman no tenía suficientes reservas de efectivo para capear el temporal. Ese fue un error que jamás volvió a cometer.

De 1984 a 1993, Neeleman ayudó a convertir Morris Travel en una compañía aérea de pleno derecho llamada Morris Air. Dirigía veintitrés aviones que daban servicio a los estados del oeste, cuando su principal preocupación sobre la aerolínea en crecimiento era sus reservas de efectivo cada vez más escasas. Persuadió a la familia Morris para poner más dinero en la empresa y entonces buscó a otros inversores y recaudó otros catorce millones de dólares extra, que finalmente la compañía nunca tuvo que tocar.

Eran tiempos difíciles para la industria aérea en 1993. Pero Morris Air fue una de las dos únicas compañías aéreas en Estados Unidos en obtener beneficios ese año, y Southwest Airlines respondió ofreciendo comprar la empresa por 129 millones de dólares. Neeleman idolatraba al fundador de Southwest, Herb Kelleher. Él creó Morris Air con Southwest en mente, y copió el enfoque y las prácticas de Kelleher en todo lo que pudo. Ahora con la venta de Morris Air, Neeleman poseía veinticinco millones de dólares en acciones de Southwest y tenía un nuevo puesto como vicepresidente ejecutivo. En ese momento, Kelleher veía a Neeleman como un alma gemela. Según la biografía de Neeleman, Kelleher le dijo: «Necesitamos un tipo como tú».

Pero el impetuoso Neeleman demostró no ser adecuado para la pesada cultura corporativa de Southwest. Él tenía grandes planes para mejorar el anticuado sistema de venta de billetes de Southwest, pero descubrió que la política de la compañía era dejar que los competidores lucharan con las tecnologías de riesgo no probadas. Sus otras ideas fueron igualmente rechazadas o ignoradas. Neeleman se fue frustrando con las interminables reuniones del comité de dirección ejecutiva y los ejecutivos de Southwest se fueron frustrando con Neeleman. Cinco meses después de que Neeleman empezara, Kelleher lo llevó a comer y lo despidió. «Eres un pesado», le dijo su ídolo.

Cargado con un acuerdo de cinco años que le prohibía trabajar en aerolíneas de la competencia, Neeleman tomó algunos de sus millones y se consoló aventurándose en el capital de riesgo. Perdió dinero con una panadería de *pretzels*, un fabricante de productos para el cuidado de la piel y un gimnasio, entre muchos otros. La lección que aprendió fue que debía aferrarse a lo que conocía y amaba. Entró en dos negocios en la industria aérea que no competían con Southwest, cofundando una compañía de venta de billetes automatizada y trabajando para una operadora en Canadá, donde Southwest no volaba.

Para 1999, cuando ya era libre para conseguir dinero para poner en marcha JetBlue, Neeleman había aprendido duramente tres lecciones de sus fracasos anteriores: sobrecapitalizar, hacer lo que amas y ser tu propio jefe. JetBlue despegó en el 2000 con 130 millones de dólares en inversión de capital, la mayor capitalización inicial en la historia de las líneas aéreas. Entonces la aerolínea lanzó una oferta de acciones en un tiempo récord, asegurándole al presidente ejecutivo David Neeleman 118 millones de dólares en el día del pago. En 2007, JetBlue ya era la octava mayor operadora de Estados Unidos y sus acciones negociaban cerca de cuarenta veces las ganancias obtenidas, hasta el día en que aquella lluvia helada congeló el trabajo de Neeleman.

Aunque Neeleman les dijo a los medios de comunicación en 2008 que no tenía intención de empezar otra aerolínea, su cuarta lección del fracaso fue que si alguna otra vez ocupaba el cargo de director ejecutivo, mantendría el control de la votación sobre la junta. En 2009, un grupo de inversionistas se le acercó con una oferta para iniciar una nueva operadora en Brasil y estuvieron de acuerdo con los términos de Neeleman. Él pondría quince millones de dólares de su propio dinero y ellos pondrían 135 millones, pero él tendría el ochenta por ciento de los derechos de voto de la junta directiva. Le dijo a *Fortune*: «Lo he dispuesto para que nunca más vuelvan a darme un puñetazo en el estómago».

Hay otro modo de ver la sucesión de fracasos de Neeleman. Podrías llegar a la conclusión de que Neeleman es un poco desastre. ¿No debería haber sabido que necesitaba más efectivo antes de que su primer negocio fracasase? ¿No era obvio que siendo un emprendedor acabaría odiando trabajar para una corporación como Southwest? ¿Y no imaginaba que se supone que un director ejecutivo es sensible a las decisiones de la junta directiva?

La respuesta a todas estas preguntas es sí, Neeleman es un poco desastre. Es impulsivo y obsesivo. No fue hasta que cumplió los treinta y tres años que fue diagnosticado con un trastorno de déficit de atención. Pero ninguno de estos rasgos explica por qué se descapitalizó, decidió trabajar en Southwest o dejó su junta de JetBlue al margen.

Ninguno de los repuntes de Neeleman fue nunca una simple cuestión de volver a hacer lo que no había podido hacerse en el último intento. Cada vez que regresó de un fracaso, tenía una perspectiva y un enfoque distintos. Era una persona diferente. Con el fin de aprender de las malas decisiones empresariales, siete de cada diez millonarios hechos a sí mismos dicen que el cambio más importante que hacen es en su interior. Menos del dos por ciento dicen que intentan cambiar el comportamiento de sus socios.

Mantienen el enfoque en sí mismos.

Cambiar tu comportamiento no se hace por casualidad. Así que aunque pudiera parecer sencillo en retrospectiva decir que Neeleman debería haber sabido que su primer negocio necesitaba más reservas de efectivo, pocos propietarios de pequeños negocios están dispuestos a recaudar dinero destinado a ahorrar para los tiempos difíciles. Y nada podría haber preparado a Neeleman para su breve e infeliz estancia en Southwest. Si hubiera desaprovechado la oportunidad de trabajar con su ídolo Kelleher (y posiblemente sucederle como director ejecutivo) siempre lo habría lamentado. Respecto a JetBlue y su junta, sin duda Neeleman sentía que JetBlue era su bebé y que nadie osaría nunca arrebatárselo.

Lo que hace del fracaso algo tan doloroso es lo mismo que lo hace tan instructivo. El dolor del fracaso produce una prima si lo manejas correctamente. Randy Komisar, un veterano de Silicon Valley del boom de la tecnología y los años del colapso, lo expresa así: «Tienes que sentirlo si vas a aprender de él... Al final, el único modo real y verdadero de sacar valor de tu dinero del fracaso, *es que sea el tuyo propio*. Y eso es en gran parte debido a ese vacío en el estómago, la decepción de 250 personas cuyas vidas y familias dependen de ti, la inquietud de los miembros de la junta. Tienes que sentirlo». Hoy Komisar es socio de una de las empresas de capital privado del valle. En una serie de conferencias que grabó en video en la escuela de negocios de la Universidad de Stanford, Komisar aconsejaba a los estudiantes ver el «fracaso constructivo» como una manera de afrontar los reveses, intentarlo de nuevo y después «tomar tu experiencia y sacar provecho de ella como un activo».

En algunas industrias, como la tecnología o las farmacéuticas, este proceso de fracaso constructivo es una necesidad. Pero en el resto del mundo corporativo, el fracaso tiene muy pocos amigos. Amy Edmondson, profesora de la Escuela de Negocios de Harvard y una autoridad en el fracaso dentro las organizaciones, escribe: «La idea de que las personas y las organizaciones en las que trabajan deberían aprender del fracaso tiene un apoyo popular considerable, e incluso parece obvio, pero las organizaciones que aprenden sistemáticamente del fracaso son escasas». Otro profesor de Harvard, Stefan H. Thomke, dice que cuando habla ante grupos empresariales «intento ser provocador y digo: "El fracaso no es algo malo". Siempre tengo a montones de personas mirándome fijamente [pensando] "¿Has perdido la cabeza?"».

Las empresas públicas interesadas en atraer inversores y proteger el precio de sus acciones prefieren mantener sus fracasos en privado si pueden. Incluso Pixar, un estudio extremadamente exitoso con una reputación de oro, básicamente ha reescrito su historia y ha borrado casi todas las referencias incidentales a la fallida Pixar Image Computer, de la cual la compañía tomó su nombre. Un tercio de los directores ejecutivos de las compañías con un mayor crecimiento enumerados en la revista *Inc.* dicen que empezaron sus empresas después de ser despedidos de sus empleos anteriores, y fundadores de empresas emblemáticas como W. H. Macy, Henry J. Heinz y el Coronel Harland Sanders fueron legendarios por su perseverancia y determinación para superar los fracasos. Pero es improbable que cualquiera de estas compañías prosiga el legado de sus fundadores y se declaren como lugares donde el fracaso es el camino hacia el éxito.

Los hallazgos más alarmantes del trabajo de Edmondson acerca del fracaso organizacional han sido los resultados de su investigación en hospitales. Mientras estudiaba una unidad de enfermería especialmente bien dirigida, encontró que las tasas de error notificadas eran inesperadamente altas. Esto no tenía sentido, así que escarbó más y descubrió que las unidades de enfermería mal dirigidas estaban cometiendo muchos más errores, pero optaban por no informar de la mayoría de ellos. A pesar de todas las declaraciones públicas de los funcionarios de hospital acerca de los programas de seguridad y los regímenes para garantizar la calidad, los hospitales que Edmondson estudió no estaban aprendiendo de los errores que sus trabajadores encontraban. Descubrió que más del noventa por ciento de los errores, cuando salían a la luz, eran remediados con rápidas soluciones provisionales de forma que ni el hospital ni el resto de trabajadores podían aprender por qué, dentro del sistema hospitalario, se habían originado cualquiera de esos errores.

Estos resultados evocan la historia del capítulo 1 en relación al doctor Richard Shannon y su campaña para llevar el registro de calidad de fabricación de Toyota a la unidad de cuidados intensivos de su hospital. Él descubrió que aunque varias decenas de pacientes morían anualmente en la unidad debido a las infecciones, nunca había habido un esfuerzo para identificar qué estaba sucediendo. El personal de Shannon reveló que la mayoría de muertes estaban relacionadas con los catéteres sanguíneos que se les insertaban a los pacientes en la zona de las ingles. En un esfuerzo concertado para prevenir las infecciones, Shannon hizo que se cambiasen todos los catéteres al hombro de los pacientes, y las muertes por infección se redujeron a cero.

A día de hoy, pocos hospitales han siquiera intentado imitar el gran éxito de Richard Shannon en el control de las infecciones. La medicina sigue siendo un campo que se resiste a aprender del fracaso ya que, en primer lugar, se resiste incluso a reconocerlo.

➤ La fe en el fracaso

La creencia de que el fracaso es necesario para el éxito, una creencia compartida entre los millonarios hechos a sí mismos pero no entre la clase media, podría ser el mayor hallazgo que nuestra encuesta haya desvelado. Creer que el fracaso puede ser bueno, que funciona, es esencial para desarrollar tu brillantez en los negocios.

Yo lo llamo fe en el fracaso. Es la convicción de que el fracaso puede dar resultados cada vez que intentas alcanzar y lograr algo especial, que el fracaso proporciona lecciones y beneficios imprevistos, y que el fracaso establece unos obstáculos con los que seguramente tus competidores tropezarán.

Piensa por un momento en dos o tres de los hábitos, rasgos y actitudes de los millonarios hechos a sí mismos que te han inspirado más. Ahora considera lo que la fe en el fracaso añade a la suma. Cada talento especial que se encuentra entre los millonarios hechos a sí mismos como pensadores, estrategas, negociadores, trabajadores en red que saben delegar, se hace más fuerte cuando se une a la simple creencia de que el fracaso es necesario para el éxito.

Cuando tienes fe en el fracaso, cuando estás cómodo con la idea de fallar, tiene sentido arriesgarse a fracasar *siempre que el coste del fracaso sea poco o ninguno*. La fe en el fracaso pone en perspectiva cualquier miedo que puedas tener sobre el rechazo personal, porque el rechazo es una forma de fracaso que no tiene aspectos negativos. Cuando no consigues el trabajo, no ganas nuevos clientes o fallas al hacer la oferta ganadora, considéralo un entrenamiento para el próximo intento.

Has perfeccionado tu estrategia, has aprendido algo nuevo y tal vez has hecho un par de nuevos contactos. El rechazo es un fracaso de coste cero. Y puesto que el riesgo de rechazo solo ofrece ventajas, podrías salir y arriesgarte a tanto rechazo como puedas.

La fe en el fracaso te dice que pidas más de una vez una participación en el capital de tu trabajo porque no hay un riesgo negativo en preguntar. Te dice que pidas un aumento y que aproveches la solicitud para conseguir ofertas de trabajo en otros sitios. Invitas a otra gente a invertir contigo porque eso te protege si tu negocio fracasa. Negocias duro para asegurar que un trato es justo porque necesitas maximizar tus ventajas y proteger tus desventajas, puesto que todo acuerdo conlleva un riesgo de fracaso. Delegas todo lo que puedes y te centras en lo que crea más valor. Y, finalmente, si crees que el fracaso es necesario para alcanzar el éxito, entonces considerarás cada traspié en tu proceso, cada llamada perdida y cada metedura de pata con un poco más de cuidado, con un ojo apreciativo de «¿Qué podemos hacer con esto?». En palabras de Ellen Langer, la fe en el fracaso te permite «descubrir el significado» en situaciones donde otros pueden experimentar solo dolor, pérdida y decepción.

¿Y si careces de fe en el fracaso? ¿Si *no* crees que el fracaso es necesario? Todo va en dirección opuesta. Si no aceptas el objetivo o propósito en el rechazo y el fracaso, siempre tenderás a quedarte atrás y a mantenerte alerta para las oportunidades de bajo riesgo e indoloras. No pedirás una participación en tu trabajo ni un aumento a menos que te sientas seguro de que la respuesta será sí. Sueñas con una gran idea que no puede fallar, en lugar de tratar de producir el éxito en un campo que ya conoces bien. Solo inviertes tu propio dinero porque pedirle a otra persona que arriesgue su dinero contigo conlleva demasiado riesgo de rechazo. Intentas establecer negociaciones buscando el «todos ganan» porque te importa lo que la otra parte piensa de ti. No te gusta delegar tu trabajo porque temes ceder el control. Y por último, renuncias cada vez que fracasas en algo porque piensas que esa es la respuesta lógica y razonable. El hecho de que fracases es evidencia suficiente de que el proyecto era incompatible contigo o no valía la pena. No es necesario ahondar más. No hay necesidad de llorar sobre la leche derramada. Solo intenta olvidar lo que ha sucedido.

He señalado antes que en lo que respecta al dinero, los millonarios hechos a sí mismos y la clase media parecen vivir en mundos separados. Cuando se trata del fracaso, viven según códigos distintos. Los millonarios hechos a sí mismos creen que «cualquier cosa que vale la pena intentar vale la pena probarla una, y otra y otra vez». La clase media cree que «nada que fracase en el primer intento vale la pena probarlo una segunda vez». La actitud de la clase media parece decidida a sufrir todo el dolor y el trabajo duro del fracaso sin disfrutar ninguno de los beneficios de la verdadera persistencia. Es como el viejo cuento del chico que cruzó medio río a nado, decidió que no podía hacerlo y volvió a cruzarlo a nado de regreso.

Si revisas los capítulos anteriores de este libro, empezando por las ideas del doctor Shannon acerca de usar los métodos de una planta de producción para salvar vidas en su hospital, verás que la perseverancia y la fe en el valor productivo del fracaso fueron un factor crucial en todas las historias de éxito que he contado. Es el fracaso del circo de Guy Laliberté en su primera gira por Canadá, el trabajo de camarero de Paul Green para mantener su escuela de *rock and roll* y la pérdida de una quinta parte de los ahorros de Warren Buffett en una gasolinera fallida. A veces, el fracaso doloroso y humillante ha sido un hecho de la vida para todos los millonarios y multimillonarios hechos a sí mismos.

Todo fracaso es doloroso, pero la diferencia es que para los millonarios hechos a sí mismos el dolor del fracaso es como una visita al dentista. Sabes que hay que ir de vez en cuando, no lo anhelas, pero estarás mucho mejor cuando lo hayas pasado. Para la clase media, el fracaso es más como un puñetazo en la boca. Es algo que jamás debería haber ocurrido, te toma por sorpresa, es humillante y doloroso, y te gustaría olvidar que sucedió alguna vez.

Aquí hay un giro inesperado en la encuesta de Brillantez para los Negocios que he dejado para el final de este capítulo. Casi todo el mundo en nuestra encuesta informó de al menos un revés o fracaso, incluyendo el setenta por ciento de la clase media y el ochenta por ciento de los millonarios hechos a sí mismos. Cerca de un ochenta por ciento de millonarios hechos a sí mismos también dicen que tienen socios que han experimentado fracasos y reveses, lo cual parece lógico. Pero he aquí la sorpresa. Entre los encuestados de clase media, solo un veinte por ciento dicen que tiene socios que han experimentado al menos un revés o fracaso.

Piensa en eso por un momento. Alrededor del setenta por ciento de la clase media ha experimentado el fracaso, pero solo el veinte por ciento dicen que conocen a alguien que ha fracasado. La discrepancia entre estos dos números sugiere que cuando la gente de clase media fracasa, la mayoría trata de no decírselo a ningún conocido. Si forman parte de una cultura corporativa que frunce el ceño ante el fracaso, no lo sé. Pero sí sé, por experiencia personal, que si vas a experimentar el fracaso, es mejor hacerlo con compañeros que ya hayan pasado por ahí, que compartan la fe en el fracaso y de que todo cuenta para mejor, aunque no siempre se sienta de esa forma.

Por un lado, las conversaciones sobre el fracaso casi siempre son más productivas que las discusiones acerca del éxito. No te fíes solo de la palabra. Amy Edmondson, residente de Harvard experta en el fracaso, lo expresa así: «Cuando uno se enfrenta a un camino incierto hacia adelante, intentando algo que fracasa y después investigando qué es lo que sí funciona es la verdadera esencia de un buen desempeño. Un desempeño extraordinario, sin embargo, es intentar algo que fracasa, investigar qué es lo que sí funciona y contárselo a tus compañeros, tanto el éxito como el fracaso». El resultado, dice Edmondson, es lo que ella llama «ejercicio de aprendizaje». Discutir el fracaso a lo largo del camino es la forma de hacer el trabajo a la vez que se reflexiona sobre cómo hacerlo mejor.

El capítulo 6 analizaba la investigación social sobre cómo el deseo de ajustarse a las normas de comportamiento colectivas puede afectar el peso de las personas, sus hábitos fumadores y, por supuesto, sus ingresos. Me pregunto si la conformidad social es la razón principal por la que la clase media se comporta de modos tan sumamente discordes al comportamiento de los millonarios hechos a sí mismos. Si eres el único de tu calle o de tu círculo de amigos que sufre repetidos fracasos empresariales, no es probable que vayas a granjearte la simpatía de tus amigos. Más bien ellos se preguntarán por qué simplemente no abandonas después del primer fracaso, como el resto de personas a las que conocen. Ciertamente no obtendrás ningún consejo instruido sobre qué hacer a continuación y definitivamente no recaudarás ningún capital de inversión.

Con los millonarios hechos a sí mismos, el hecho de que el ochenta por ciento tengan compañeros que han fracasado sugiere que están rodeados por personas que aprecian el fracaso. No tiene problemas en admitir los reveses y fracasos entre ellos porque comparten la fe en el fracaso. El fracaso es doloroso para todo el mundo, pero es mucho más probable que la persona de clase media que fracasa sufra la agonía adicional de la soledad y el aislamiento social.

Una cultura empresarial que acepta el fracaso, que tiene fe en su poder para educar y crear nuevas oportunidades, puede servir como una pieza importante de ese sistema sinérgico de éxito que describimos en el capítulo 1. «Ya vivimos en un mundo donde asumir riesgos es un elemento esencial de la vida diaria», dice Russ Prince. «No creo que haya nada particularmente positivo en intentar evitar el fracaso en cada coyuntura. Si tienes suerte, supongo que podrías ser capaz de golpearte el pecho y decirles a los demás que nunca has caído, pero probablemente tengas poco que demostrar con eso».

O como Norm Brodsky dice: «Si tuviera que elegir, preferiría ser sabio antes que inteligente».

Brillante.

9

El dominio de lo cotidiano

¿Se puede aprender la brillantez en los negocios? ¿Es un talento con el que algunos nacen o se basa principalmente en un conjunto de hábitos, prácticas y técnicas que los individuos motivados pueden adoptar como propio?

Los investigadores académicos que estudian la iniciativa empresarial (la forma más elevada de brillantez en los negocios) han luchado durante mucho tiempo con esta pregunta.

El mismo Russ Prince no está tan seguro. Como asesor de algunas de las familias más ricas del mundo, sabe que tener una habilidad especial para la audacia en los negocios es esencial. Pero también sabe, a partir de su propio asesoramiento, que muchas de las habilidades para la brillantez en los negocios se pueden aprender, o al menos mejorar, con estudio y práctica.

Parte de la confusión procede del hecho de que muchos empresarios de éxito han demostrado muchas veces su audacia en los negocios sin haber ido a la escuela de negocios. Puede ser lógico que las personas con mayor probabilidad de ser brillantes en los negocios sean las que se han beneficiado de años de formación en los caminos del dinero. Pero cuando un par de profesores de la prestigiosa escuela de negocios Wharton de la Universidad de Pensilvania probaron esta teoría hace años, se sorprendieron del resultado. Su encuesta aleatoria entre alumnos mostró que los graduados en artes y ciencias de la universidad (con especialización en campos como la historia, la biología y las matemáticas) tenían dos o tres veces más probabilidades de ser empresarios que los graduados en Wharton.

Otros estudios han mostrado patrones igualmente sorprendentes entre los trabajadores autónomos. Por ejemplo, las personas que cambian de trabajo con frecuencia en sus carreras son mucho más propensas a terminar entrando en el negocio por sí mismos, lo que sugiere que la brillantez en los negocios tiene algo que ver con una inquietud natural innata. Otro estudio demostró que es más probable que los adolescentes que han tratado con drogas sean más propensos que la mayoría de las personas a convertirse en empresarios cuando se acercan a la edad madura.

Hallazgos como estos, junto a la observación común de que muchos empresarios son inmigrantes con una educación formal limitada, dan credibilidad a la idea de que la brillantez en los negocios es un don. Como la apariencia, el carisma, o el sentido del ritmo, algunos lo tienen y otros no.

Este mismo tipo de presunción se produce a menudo con los mejores maestros de escuela. Los grandes son grandes, esta es la idea, debido a su profundo nivel de compromiso personal, su talento natural para conectar con los estudiantes y sus maneras creativas de inspirar a los estudiantes a aprender. Con películas como *Mentes peligrosas* y *Con ganas de triunfar*, Hollywood ha ayudado a perpetuar la idea de que no puede haber un libro de jugadas para arreglar las escuelas que fracasan. Para marcar la diferencia en los niños se necesitan individuos heroicos que desafíen cualquier formación que hayan tenido y en cambio se basen en su pasión y en los instintos personales únicos.

Un educador llamado Doug Lemov quedó frustrado por esta forma de pensar, y también un poco ofendido por ella. Durante años, Lemov ha trabajado para un colegio concertado especializado en el servicio a los barrios pobres de la ciudad. Sabía gracias a la investigación que ningún factor explica más el éxito de un estudiante que un maestro de calidad.

También sabía que la investigación no había identificado ninguna metodología de formación de profesores que produjera fiablemente buenos maestros. Así que se propuso averiguar qué estaban haciendo los mejores maestros de Estados Unidos para tener éxito.

Identificar a los maestros destacados no es tan difícil de hacer. Los resultados de los exámenes de los estudiantes en las escuelas primarias y secundarias se correlacionan muy estrechamente con los ingresos familiares. Esto significa que las escuelas en las que el noventa por ciento de los estudiantes provienen de familias de muy bajos ingresos casi siempre producen puntuaciones bajas en los exámenes, mientras que las escuelas en las que el noventa por ciento de los estudiantes provienen de familias de altos ingresos producen resultados altos. Para encontrar maestros excepcionales, todo lo que tienes que hacer es identificar las escuelas con resultados de exámenes significativamente más elevados de lo que sus tasas de pobreza estudiantil predicen.

Lemov es un genio confeso de los datos. Estudió innumerables gráficos de dispersión y recogió los valores atípicos, las escuelas públicas inusuales con altos índices de pobreza y altas calificaciones. Entonces comenzó a visitar las escuelas. Terminó sentado en la parte trasera de cientos de aulas que habían logrado altas puntuaciones en los exámenes contra todo pronóstico. Lemov tomó notas y llevó consigo una cámara de vídeo que generó miles de horas de metraje.

«No encontró hechiceros mezclando pociones alquímicas secretas de la enseñanza, ni aisló el complejo ADN para alcanzar el carisma», escribe el amigo y mentor de Lemov Norman Atkins. «Su gran "eureka" fue identificar las herramientas que los maestros utilizaban para convertir sus clases en catedrales del aprendizaje».

Le llevó una docena de años, pero Lemov recopiló una lista de técnicas efectivas de enseñanza impartidas por muchos de estos «maestros expertos». La lista ha pasado por veinticinco revisiones, y hoy asciende a cuarenta y nueve técnicas pedagógicas que incluyen las mejores prácticas para la planificación del trabajo en clase, la entrega de trabajos y el mantenimiento de la disciplina. Lemov presenta cada una de las cuarenta y nueve técnicas de una manera «específica, concreta y procesable». En otras palabras, pueden ser imitadas. Pueden ser aprendidas. En 2007, Atkins fundó Teacher U [Instrúyete], un revolucionario programa de formación de profesores que se instituyó en torno a los cuarenta y nueve puntos. Atkins declara que lo que Lemov ha descubierto «sorprende por su sencillez y augura buenas noticias para la profesión docente».

Veo en la investigación de Lemov algunos paralelismos interesantes con mi propio trabajo. También he estado en esto durante una docena de años (Prince ha estado en ello el doble) y, al igual que Lemov buscó la excelencia entre los profesores de las escuelas públicas con recursos limitados, he limitado mis estudios de personas económicamente exitosas solo a aquellos que crecieron en hogares típicos de clase media. Separar los signos de lo extraordinario entre lo ordinario es un buen método de aislar los factores precisos que dan cuenta del alto rendimiento y el éxito.

Y mis resultados también son sorprendentes en su sencillez. Mi investigación me indica que hay cuatro grandes áreas de actividad diaria con los que los empresarios exitosos hechos a sí mismos se comprometen de manera más eficaz y consistente que la mayoría de la gente. Yo los llamo: Aprendizaje, Rentabilidad, Ayuda y Persistencia.

En conjunto, estas cuatro siglas forman el acrónimo ARAP.

APRENDIZAJE significa que los millonarios hechos a sí mismos emplean más tiempo y esfuerzo en descubrir lo que hacen mejor y persiguen las oportunidades relacionadas con eso que hacen mejor.

RENTABILIDAD significa que asumen proyectos y hacen tratos que maximizan el potencial en dólares de esas oportunidades al tiempo que reducen sus riesgos a la baja.

AYUDA significa que cultivan activamente redes de amigos, socios y compañeros de los que pueden obtener ayuda y asesoramiento sobre todas las tareas que están más allá de los límites de lo que saben hacer mejor.

PERSISTENCIA significa que tienen un interés auténtico en sus reveses como un aspecto importante y necesario en el proceso del éxito.

Inspirado por la taxonomía de Lemov de las cuarenta y nueve técnicas de enseñanza, he desarrollado estas cuatro categorías en mi propia lista de 17 Fundamentos de la Brillantez para los Negocios, siguiendo muy de cerca la metodología propia de Prince para asesorar a sus clientes audaces en los negocios. Para cada uno de los 17 Fundamentos ofrezco una estrategia general, seguida de una técnica determinada que, al igual que cada una de las técnicas de Lemov, es específica, concreta y procesable. Cada uno ofrece un conjunto simple y claro de acciones que te ayudan a ponerte en situación para alcanzar el dinero. La mayoría de estas técnicas implican ejercicios de toma de decisiones de diez minutos. Ninguna de ellas requiere más de una hora.

Creo que si te esfuerzas al máximo en el cumplimiento de estas cuarenta y nueve técnicas de forma habitual, te hallarás en el camino hacia la brillantez en los negocios y darás un salto cualitativo en tus ingresos. Si estableces unos objetivos financieros para ti mismo (Fundamento 1: Escribe tus metas), preparas un proyecto con esos objetivos en mente (Fundamento 6: Protege tu cuenta de resultados), confías en las personas que te rodean (Fundamento 10: Gestiona tu red de contactos al alza) y sobrepasas tu miedo natural a la decepción (Fundamento 13: Hacer amigos que fallan), tu relación con la adquisición del dinero se transformará sólidamente.

Es probable que experimentes esta transformación de las maneras que menos esperes. Esto se debe a que los 17 Fundamentos constituyen un sistema completo y sinérgico para poder alcanzar la brillantez en los negocios por ti mismo. Como recordarás del capítulo 1, la sinergia por su propia naturaleza produce resultados nuevos e inesperados, que pueden resultarte chocantes y sorprendentes.

He puesto el mayor de mis esfuerzos para diseñar estas técnicas y que sean sencillas, fáciles de entender y, sobre todo, cotidianas. Recuerda, lo cotidiano es bueno. Como vimos más vívidamente en el capítulo 1, el Allegheny General Hospital erradicó las infecciones en las unidades de cuidados intensivos al exigir que todo el personal médico se adhiriera firmemente a los procedimientos y protocolos más cotidianos. El dominio de lo cotidiano salvó decenas de vidas cada año en el Allegheny General, vidas que se habían perdido en los años anteriores a pesar de su personal altamente capacitado y bien cualificado y de toda su tecnología médica de fama mundial.

Una de las cuarenta y nueve técnicas de Lemov es algo que él llama «transiciones comprimidas». Una importante fuente de perturbación y pérdida de tiempo en las aulas de la escuela primaria es el simple acto del reparto y entrega de documentos, lo que sucede alrededor de veinte veces al día y consume uno o dos minutos cada vez. Lemov muestra un video de un profesor de Connecticut que ha enseñado a sus alumnos cómo pasar los papeles por toda la clase empleando entre ocho y diez segundos. La ejecución de este procedimiento sencillo tan rápido asegura que la clase no se distraiga, mientras que el profesor recupera un total de treinta minutos de horas lectivas cada día. Gracias a la forma en que se reparten los papeles, los niños de esa clase se beneficiarán en el transcurso del año de unos ocho *días* más de instrucción que los alumnos del aula contigua, lo cual es una de las razones por las que los estudiantes de los profesores de Connecticut sobresalen en sus exámenes. El tiempo y la atención (los dos bienes más preciados en cualquier tipo de trabajo mental) se mantienen con el dominio de estas tareas mundanas.

Miles de estudiantes se gradúan todos los años y ninguno de ellos ha recibido formación sobre cómo repartir los papeles. A pesar de su valor, técnicas como estas están por debajo de la atención del estamento educativo. De manera similar, no encontrarás estos 17 Fundamentos en ninguna universidad o escuela de posgrado de negocios o empresariales. Son demasiado mundanos. Pero también son muy valiosos, ya que están diseñados para proteger tu valioso tiempo y atención.

Si quieres profundizar en alguno de estos 17 Fundamentos, he provisto una bibliografía de recursos en la parte final del libro. Pero no te estanques en la parálisis del análisis antes de comenzar. Lo mejor es empezar con lo simple y cotidiano. La razón se encuentra en el Fundamento 16: No procrastinar. La mayoría de nuestros encuestados de clase media luchan con la procrastinación, un problema compartido por muy pocos millonarios hechos a sí mismos. Es importante meterse de lleno y empezar a moverse. Ese es el verdadero significado de la persistencia. Y si no puedes moverte, solicita ayuda (Fundamento 12: Consigue un asesor). De eso trata la ayuda.

Si necesitas una breve lista de acciones para ponerte en marcha, simplemente trata de asegurarte de que siempre haces al menos una de las siguientes cosas todos los días:

Aprender lo que mejor sabes hacer.
Ganar algunos dólares con ello.
Obtener ayuda con lo que no se te da mejor.
Usar la persistencia para superar la desconfianza en ti mismo.

Aprendizaje. Rentabilidad. Ayuda. Persistencia. ARAP. Cuanto antes lo pongas en práctica, antes estarás haciendo algo más que seguir el dinero. Estarás saltando sobre él.

➤ Aprendizaje

Llegar a ser audaz en los negocios requiere primero aprendizaje: aprendizaje acerca de ti mismo, de tus metas y las mejores formas de llegar a ellas.

FUNDAMENTO 1: ESCRIBE TUS METAS

Tener una meta a largo plazo, expresada en términos económicos, te otorga un punto de enfoque para todos tus esfuerzos hacia la brillantez en los negocios. Las metas en dólares son valiosas porque son fáciles de medir, y aquello que se puede medir se puede gestionar. Los objetivos hacen que llegar a ser audaz en los negocios sea una tarea posible.

Lo ideal sería que todas tus prioridades diarias estuvieran guiadas por la cantidad de riqueza que deseas alcanzar dentro de diez años. Si te fijas una meta de tener un patrimonio neto de diez millones o más en diez años, es probable que tengas que enfocarte en adquirir una participación en el capital de una o más empresas en bolsa. Tus elecciones de perspectivas, socios y proyectos deben estar definidas por ese objetivo, impulsadas por tu meta a diez años. ¿Qué *tipo* de empresas? Lo dejaremos para luego. El objetivo es lo que importa. Te da el poder de tomar decisiones para responder a estas y a todas las demás cuestiones que enfrentarás en el camino.

Una vez que hayas elegido una meta a diez años, necesitarás metas incrementales para guiarte en el camino. Digamos que tu meta a diez años es tener dos millones de dólares en activos invertibles. ¿Cuánto dinero debes tener de más cada uno de los siguientes cinco años para posicionarte hacia esa meta? ¿Cuánto necesitarías hacer cada mes durante el año próximo? Si eres un profesional que cobra por horas, ¿cuál es tu objetivo necesario de tasa por hora?

Las metas incrementales aclaran y simplifican lo que tienes que hacer. Alcanzarlas ayuda a preservar tu sentido del propósito y promover el progreso. Pero a veces estos objetivos incrementales hacen un mayor bien cuando no los logras. Fallar en tus objetivos de ingresos mensuales expondrá tu necesidad de realizar algunos ajustes más rápidamente. Por otro lado, es igual de probable que llegues a algunos de los objetivos a corto plazo más rápido de lo que creías posible. Entonces puede que necesites un nuevo objetivo a largo plazo, debido a que tus capacidades son mayores de lo que pensabas.

LA TÉCNICA: requiere veinte minutos. Elige una meta para tu patrimonio neto y anótalo como Año 10 en el lado derecho de la hoja de papel. Después, moviéndote de derecha a izquierda, escribe tus metas de ingresos promedios mensuales para el Año 5, 4, 3 y 2. Por último, anota tus metas de ingresos mensuales por cada mes del año que viene, empezando por el siguiente mes. Coloca la hoja en un lugar donde puedas verla todos los días desde tu escritorio. Repite este proceso cada vez que cierres un acuerdo o tengas un golpe de suerte.

FUNDAMENTO 2: COMPROMÉTETE CON LO QUE HACES MEJOR

Centrar tus energías en lo que haces mejor es el camino tomado por las personas de éxito más extraordinarias del mundo: todas, desde Bill Gates a los Beatles. Es también el camino seguido por acertada gente *ordinaria*, como los millones de millonarios hechos a sí mismos que hay. A través del ensayo y el error, la mayoría de ellos han encontrado el puñado de cosas que hacen mejor, recortado las distracciones y diversiones y emprendido sus talentos especiales de maneras que les ha permitido perfeccionar su brillantez en los negocios.

Esta idea tiene muchos nombres: identifica tus puntos fuertes, descubre tus capacidades centrales, o distingue tus habilidades especiales. Me gusta llamarlo «Encuentra tu centro», o simplemente «Centrado», porque es un término visual fácil de recordar.

La mayoría de las personas no están en absoluto centradas. El sondeo de Gallup muestra que solo uno de cada tres empleados es capaz de decir que «en el trabajo, tengo la oportunidad de hacer cada día lo que se me da mejor». Esta es una gran razón por la que los salarios medios de los trabajadores con educación universitaria apenas han crecido en los últimos quince años. No tienen capacidad de hacer subir el precio por su trabajo, ya que solo se adaptan lo justo al trabajo que hacen. Si no estás comprometido con lo que haces mejor cada día, estás en mala posición para convertirte en alguien brillante en los negocios. Y en una época en la que millones de puestos de trabajo rutinarios de oficina están siendo enviados al extranjero, estar centrado podría ser tu habilidad de supervivencia económica más importante.

Estar centrado debería ser algo *central* en tu vida diaria. Una de las mejores cosas acerca de ello es que presta valor y significado para igualar tus peores reveses y decepciones. Cuando trabajas en lo que mejor sabes hacer, incluso una aplastante derrota puede ser una importante fuente de conocimiento de ti mismo y un avance hacia tu centro. La mayoría de los millonarios hechos a sí mismos dicen que *cuentan* con los inconvenientes para ayudar a redefinir lo que hacen excepcionalmente bien. Utilizan el ensayo y error para estar más centrados. De esta manera, aun cuando sus mejores esfuerzos quedan sin recompensa, ellos siguen perfeccionando sus conocimientos.

LA TÉCNICA: requiere diez minutos. Anota tantos ejemplos como te sea posible de tareas que crees realizar excepcionalmente bien. Trata de elegir las habilidades y capacidades que crees que puedes explicar de manera convincente a un desconocido que posee algún conocimiento en tu campo de especialización. Repite el proceso durante diez minutos al día siguiente. A continuación, empieza a retocar la lista hasta que solo tengas tres elementos. Al lado de cada uno de estos tres elementos, anota tres declaraciones claras que proporcionen la evidencia de que estos elementos son ciertos.

FUNDAMENTO 3: SIGUE EL DINERO

Fíjate en las personas más importantes en cualquier campo y verás que han llegado hasta allí siguiendo el dinero en ese campo. Están trabajando en sus centros y comparten las recompensas que vienen de la creación de cosas de gran valor para los demás.

Los chefs que crean riqueza dirigen restaurantes asociados, escriben libros de cocina y protagonizan sus propios programas en la televisión por cable. Los carpinteros que ganan dinero son propietarios de sus talleres, hacen un trabajo personalizado de calidad o se asocian en pactos para reformas de edificios. Los altos directivos del mundo empresarial ganan bonos por producir sólidos resultados financieros o adquieren participaciones en sus empresas.

Todas estas personas están colocadas en «la cola del dinero». Cada vez que ayudan a crear valor y el dinero cambia de manos, están *en la cola* para recoger una parte de la recompensa. La brillantez en los negocios solo le ocurre a las personas que se ponen primeras en la cola del dinero.

Las mayores recompensas en cualquier profesión u ocupación están reservadas para quien esté más centrado *y* mejor colocado en la cola del dinero. He estudiado esto en la profesión médica. De media, los médicos son los profesionales mejor pagados de nuestra economía. Pero los médicos que se sitúan en el diez por ciento superior de los ingresos no son necesariamente los más inteligentes, los más competentes, ni siquiera los médicos más populares. Los médicos más ricos son los que primero eligieron la especialidad que más se ajusta a sus habilidades y luego adquirieron una participación en la práctica especializada de esa clase de medicina. Ellos están centrados y en la cola del dinero.

Lo mismo ocurre con los abogados, ingenieros, e incluso con los académicos. El movimiento de las escuelas subvencionadas ha permitido a un gran número de educadores empezar a trabajar por recompensas compartidas en lugar de por un salario de compensación. Si tienes en cuenta la proliferación de las megaiglesias en el Cinturón Bíblico, verás que incluso algunos *clérigos* están centrados y en la cola del dinero.

Seguir el dinero significa por lo general que tu principal fuente de ingresos proviene de estar en la cola del dinero. No es necesario dejar tu trabajo si quieres entrar en la cola del dinero, pero nuestras encuestas nos dicen que solo uno de cada diez millonarios hechos a sí mismos se hicieron ricos trabajando para otra persona. La mayoría de ellos trabajaban en empleos donde perfeccionaron sus habilidades y hallaron sus centros, y luego dieron el salto al trabajo por cuenta propia o a una sociedad.

LA TÉCNICA: requiere veinte minutos. Revisa tu lista de tres cosas que haces muy bien en el ejercicio de centrado y escribe las ocupaciones en las que, según tu conocimiento, más a menudo se utilizan esas habilidades para hacer más dinero. Esto puede parecer un ejercicio simplón, pero no lo es. Con un poco de reflexión, deberías obtener dos o tres cosas que nunca has considerado antes.

FUNDAMENTO 4: ASCIENDE POR LA ESCALERA DE LA COLA DEL DINERO

Dondequiera que encuentres tu centro, deberías ser capaz de ver innumerables maneras de utilizarlo para alcanzar la cola del dinero. Algunas de estas maneras son más gratificantes que otras, por lo que es importante clasificarlas. Cuando puedas imaginar todas las diferentes maneras en que puedes seguir el dinero, entonces estarás listo para modificar el aspecto de la cola del dinero como si se tratara de una escalera. Cada peldaño de la escalera de la cola del dinero está definido por el tipo de *precio* que pusiste en tu implicación. Cada paso lleva a recompensas mayores, con la participación en el capital en el nivel superior.

PRECIO CON REGARGO es el peldaño inferior en la escalera de la cola del dinero. Está ocupado por consultores autónomos y otros contratistas independientes que fijan el precio de sus esfuerzos en las tarifas por hora. Puesto que el tiempo es finito, este es el camino más difícil hacia la brillantez en los negocios, aunque entrenadores de primer nivel, tutores, psicoanalistas y otros profesionales de servicios personales son buenos ejemplos. Demuestran su propia marca de brillantez en los negocios cultivando tal alta demanda de su tiempo que aumentan sus tarifas por hora.

PRECIO POR PROYECTO es el siguiente peldaño de la escalera. Cuando se trabaja en base a proyectos, disfrutas de la ventaja de ser recompensado por el logro de un resultado, independientemente de tu compromiso con el tiempo. Tu brillantez viene cobrando lo más que puedas, y luego delegando partes del trabajo a otros profesionales para hacer la tarea más rápido.

PRECIO SEGÚN PORCENTAJE es otro peldaño más alto, debido a que un porcentaje significa que estás recibiendo una parte separada de las recompensas por el éxito. Este es el comúnmente lucrativo añadido en un contrato de precio por proyecto. Muchas ofertas cerradas con un presupuesto por proyecto tienen aplicado un componente de precios según porcentaje, ofreciendo recompensas compartidas adicionales a la entrega como beneficio por el esfuerzo.

PRECIO DE PROPIEDAD es otro nombre para la participación en el capital. Es el peldaño superior en la escalera de la cola del dinero. Cuando estás en el papel de titular de un negocio, no solo estás participando en el juego, también eres el propietario del equipo. Cada proyecto exitoso y cada trimestre rentable construye más valor en el negocio que posees, ya sea totalmente o en asociación. La mayor parte de la riqueza personal en el mundo ha sido obtenida a través de la participación en la capital. Es el mayor logro en la brillantez para los negocios y debería ser el objetivo final de tus negociaciones. Quieres una participación en la propiedad, incluso si es solo una pequeña parte, de algo que puede estar destinado a ser vendido después en muchos múltiplos de su valor actual.

LA TÉCNICA: requiere treinta minutos. Dibuja una escalera de cuatro peldaños en una hoja de papel, con «Propiedad» en la parte superior, y a continuación, «Porcentaje», «Proyecto» y «Recargo» en los siguientes tres peldaños. Deja unas cinco líneas de espacio vacío debajo de cada título. Cuando hayas terminado, tendrás ideas para doce proyectos, seleccionados por su valor de menor a mayor, cada uno basado en lo que hay debajo. Has trazado tu camino para la brillantez en los negocios. Rehazlo cada vez que llegues a un nuevo proyecto.

➤ Rentabilidad

Una vez que estés listo para asumir un proyecto específico, tu enfoque necesita cambiar del aprendizaje a la rentabilidad. La rentabilidad es el modo en que las ideas se convierten en oportunidades.

FUNDAMENTO 5: HACER NÚMEROS

Hay cinco dimensiones críticas para cada proyecto futuro, independientemente de su tamaño. Cada dimensión requiere una buena planificación antes de gastar demasiado tiempo o dinero en el proyecto:

1. ¿CUÁNTO COSTARÁ EMPEZAR? ¿Qué vas a invertir para empezar? Suma todo lo que necesites comprar, todos los servicios que necesites contratar y todo el trabajo que tú y tus socios probablemente tendrán que invertir antes de ganar su primer dólar.

2. ¿CUÁNTO COSTARÁ SEGUIR? ¿Cuál será el coste de maniobrar tu proyecto una vez que esté en marcha? Suma todas las facturas mensuales previstas y los costes laborales. Agrega el valor en dólares de tus horas también.

3. ¿CÓMO DE ALTO ES EL TECHO? Estima los *ingresos potenciales*. Es la razonable cifra de dólares que el proyecto generaría si todo saliese a la perfección. La mayoría de los proyectos se enfrentan a ciertos límites de capacidad y necesitas saber cuáles son. Los ingresos de un restaurante, por ejemplo, están limitados principalmente por el precio de sus platos y el número de mesas.

4. ¿CÓMO DE DURO ES EL SUELO? ¿Cuál es el peor resultado posible? Harás algunos ingresos. Pero ¿cuál es el absoluto de ingresos mensuales más bajo que tu proyecto ganará? ¿Cómo de duro será para ti sufrir una pérdida total? Prepárate para lo peor y contempla cómo podría ser.

5. ¿CÓMO DE GRANDE ES LA GUINDA DEL PASTEL? Si estás trabajando en tu centro, cada proyecto ofrece algunas «dulces recompensas» que te beneficiarán en el largo plazo, incluso si el proyecto en sí no es un sonado éxito. Enumera esas ventajas: una trayectoria respetable, un conjunto de nuevos contactos, un perfil público más alto y así sucesivamente. Pero una estimación requiere una tasación en dólares. Resulta que es fácil colocar un valor en dólares a la guinda del pastel. Si alguien está deseando comprar tu parte del proyecto antes de comenzar, ¿cuál es la cantidad más baja de dólares que aceptarías para apartarte? Esto, menos el dinero que pusieras en el proyecto, es el valor exacto de la guinda del pastel.

La primera función de la estimación es mantenerte fuera de problemas. Te da la oportunidad de mirar los números más importantes y repensar el proyecto o abandonarlo por completo. El gasto más bajo posible de empezar y permanecer podría estar demasiado cerca de tu límite máximo de ingresos. Tienes que preguntarte por qué te gustaría apostar por algo con un potencial al alza tan limitado. Quizá la guinda del pastel sea la respuesta. Tal vez no.

Empezar. Permanecer. Techo. Suelo. Guinda del pastel. Tanto si planeas voltear hamburguesas como revender propiedades inmobiliarias, estos cinco números te ayudarán a determinar el aspecto y la forma de lo que quieres hacer, y si vale la pena intentarlo.

LA TÉCNICA: aparta treinta minutos para elaborar una estimación. Deja mucho espacio para lo que no sabes y aún necesitas descubrir. Los números que utilices siempre serán aproximaciones inexactas, pero el ejercicio te obligará a lidiar con lo que haga falta para tener éxito.

FUNDAMENTO 6: PROTEGE TU CUENTA DE RESULTADOS

Una vez que hayas hecho números y has decidido seguir adelante, la estimación debería ayudarte a tener tu balance. No el del proyecto. Tu propia cuenta de resultados. Este es el mínimo premio (y el máximo riesgo) que debes tener para poder participar. Hasta que te decidas con estos números, no estarás listo para negociar un acuerdo con nadie.

Si pones demasiado alta una prima al buscar una solución de *todos ganan*, podrías muy bien terminando por perder, quedándote en la estacada. ¿Recuerdas la historia de Stephen Covey sobre el propietario que quedó atrapado en un mal alquiler a largo plazo porque sentía que necesitaba cerrar un acuerdo con un inquilino en el que todos ganaran? Si el propietario hubiera llegado a esas negociaciones con una clara idea de su cuenta de resultados, habría sabido exactamente cuándo el inquilino pedía demasiado. Él podría haberse ido con la conciencia tranquila.

He mostrado cómo los millonarios hechos a sí mismos son mucho mejores que la mayoría de la gente cuando se trata de apartarse de un acuerdo que no es del todo correcto. Para algunos esta habilidad puede reflejar sus considerables egos, pero eso no es toda la verdad. Las personas que parecen más cómodas poniendo sus intereses personales primero están en realidad ejecutando un plan predeterminado. Llegan a la mesa sabiendo exactamente de antemano lo que deben tener. No se trata de ego. Se trata de respetar tus propias metas.

Linda Babcock aboga en sus cursos universitarios de negociación por el mismo enfoque sobre las ofertas salariales. Debes trazar una línea debajo de la cual no te comprometerás. Es una parte esencial de la negociación, pero la mayoría de la gente nunca lo hace.

En un negocio, una línea roja de este tipo también debería implicar poner límites a la cantidad que pones en riesgo. Quieres reducir tu riesgo a la baja siempre que sea posible y marcharte si te parece demasiado alto. Muchos principiantes en los negocios cometen el error fatal de invertir tanto de su propio capital en un acuerdo (posiblemente en una franquicia o una propiedad para invertir) que si el acuerdo fracasa no siempre tienen los recursos para darse una segunda o tercera oportunidad de tener éxito.

LA TÉCNICA: requiere veinte minutos. Considera tus metas a corto plazo y la cantidad de dinero que necesitas de este acuerdo para contribuir a esos objetivos. Comprometer tus metas solo para obtener un acuerdo es la manera más rápida de alejarse de la brillantez en los negocios. Poner demasiado en juego en el trato puede mantenerte apartado de la cola del dinero los próximos años. No asumas nunca tanto riesgo que si falla un proyecto, carezcas de los recursos para volver a intentarlo (Fundamento 15).

FUNDAMENTO 7: EXPRIME TU VENTAJA

Una vez que todas sus metas están claras, la fórmula básica de negociación para la brillantez negociadora es esta: llevas a gente a la mesa de acuerdo con sus puntos fuertes. Negocias con ellos según sus debilidades.

Esto puede parecer un poco frío, pero hay que aceptar que en casi todas las transacciones de negocios, estás siendo tratado de la misma forma. En el capítulo 3 vimos cómo casi todos los jefes que alguna vez te han contratado con una sonrisa y un apretón de manos también estaban ansiosos por explotar tus vulnerabilidades al ofrecerte el salario mínimo total con el que podían salirse con la suya.

Así que si quieres una negociación que funcione para ti y tus metas, no es suficiente con saber todo acerca de tu cuenta de resultados. También necesitas una gran intuición sobre el aspecto del balance de la otra parte. Antes de sentarte a empezar ningún acuerdo, debes saber qué motivos, más allá del dinero, podrían estar impulsando la participación de la otra parte.

Digamos que tienes socios que carecen de experiencia pero que tienen acceso a dinero en efectivo. A ti te falta dinero en efectivo, pero tienes experiencia. Tus socios querrán incluirte en el acuerdo a ti y a tu experiencia por el menor dinero posible, con el fin de preservar su retorno de la inversión. Te exprimirán y tratarán de darte lo menos posible en cuanto al precio del proyecto, el porcentaje y la participación.

¿Qué capacidad tienes tú para exprimirles? Va determinada en gran medida por lo que sabes acerca de ellos. ¿Cuánto te necesitan para este proyecto? ¿Con qué facilidad podrías ser reemplazado? ¿Están enamorados del proyecto? Esto es importante porque el amor puede ser ciego. Incluso los empresarios más exitosos dan concesiones sin pensar si quieren que un proyecto tome forma de inmediato. Cuanto más sepas acerca de sus vulnerabilidades, mejor preparado estarás para exprimir tu ventaja.

He aquí una historia que ilustra este punto. Marlon Brando estaba filmando una película en la que tenía una pequeña participación en el capital, conocida como puntos. Pero también tenía problemas de impuestos y le debía al gobierno federal cien mil dólares. El agente de Brando llamó al productor de la película y le explicó el problema de su cliente. Pidió un anticipo durante el rodaje. El productor lo consultó con el jefe del estudio, que estuvo encantado. «Dáselo», dijo. «Pero recupera sus puntos».

Así que Brando aceptó renunciar a su participación en el capital en la película por cien mil dólares. La película era *El Padrino*. En pocos años, el cheque por cien mil dólares de la Paramount le había costado a Brando alrededor de once millones.

El jefe del estudio contrató a Brando debido a su fuerza como actor. Negoció con Brando, sin embargo, sobre la base de su debilidad como deudor de impuestos. Es por eso que la Paramount recaudó dinero con *El Padrino* y Brando no.

LA TÉCNICA: requiere veinte minutos. Antes de negociar el precio o la participación, rehaz de nuevo la estimación del acuerdo desde el punto de vista de tu socio. Si eres un propietario hazlo desde el punto de vista del arrendatario. Cuando hayas terminado, rodea con un círculo todas las áreas donde tienes preguntas importantes. ¿Cuáles son los beneficios no económicos para ellos? ¿Cómo han limitado su propio riesgo a la baja? Si no puedes conseguir respuesta a estas preguntas en una conversación informal, pregunta por ahí. Cada pista que tengas acerca de sus motivaciones te ayudará a exprimir tu ventaja.

FUNDAMENTO 8: PLANIFICA EL DIVORCIO POR ADELANTADO

Al igual que un acuerdo prenupcial entre adultos maduros, toda buena asociación debe tener los términos de divorcio contemplados desde el día de la boda. Un acuerdo que va mal puede ser como un ancla alrededor de tu pierna. Siempre debes tener una manera de cortar la cuerda.

Cuando comienzas un nuevo proyecto, todo el mundo está enamorado de todos, pero las cosas cambian cuando el dinero empieza a moverse. Espera lo inesperado. Algunos socios de repente se dan cuenta de que cedieron demasiado en las negociaciones una vez que los dólares no están fluyendo a su favor. Comienzan a lloriquear y ruegan renegociar. Si no tienes los términos de divorcio firmado por todas las partes, de mutuo acuerdo, entonces no hay manera de responder.

La cláusula de divorcio es la última línea de defensa de tu cuenta de resultados. Si un acuerdo se echa a perder de manera que te obliga a seguir financiando y trabajar en él, aun si estás seguro de que no hay ninguna perspectiva de éxito, quieres un acuerdo previo al que regresar para poder dejarlo. No se puede perder de vista lo que se conoce como «costes de oportunidad». Cada día que te afanas en un acuerdo perdedor es un día más que no estás buscando un trato ganador. Estás un día más lejos de alcanzar tus metas.

La cuestión más poderosa sobre una cláusula de divorcio es que no tienes que abandonar el proyecto para que sea útil. Puede servir como punto de apoyo en la renegociación de los términos que protegen tu cuenta de resultados. Puedes decir: «Yo no puedo darme el lujo de seguir haciendo esto a menos que consiga más dinero». Entonces les tocará a sus socios decidir lo que tu participación vale para ellos. De cualquier manera, te has protegido a ti mismo y a tus metas.

LA TÉCNICA: antes de cualquier negociación, usa tu estimación para anticipar lo que podría salir mal, y en qué condiciones vas a querer la cláusula de divorcio para que puedas dejarlo con un mínimo de pérdidas o darte ventaja para negociar por más dinero. Si deseas que la cláusula de divorcio funcione mejor para ti, entonces te toca proponerla y presentar un borrador con las condiciones.

➤ Ayuda

No se necesita dinero para hacer dinero, pero sí trabajo en equipo y apoyo. No puedes hacerlo todo y no debes intentarlo, porque entonces no estarás haciendo lo que sabes hacer mejor.

FUNDAMENTO 9: MANTÉN TU RED DE CONTACTOS REDUCIDA Y FOCALIZADA

Si quieres llegar a ser brillante en los negocios, la red de contactos es tu activo más valioso. Ni siquiera las habilidades y capacidades en tu centro son tan importantes como la red de contactos en la que te apoyas para las nuevas oportunidades de negocio. Sin oportunidades, tus habilidades y capacidades se echarán a perder.

De media, los millonarios hechos a sí mismos nos dicen que mantienen un círculo de seis personas con las que forman una «red cercana con el fin de abastecerse de nuevos negocios». Los encuestados de clase media afirman un promedio de nueve personas con el mismo fin.

¿Por qué los millonarios tienen redes *más pequeñas*? Sospecho que es porque los millonarios están gestionando activamente lo que Russ Prince llama redes nodales. No están escogiendo al azar los conocidos de los negocios. Mantienen deliberadamente un conjunto compacto de personas capaces, cada una de las cuales sirve como punto estratégico de contacto, o «nodo», para el canal de comercio de esa persona.

Digamos que pones en marcha una panadería. Tu red nodal debería estar compuesta por seis personas que estén bien situadas para poner en tu camino compradores de tartas. Podría incluir un planificador de bodas, un organizador de fiestas y cuatro gerentes de *catering*. Estas son personas a las que les gustan tus tartas, te consideran fiable y con mucho gusto te recomendarán a sus clientes. Valoras a estas personas y encuentras el modo de cultivar su amistad y mantenerte en contacto con ellas porque tu sustento depende de ellas.

Pero ¿por qué detenerse en seis? ¿No sería mejor que la red del panadero tuviera diez o veinte empresas de *catering* y organizadores de fiestas?

El panadero probablemente conozca a otros diez o veinte planificadores o restauradores. Pero él confía en los seis de su red nodal para quizás el ochenta por ciento de sus ingresos. Realmente no se puede confiar en más de seis personas por la simple razón de que prestar la atención adecuada a los seis conlleva mucho trabajo. Mantener una red nodal buena y fiel exige más esfuerzo del que podrías dedicar a diez o veinte personas. No puedes tener a diez o veinte personas en tu red nodal antes de que puedas tener diez o veinte mejores amigos. Alguien que cuenta con diez o más personas en su red probablemente no tenga para nada una red útil. Las verdaderas redes nodales solo funcionan cuando son pequeñas y concisas.

LA TÉCNICA: requiere diez minutos. Haz una lista de las mejores *doce* personas a las que irías mañana para ser asesorado en la búsqueda de un nuevo proyecto en el trabajo que mejor se te da. Sitúa los seis primeros más cercanos o los que estén en mejor posición para ayudarte. Ese es el comienzo de tu red nodal. Si trabajas en un empleo por cuenta ajena, forma listas similares de personas a las que considerarías, ya sea para ascender o para cambiar de trabajo. ¿Qué podría ser más importante?

FUNDAMENTO 10: GESTIONA TU RED DE CONTACTOS AL ALZA

Las redes nodales están siempre en constante cambio. Las personas van y vienen, las empresas cambian de dirección, tus propias prioridades cambian.

La mejor manera de lidiar con el cambio es agarrar el cambio con tus propias manos. Si aceptas la premisa de que tu red nodal es tu activo más valioso, entonces tiene sentido gestionarla igual que lo harías con cualquier cartera de activos. Te interesa buscar nuevos miembros prometedores para tu red mientras te separas de tus contactos de menor rendimiento.

Volvamos a la panadería con su red nodal de un planificador de bodas, un organizador de fiestas y cuatro empresas de *catering*. Tal vez los pasteles de boda son el producto de mayor margen y deseas obtener más negocios de este tipo. Y tal vez uno de tus cuatro empresarios de catering, con pasteles de menor margen, ha dejado de derivar clientes. Así que conscientemente empiezas a tratar de identificar a un segundo planificador de bodas para agregar a tu red nodal.

El acto de la creación de redes de contactos se ha desprestigiado. Su principal escollo es que tiende a ser informal y aleatorio. Las «redes sociales» virtuales han empeorado las cosas. Es difícil mantener una red pequeña y concisa cuando tienes antiguos amigos de la universidad y excompañeros de trabajo que te unen sin avisar y te añaden a sus propias redes.

Si te tomas en serio el negocio de la red nodal, recopilas información sobre tus posibles miembros para la red, buscas conexiones mutuas y acudes a ellos. No haces una llamada a puerta fría, como haría un vendedor. Estás comercializando tus servicios con la esperanza de encontrar una buena alianza, algunos valores compartidos sobre el negocio que hace que sea ventajoso para ti estar en las redes de los demás.

Y si alguna vez te presentas en un evento de la industria de las redes de contactos, ve allí con una agenda en mente. Conocerás a tres posibles miembros de tu red y les pedirás su consejo sobre un problema o un tema que hayas estado afrontando. Pocas personas disfrutan de los argumentos de venta, pero casi todo el mundo disfruta dando consejos. De esta manera, tienes una dirección para cada conversación que tengas en el evento. Y puedes excusarte de estar pasando más de un minuto o dos con alguien que no puede ayudarte. Simplemente, discúlpate educadamente y explica que tienes que encontrar a alguien que te pueda ayudar. Es una estrategia de redes que Prince llama «NEXT»: Nunca te EXcedas con el Tiempo.

LA TÉCNICA: reúne siete carpetas de archivo o carpetas de ordenador. Marca una carpeta con el nombre de cada una de las seis mejores personas que pensaste en el Fundamento 9. Esta es la red nodal de la que depende tu sustento. ¿Hay algo que no deberías saber acerca de estas seis personas? Llena cada carpeta con artículos de la página web de sus empresas, hechos sobre las compañías, los miembros de sus juntas corporativas, implicaciones con la caridad y los nombres de sus cónyuges y los nombres y las edades de sus hijos. En última instancia, querrás saber lo más que puedas acerca de sus aspiraciones empresariales. ¿Cuánto dinero ganan? ¿Cuánto quieren ganar? ¿Cuál es su meta final financiera y profesional? Etcétera. La séptima carpeta debería llamarse «Banquillo». Aquí es donde sueltas información sobre todos los miembros potenciales de tu red. Compruébala una vez por semana para reevaluar el estado de tu red.

ESENCIAL 11: CONSTRUYE UN EQUIPO

Esta es la inevitable consecuencia del Fundamento 2: Comprométete con lo que haces mejor. Recibir dinero requiere que emplees la mayor cantidad de tu tiempo y te concentres tanto como te sea posible en tus habilidades y talentos excepcionales. Para todo lo demás, necesitas un equipo.

La formación de equipos puede requerir algo más que adquirir una nueva y más directa aproximación empresarial a las personas con las que ya te has asociado. Una vez que te hayas comprometido con lo que haces muy bien, verás que las personas con habilidades complementarias están a tu alrededor. A las que no conoces es probable que estén tan solo a un grado de ti... pasando a través de tu red nodal.

Digamos que eres arquitecto. Has determinado que tu verdadera fortaleza es la gestión de proyectos y no el diseño. Deseas utilizar esta fortaleza para entrar en el mercado de la renovación de inmuebles y obtener una participación en una propiedad. Hay mucho que no sabes. Pero probablemente ya conozcas a muchas de las personas que te pueden ayudar: agentes inmobiliarios que identifiquen los lugares de construcción, banqueros que establezcan la financiación de la construcción, inversores para aportar capital y contratistas para cimentar tu desarrollo.

Incluso los peores arquitectos, los más ermitaños, conocen a unos cuantos agentes inmobiliarios, contratistas y abogados. Ellos podrían formar tu red nodal. Serían tus primeros enlaces naturales para acceder a tus piezas faltantes: inversores y banqueros. Una red nodal te sitúa por definición a solo un grado de separación de todas las personas en las redes respectivas de *cada* uno de los miembros de tu red. Síguelas y tendrás un equipo prometedor para el proyecto antes de que te des cuenta. Seguir y hacer que suceda implica la mayoría de los otros fundamentos. Pero incluso una red nodal rudimentaria te asegura que tu proyecto no va a morir por falta de perspectivas.

Es fácil sentirse intimidado por la idea de que necesitas dirigir un equipo de personas. Piensa de nuevo en el Fundamento 3: Sigue el dinero. Puede que adores cocinar, pero la idea de dirigir un restaurante te provoca náuseas. Disfrutas de la carpintería, pero no puedes soportar el juego inmobiliario. Y mientras que tienes un don para la dirección de personas, la escalera corporativa es una dura subida y dirigir tu propio negocio puede parecer completamente inalcanzable. La sola idea de estas responsabilidades adicionales podría provocarte un pinchazo en la boca del estómago.

Todo aquel que llega a ser audaz en los negocios siente ese mismo pinchazo: por la ansiedad, lo desconocido, la sospecha de que lo que no sabes o no puedes hacer por ti mismo te acechará y te destruirá.

La diferencia está en la manera de interpretar ese pinchazo. Los millonarios hechos a sí mismos lo toman como una señal de que tienen que ir a buscar algunos socios para asumir las otras tareas. Para ellos, el pinchazo es una valiosa fuente de información. Les dice que hay algo que no saben cómo hacer, que no son buenos en ello, que es el momento de recorrer su red nodal y salir de sus centros para encontrar ayuda.

De nuevo, tu red nodal es tu activo más valioso. El tiempo y la atención son tus dos recursos más valiosos. La brillantez en los negocios requiere que confíes en tu activo más valioso para encontrar ayuda conservando tus recursos más valiosos.

LA TÉCNICA: requiere treinta minutos. Haz una rápida estimación sobre una tarea que consuma tu tiempo y que no haces bien o no deberías hacerla solo. Utiliza la estimación para calcular el valor mínimo que podrías crear si alguien más estuviera empleando el tiempo para hacer esa tarea. Ese número es tu presupuesto. Recorre tu red nodal, haz llamadas y encuentra a alguien que pueda hacer la tarea por esa cantidad y ni un céntimo más. Incluso si el número es muy bajo, sé creativo. Funciona.

ESENCIAL 12: CONSIGUE UN ASESOR

A estas alturas debería ser obvio que no se necesita dinero para hacer dinero. Se necesita gente. Esto debería ser una buena noticia, porque el acceso a la gente suele ser más fácil y más divertido que el acceso a dinero contante y sonante.

Aquí está el inconveniente: la gente es humana. Los miembros de tu red, los miembros de tu equipo, tus clientes... cada uno de ellos tiene un conjunto humano exclusivo de necesidades, deseos, caprichos y limitaciones que necesitas comprender y encajar. Estas personas tienen las llaves de tus metas financieras pero, naturalmente, están comprometidas en primer lugar con sus propios objetivos. Todos los días corres el riesgo de dejar de lado tus propios fines en el torbellino de responder a las solicitudes y preocupaciones de los demás.

Esta es la razón por la que necesitas un asesor. Necesitas a alguien que te pida cuentas de tus propios objetivos y evite la dispersión de tus proyectos. Con el tipo correcto de asesor, tendrás una persona entre todas las personas en tu vida profesional y personal en la que puedes confiar para ayudarte a poner tus objetivos en primer lugar. No importa lo competente y orientado a los objetivos que estés, un buen asesor puede hacerte mejor.

Los tipos de servicios de asesoramiento varían ampliamente, pero nuestros estudios sobre asesores en el sector de los servicios financieros mostraron que un moderado y económico asesoramiento (consistente en consultas telefónicas semanales) puede aumentar los ingresos para sus clientes en un veinticinco por ciento o más. Si piensas en un asesor como un «jefe al que puedes despedir», como alguien ante quien eres responsable pero sin trabajar para él, puedes asegurarte de que siempre haya alguien dispuesto a ayudarte a evitar los obstáculos y distracciones de tus metas.

LA TÉCNICA: al igual que con cualquier búsqueda de un profesional en servicios personales, deberías entrevistar a unos cuantos asesores antes de decidirte por uno. Si estás usando este libro como guía para el desarrollo de tu brillantez en los negocios, querrás identificar a un asesor dispuesto a trabajar contigo en los 17 Fundamentos. Hay un sinnúmero de recursos en línea para encontrar asesores, pero no deberías dejar pasar la oportunidad de conseguir primero referencias de tu red nodal.

➤ Persistencia

¿Cómo logran tener éxito los millonarios hechos a sí mismos cuando, de media, *fallan* con más frecuencia que los demás? Es muy sencillo. Fallan más a menudo porque lo intentan con más frecuencia.

FUNDAMENTO 13: HACER AMIGOS QUE FALLAN

Nunca es divertido cuando un proyecto no alcanza su objetivo. La única cosa peor que fracasar, sin embargo, es equivocarse en aprender del fallo. Para desarrollar tu brillantez en los negocios necesitas abrazar los reveses que vienen en camino. Es necesario examinar cada uno con cuidado y usar ese análisis para hacer ajustes en un segundo intento. ¿Por qué? Porque cualquier cosa que vale la pena probar merece la pena probarla de nuevo.

Es *natural* querer renunciar y huir del dolor de la decepción. Un intento fallido de cualquier tipo te dará un montón de evidencias de que el proyecto era fundamentalmente erróneo, o que no estabas hecho para él. Esa es la trampa que el fracaso establece para nosotros, una trampa en la que la mayoría de nuestros encuestados de clase media dicen caer. He descubierto tras dos encuestas distintas que su respuesta más común ante el fracaso es rendirse y hacer otra cosa.

La gran mayoría de los millonarios hechos a sí mismos son diferentes. Ellos regresan a donde fallaron porque saben que a menudo se necesita más de un intento para obtener los puntos de vista y conocimientos necesarios para tener éxito en cualquier cosa. Cada vez que fallan el objetivo, se acercan más al logro en el siguiente intento. Terminan convirtiéndose en brillantes para los negocios porque es esta rara cualidad de la persistencia lo que en última instancia les distingue.

LA TÉCNICA: requiere treinta minutos. Mira la estimación (Fundamento 5) del proyecto que fracasó. Toma algunas notas en cada supuesto dentro de la estimación que no cumplió con las expectativas. Incluso si sientes que es obvio lo que salió mal, anótalo por la misma razón por la que confirmas tus objetivos financieros sobre el papel, para hacerlo real. Un conjunto concreto de expectativas fallidas, escrito con claridad, te da algunos puntos de referencia sólidos y prepara el camino para el segundo o tercer intento.

FUNDAMENTO 14: MANTÉN TUS CAMBIOS PARA TI MISMO

Hay una diferencia entre la persistencia y golpearse la cabeza contra una pared. Antes de intentar una segunda vez algo que no funcionó, debes tener en cuenta lo que vale la pena tratar de cambiar y lo que no.

Los millonarios hechos a sí mismos son casi unánimes en un punto: cuando te recuperes de un fracaso, no trates de cambiar a las otras personas. Solo el uno por ciento dijo que era propenso a «tratar de cambiar el comportamiento o enfoque de su socio la próxima vez». En vez de ello ponen la responsabilidad sobre sí mismos. Cerca de siete de cada diez dijeron que eran más propensos a cambiar su propio comportamiento o enfoque, con otros tres de cada diez afirmando que probablemente tratarían de cambiar las circunstancias en un segundo intento.

Es un punto bastante sólido con los 17 Fundamentos. Pase lo que pase, debes asumir que un setenta por ciento se debe a tus propias acciones y un treinta por ciento a las circunstancias, porque esos son los dos únicos factores que puedes controlar o cambiar la siguiente vez. Cuando intentes de nuevo algo que fracasó o no cumplió las expectativas de la primera vez, te ahorrarás una gran cantidad de esfuerzo en vano si mantienes esta cantidad en mente.

LA TÉCNICA: requiere veinte minutos. Vuelve a las notas que tomaste en el Fundamento 13. Reescribe cada elemento de lo que salió mal en un lenguaje que te haga responsable de garantizar que eso irá bien la próxima vez. Aquello que parezca ser una equivocación de tu socio, táchalo. Necesitas arriesgarte a que él haya aprendido de su error. Hay poco o nada que puedas hacer al respecto, salvo conseguir un nuevo socio.

FUNDAMENTO 15: INTÉNTALO UNA Y OTRA Y OTRA VEZ

Descubrir tu completa audacia en los negocios es un proceso «iterativo». El término procede de la palabra latina *iterare*, «repetir». Los matemáticos que utilizan cálculos iterativos comienzan con una suposición inicial a una respuesta. Luego ejecutan una serie de aproximaciones cada vez más refinadas para acercarse más y más al resultado correcto. La razón por la que utilizan el método iterativo es muy instructiva: algunas ecuaciones llevarían más de una vida para ser resueltas si se calcularan mediante fórmulas matemáticas exactas.

Lo mismo ocurre con la brillantez en los negocios. No puede ser hecho perfecta y exactamente. No hay suficientes horas en un día o en tu vida para encontrar el método preciso de hacer las cosas bien al primer intento. Es mejor que comiences desde hoy con expectativas iterativas. Trazas tu estimación, haces tu oferta y avanzas, sabiendo que hay mucho que no sabes.

Tal vez tengas éxito. Tal vez tengas éxito solo modestamente. Pero si fracasa o simplemente te decepcionas a ti mismo, considera que acabas de dar el primer paso para dirigirte hacia tu objetivo. Ahora estás mejor informado. Sabes dónde están algunos de los escollos. El segundo intento podría revelar aún más obstáculos, pero puesto que es la segunda vez, estarás también mejor preparado para sortearlos.

Recuerda que cualquier cosa que vale la pena probar merece la pena intentarlo de nuevo. Y otra vez. Y otra vez.

LA TÉCNICA: requiere treinta minutos. Revisa tus hojas de trabajo de los Fundamentos 13 y 14. A continuación, vuelve al Fundamento 5 y rehaz los números para una nueva estimación.

ESENCIAL 16: NO PROCRASTINAR

La procrastinación está en gran parte alimentada por el miedo al fracaso. Si puedes aclimatarte a los reveses ocasionales y las decepciones, es más fácil seguir adelante porque le estás negando a la procrastinación su combustible.

La procrastinación también tiene que ver con el perfeccionismo. Un montón de gente posterga perseguir sus sueños ya que puede ser más divertido imaginar el logro de algo grande que soportar las dificultades de lograr cualquier cosa, incluso las razonablemente buenas. La postergación de la toma de decisiones y de la adopción de medidas son las dos formas más infalibles de evitar malas decisiones y malos resultados.

La brillantez en los negocios requiere que tomes el rumbo opuesto. Mantienes la toma de decisiones con información imperfecta, porque cuando estás haciendo más cosas adecuadas que equivocadas, incluso una mala decisión es generalmente mejor que ninguna decisión en absoluto. Ese es el efecto de la sinergia de estos 17 Fundamentos. Cuando dispones un sólido conjunto de objetivos y trabajas en tu centro, en la cola del dinero, con un equipo talentoso y una red de contactos fuerte, el único error que puedes cometer es el error de no intentarlo.

LA TÉCNICA: desciende por la lista de los 17 Fundamentos. Si estás procrastinando, encuentra el fundamento en que has podido quedar atascado. En caso de duda, confía en tu red de contactos. Si estás realmente atascado, puede que necesites un nuevo asesor.

FUNDAMENTO 17: FABRICA TU PROPIA SUERTE

Los millonarios hechos a sí mismos tienen suerte y lo saben. En nuestra encuesta, siete de cada diez adscriben la «suerte» como importante para su éxito financiero. Solo la elección de la carrera y la persistencia puntúan más alto. La educación, la creatividad y poner el propio capital en riesgo fueron consideradas menos importantes que la suerte en lo que respecta al éxito financiero.

Los investigadores han estudiado a personas que se consideran afortunadas. Encuentran las mismas preferencias y cualidades personales entre los afortunados que yo encuentro entre los millonarios hechos a sí mismos. La gente afortunada nutre sus metas y espera que sucedan. Ellos crean la mayoría de las oportunidades que salen al paso. Se asocian a otras personas que se consideran afortunadas. Transforman su desgracia en buena suerte perseverando y sacando el lado bueno incluso de las peores circunstancias.

La brillantez en los negocios y fabricar tu propia suerte son realmente la misma cosa. Ambas se basan en prácticas ordinarias y cotidianas compuestas por ARAP: Aprendizaje, Rentabilidad, Ayuda y Persistencia.

ARAP, en definitiva, es solo otra manera de nombrar la SUERTE.

LA TÉCNICA: duplica lo que mejor sabes hacer. Exprime tu ventaja cuándo y dónde tengas la ventaja. Trabaja tu red de contactos. Inténtalo una y otra vez. Por encima de todo: pide. Pide lo que deseas. Pide incluso cuando te sientas incómodo. Pide más de lo que necesitas. Pide lo que tienes miedo de pedir, y pídelo más de una vez. Pide hasta que la palabra «No» pierda su aguijón. Cuando puedas reírte del «No» y mirar cada revés como una fuente de aprendizaje, entonces sabrás que te has convertido en una de las personas afortunadas destinadas a llegar a ser brillante en los negocios.

Notas

CAPÍTULO 1: BRILLANTE EN LOS NEGOCIOS

3   Sus cuantiosos triunfos en la Super Bowl y un promedio en su carrera de
     683: Salón de la Fama del Fútbol Americano Profesional (http://www.
     profootballhof.com).

3   «probablemente el mejor entrenador en la historia de la liga»: de una
     entrevista personal con Charley Casserly, 20 marzo 2012.

4   «Nos especializamos en la visión, no solo en la vista»: de una entrevista
     personal con el doctor Harry Wachs, 21 marzo 2012.

4   Los ojeadores del equipo viajaron por todo el país con un conjunto de he-
     rramientas Wachs-Berger: resumen de Ken Denlinger sobre las técni-
     cas avanzadas de entrenamiento de fútbol en su artículo "FOOTBALL
     SMARTS: Are Computers and Thick Playbooks Necessary When Team
     That Blocks and Tackles Best Usually Wins?", *Los Angeles Times*, 10
     enero 1988.

5   «brillante en el fútbol»: un término que el entrenador Gibbs usa a
     menudo. Le oí pronunciarlo por primera vez en un discurso en Miami,
     5 junio 2011. También lo usa en su libro *Racing to Win* [Corriendo para
     ganar] para describir grandes estrategias de fútbol.

6   Los últimos veinticinco años, Russ Prince ha trabajado: conocí a Russ
     Prince en el año 2000. A pesar de que trabajamos juntos durante varios
     años, no me dirigiría la palabra directamente durante el primer año de
     nuestra relación. Trabajábamos mediante un intermediario. Al final,

empezamos a trabajar el uno con el otro directamente y nos hicimos amigos, compañeros y, finalmente, coautores y socios de negocios. Casi todo lo que sé acerca de la gente rica lo he aprendido de Prince. Todo lo que sé sobre Prince, lo he aprendido de él de primera mano, porque nadie ha escrito jamás un libro sobre él. Hay una minuciosa, aunque anticuada, bibliografía del trabajo de Russ en http://russalanprince.com/ bibliography.html.

7   Prince y yo nos conocemos desde hace mucho: un buen lugar para tomar batidos de chocolate y comida a un precio razonable en Nueva York es el Burger Heaven en la 20 Este con la Calle 49.

8   En 2006, Prince y yo: Alan Prince y Lewis Schiff, *The Influence of Affluence: How the New Rich Are Changing America* (Nueva York: Broadway Books, 2009).

10   o el modo en que un gas venenoso: estoy en deuda con la catedrática de Harvard Amy C. Edmondson por este simple y memorable ejemplo de sinergia. Aparece en la página 40 de su libro, *A Fuller Explanation: The Synergetic Geometry of R. Buckminster Fuller* (Pueblo, CO: Emergentworld, 2009). En la misma página, Edmondson cita la elegante definición de Fuller de la palabra: "Sinergia significa el procedimiento de los sistemas impredecibles según el comportamiento de sus partes de forma separada".

12   En mayo de 2003, el doctor Richard Shannon: la fuente principal de esta historia es Naida Grunden, *The Pittsburgh Way to Efficient Healthcare: Improving Patient Care Using Toyota-based Methods* (Nueva York: Healthcare Performance, 2008). Ver también Bernard Wysocki Jr., "Industrial Strength: To Fix Health Care, Hospitals Take Tips from Factory Floor", *Wall Street Journal*, 9 abril 2004; Douglas McCarthy y David Blumenthal, "Case Study: Perfecting Patient Care at Allegheny General Hospital and the Pittsburgh Regional Healthcare Initiative", Commonwealth Fund, 2006, http://www.commonwealthfund.org/Innovations/Case-Studies/2008/Sep/Case-Study—Perfecting-Patient-Care-at-Allegheny- General-Hospital-and-the-Pittsburgh-Regional-Health. aspx.

13   Decenas de miles de pacientes de hospital: la cifra de 250 muertes al día se le atribuye a los Centros para el Control y Prevención de las Enfermedades, y fue citada en una entrevista con el doctor Richard Shannon en la Radio Pública Nacional, "Q & A: How One Hospital Cut Infections", 11 mayo 2006.

16   En los últimos seis años: según la Reserva Federal, el valor neto del patrimonio de los hogares alcanzó el pico de 67,500 millones de dólares en el tercer trimestre de 2007. Después perdió 16,200 millones de dólares durante los siguientes dieciocho meses, hundiéndose hasta los 51,300 millones durante el primer trimestre de 2009 (el 6 de marzo de 2009 el Dow Jones cerró en su mínimo histórico anual de 6,547.05). Tres años más tarde, durante el primer trimestre de 2012, el valor neto del patrimonio había vuelto a escalar hasta los 62,900 millones de dólares, lo que aún suponía 4,600 millones de dólares por debajo del pico de 2007. *Flow of Funds Accounts of the United* States (Washington, DC: Board of Governors of the Federal Reserve System, 7 junio 2012). Ver también *Federal Reserve Bulletin*, segunda edición, vol. 98 (Washington, DC: Board of Governors of the Federal Reserve System, junio 2012).

16   La Oficina del Censo estima: Alfred Gottschalck y Marina Vornovytskyy, "Changes in Household Net Worth from 2005 to 2010", Random Samplings: The Official Blog of the U.S. Census, 18 junio 2012, http://blogs.census.gov/2012/06/18/changes-in-household-net-worth-from-2005-to-2010/.

16   El desempleo en la administración: Marios Michaelides y Peter R. Mueser, "Recent Trends in the Characteristics of Unemployment Insurance Recipients", *Monthly Labor Review* (Washington, DC: U.S. Bureau of Labor Statistics, julio 2012). Ver también Lawrence Mishel, "White-Collar Unemployment Double Its Pre-recession Level for Almost 2.5 Years", Economic Policy Institute, Economic Snapshot, 28 septiembre 2011, http://www.epi.org/publication/white-collar-unemployment-level/.

18   La gran mayoría de hospitales: el doctor Peter Provonost del John Hopkins, líder en el movimiento para reducir las infecciones hospitalarias, le dijo a ABC News en 2011 que «los errores suceden en todos los hospitales. Nuestra respuesta actual es decirles a los médicos y enfermeras que sean cuidadosos en vez de hacer que sea imposible que los errores sucedan». Provonost quiere que se contraten fabricantes de aparatos e ingenieros de sistemas para mejorar la seguridad de los pacientes implementando procesos sinérgicos como el modelo de Toyota. «Debemos invertir en la ciencia de la prestación de asistencia sanitaria», dijo Provonost. «Estados Unidos gasta dos centavos en la ciencia de la prestación de asistencia sanitaria por cada dólar que gasta en encontrar nuevos genes».

Katie Moisse, "Hospital Errors Common and Underreported", ABC News Medical Unit, 7 abril 2011.

Provonost culpa a la arrogancia entre los médicos y los ejecutivos de la asistencia sanitaria por levantar un conjunto de barreras para el desarrollo de «maneras medibles, alcanzables y rutinarias que prevengan perjudicar al paciente... Es inadmisible que tantas personas estén muriendo a causa de estas barreras de arrogancia», dijo Provonost en 2010. «No puedes ser arrogante en un modelo para la corresponsabilidad». De "Bringing True Accountability to Health Care: Lessons from Efforts to Reduce Hospital-Acquired Infections", boletín informativo Johns Hopkins Medicine, 13 julio 2010, http://www.hopkinsmedicine.org/news/ media/releases/ bringing_true_accountability_to_health_care_les sons_from_efforts_ to_reduce_hospital_acquired_infections/.

19   Podría ser una cuestión de motivación: de *Making Health Care Safer: A Critical Analysis of Patient Safety Practices* (Rockville, MD: Agency for Healthcare Research and Quality, 2001), 25. «[Es] innegable que algunas industrias, especialmente de aviación comercial, tienen registros de seguridad muy superiores a los de la asistencia sanitaria».

19   Es probable que nunca hayas oído: artículo de Haque, "The Economic Roots of Your Life Crisis", aparecido en la entrada del blog *Harvard Business Review*, 16 marzo 2012, http://blogs.hbr.org/haque/.

20   Por primera vez en la historia de Estados Unidos: en diciembre de 2001, el setenta y uno por ciento de los estadounidenses pensaban que era probable que los niños tuvieran una vida mejor que sus padres. En mayo de 2011, esa cifra había descendido hasta el cuarenta y cuatro por ciento, y era solo del treinta y siete por ciento entre los hogares con ingresos anuales superiores a los 75,000 dólares. Elizabeth Mendes, "In U.S., Optimism about Future for Youth Reaches All-Time Low: The Highest-Income Americans Are Among the Least Optimistic about the Future", *Gallup Politics*, 2 mayo 2011, http://www.gallup.com/poll/147350/Optimism-Future-Youth-Reaches-Time- Low.aspx.

21   Y la mayoría de administradores de hospital: Richard Shannon usó la frase «teoría de la inevitabilidad» en su entrevista con la NPR (11 mayo 2006) y en el capítulo que escribió para *Infection Prevention and Control: Current Research and Practice* (Oakbrook Terrace, IL: Joint Commission Resources, 2007).

CAPÍTULO 2: HAZ LO QUE TE APASIONA, PERO SIGUE EL DINERO

25 Si hubieras sido uno de los progenitores de Guy Laliberté: la mayoría de los hechos y las cifras acerca del Cirque du Soleil han sido provistos por la compañía. Los detalles sobre los primeros años de Laliberté y del Cirque están tomados de la historia autorizada de la compañía, de Tony Babinski y Kristian Manchester, *Cirque du Soleil: 20 Years Under the Sun—An Authorized History* (Nueva York: Harry N. Abrams, 2004).

26 Le Grand Tour había sido concebido: Doug Fisher escribió un relato excelente de los primeros años del Cirque desde una perspectiva inequívocamente canadiense en *Ottawa Citizen*, 4 octubre 1988.

27 Gracias a su participación mayoritaria en la compañía matriz del Cirque: en fecha de marzo de 2012, *Forbes* sitúa el patrimonio neto de Laliberté en los 2,600 millones de dólares, convirtiendo su fortuna en la undécima más grande de Canadá y colocándola en el puesto número 464 del mundo.

29 Marsha Sinetar dijo que la idea la tuvo: de *Haz lo que amas, el dinero te seguirá: Descubre el verdadero sentido de tu vida* (Sunrise, FL: Taller del Éxito, 2010). Sinetar llegó a publicar más de una veintena de libros, incluyendo uno titulado *To Build the Life You Want, Create the Work You Love: The Spiritual Dimension of Entrepreneuring* (Nueva York: St. Martin's, 1995).

30 Y ese era el caso de Guy Laliberté: para saber más acerca de la historia del Cirque du Soleil y su lugar en la historia del circo, el mejor libro disponible es el de Ernest J. Albrecht, *The New American Circus* (Gainesville: University Press of Florida, 1995).

32 Laliberté y Caron se separaron en amargas condiciones: los desdeñosos comentarios de Caron sobre Laliberté aparecieron en la biografía no autorizada de 2009 escrita por Ian Halperin, *Guy Laliberté: The Fabulous Life of the Creator of Cirque du Soleil: A Biography* (Montreal: Transit, 2009). El libro de Halperin contiene algunas páginas salaces en relación con el sexo y las drogas en las fiestas del Cirque, y otros alegatos acerca de la vida personal de Guy Laliberté. Halperin y Laliberté emprendieron acciones legales el uno contra el otro que después resolvieron sin llegar a los tribunales en 2011. Halperin se disculpó con Laliberté sin retractarse de ninguno de los contenidos del libro.

33 Hirst nació en circunstancias bastante menos favorables: para una historia personal de Hirst bien documentada, ver Richard Lacayo, "Damien Hirst: Bad Boy Makes Good", *Time*, 15 septiembre 2008, y Donald N. Thompson, *El tiburón de 12 millones dólares: La curiosa economía del arte contemporáneo y las casas de subasta* (Barcelona: Ariel, 2009).

35 Para entonces la reputación de Hirst se había consolidado: *The $12 Million Stuffed Shark* [*El tiburón de 12 millones dólares*] incluye una historia en la página 68 acerca de un amigo de Hirst llamado A. A. Gill, que quería vender un retrato de Joseph Stalin que había comprado por doscientas libras. La casa de subastas Christie's rechazó encargarse de la pintura a causa de su naturaleza política, pero a Gill se le ocurrió preguntar «¿Qué pasaría si fuese un retrato de Stalin pintado por Hirst?». Christie's le respondió que estarían encantados de subastar cualquier cosa de Hirst. Así que Gill le pidió a su amigo que le hiciera un pequeño favor. Hirst pintó una nariz roja de payaso en el retrato de Stalin y lo firmó. Christie's estimó el valor máximo del retrato en doce mil libras, pero después de diecisiete pujas rivales, se vendió por 140,000 libras. Thompson escribe: «Después de todo, era un Hirst firmado».

36 Por la época de ese anuncio: de "Dumping the Shark", editorial del *New York Times*, 20 julio 2007.

38 En la primavera de 1969: del propio relato de Deci en su excelente libro, coescrito con Richard Flaste, *Why We Do What We Do: The Dynamics of Personal Autonomy* (Nueva York: G. P. Putnam's Sons, 1995).

40 «[Esto es] lo que millones de nosotros»: del *best seller* de Alfie Kohn *Punished by Rewards: The Trouble with Gold Stars, Incentive Plans, A's, Praise, and Other Bribes* (Boston: Houghton Mifflin, 1993).

45 O'Hurley apareció en solo veinte: los números de episodio son de Movie Database, www.imdb.com.

45 Patrick Warburton, que interpretaba: Susan King, "A Life beyond Puddy", *Los Angeles Times*, 15 marzo 2001.

45 Protagonizó anuncios en televisión: Stuart Elliott, "Madison Avenue's Low Road; Deals, Not Enjoyable Campaigns, Were the Hallmark of 1998", *New York Times*, 31 diciembre 1998.

45 Hizo cuñas para emisoras de radio: David Vinjamuri, *Accidental Branding: How Ordinary People Build Extraordinary Brands* (Hoboken, NJ: John Wiley & Sons, 2008).

45 Una compañía de tecnología visual online: "The Peterman Principle", *Businessweek*, 9 enero 2006.

46 O'Hurley debutó en Broadway: Ibíd.

46 O'Hurley contó en una entrevista: Mabel Jong, "John O'Hurley, J. Peterman and Success: Yada, Yada, Yada", Bankrate.com, 6 junio 2003.

CAPÍTULO 3: AHORRA MENOS, GANA MÁS

51 Cuando Suze Orman recuerda su vida: Susan Dominus, "Suze Orman Is Having a Moment", *New York Times Magazine*, 14 mayo 2009. La historia ofrece algunos puntos de vista interesantes sobre la perspectiva de Orman acerca de su trabajo. A pesar de que sus libros advierten contra el despilfarro de comprar coches nuevos, Orman apareció en los anuncios de General Motors publicitando una promoción al cero por ciento de interés. «No estoy en esto por caridad», dijo en respuesta a las críticas. «Esto es un negocio, y cualquiera que piense que no es un negocio es un idiota».

51 El libro de Orman de 1999: Suze Orman, *The Courage to Be Rich: Creating a Life of Material and Spiritual Abundance* (Nueva York: Riverhead, 1999), pp. 66-71. [*Atrévase a ser rico: Cómo crear una vida de abundancia material y espiritual* (Barcelona: Ediciones Granica, 2001)].

53 La columnista de *Newsweek* Jane Bryant Quinn: Ed Slott, *Parlay Your IRA into a Family Fortune: 3 Easy Steps for Creating a Lifetime Supply of Tax-Deferred, Even Tax-free, Wealth for You and Your Family* (Nueva York: Viking, 2005).

53 Cualquier persona que haya considerado seriamente: Randall Jones, *The Richest Man in Town: The Twelve Commandments of Wealth* (Nueva York: Business Plus, 2009).

54 Felix Dennis puede ser un tacaño radical: Felix Dennis, *How to Get Rich* (Londres: Ebury; Nueva York: Random House, 2006).

54 A pesar de toda la evidencia: Suze Orman, *The Courage to Be Rich*, p. 112.

54 No es por meterme con Suze: "She's So Money: Questions for Suze Orman", entrevista de Deborah Solomon, *New York Times Magazine*, 25

febrero 2007. «Mi mayor placer sigue siendo los vuelos privados. Me gasto entre trescientos mil y quinientos mil dólares, dependiendo del año, en vuelos privados».

55 Así que cuando Orman afirma que escatimando y ahorrando: Orman, *The Courage to Be Rich*, p. 71.

55 Las probabilidades dicen que la única razón: Robin L. Pinkley y Gregory B. Northcraft, *Get Paid What You're Worth: The Expert Negotiator's Guide to Salary and Compensation* (Nueva York: St. Martin's Griffin, 2000).

56 En 1995, Linda Babcock: Linda Babcock y Sara Laschever, *Las mujeres no se atreven a pedir: Saber negociar ya no es solo cosa de hombres* (Barcelona: Amat Editorial, 2005).

58 Otros estudios han demostrado: Pinkley y Northcraft, *Get Paid What You're Worth*.

58 En el próximo año, cincuenta millones de trabajadores estadounidenses: hubo 50,1 millones de nuevas contrataciones en Estados Unidos en 2011, que representan el 38.1 por ciento del empleo total. Del Departamento del Trabajo de Estados Unidos, Oficina de Estadísticas Laborales, "Annual Hires, Separations, Quits, Layoffs and Discharges, 2011", reportado por TED: The Editor's Desk, 14 marzo 2012, http://www.bls.gov/ opub/ ted/2012/ted_20120314.htm.

60 La mayoría de los directores de recursos humanos dijeron a Pinkley y Northcraft: Pinkley y Northcraft, *Get Paid What You're Worth*.

61 En palabras de una popular guía de negociación: Jack Chapman, *Negotiating Your Salary: How to Make $1,000 a Minute* (Wilmette, IL: Jack Chapman, 2011).

62 Después de que saliera su primer libro: *Si lo quieres, ¡pídelo!: Aprende a ser una buena negociadora* (Barcelona: Ediciones B, 2009).

63 Babcock reconoce que es más fácil: la historia sobre la encargada de la limpieza del hotel de las Bermudas aparece el capítulo 9 de *Si lo quieres, ¡pídelo!*

64 En su último libro: Suze Orman, *The Money Class: Learn to Create Your New American Dream* (Nueva York: Speigel and Grau, 2011).

65 Es cierto que el mundo laboral: Richard Vedder, "Why Did 17 Million Students Go to College?", blog de Innovations *Chronicle of Higher*

Education, 20 octubre 2010. Vedder es el director el Center for College Affordability and Productivity [Centro para la asequibilidad y la productividad universitaria]. Su análisis de las estadísticas del Departamento del Trabajo también muestra que «hay 5,057 conserjes en Estados Unidos con doctorados o grados profesionales», http://chronicle.com/blogs/innovations/why-did-17-million-students-go-to-college/27634.

65   En 1979, alrededor del veintiocho por ciento de los trabajadores estadounidenses: análisis de las estadísticas del Departamento del Trabajo por la New American Foundation; Sherle R. Schwenninger y Samuel Sherraden, "The American Middle Class under Stress", 27 abril 2011, http://growth.newamerica.net/publications/policy/the_american_middle_class_under_stress.

65   El asesor de gestión Umair Haque: en "The Economic Roots of Your Life Crisis" Haque escribe plenamente en el espíritu de la brillantez para los negocios: «Si realmente queremos hacer pedazos el corsé de la crisis de la vida, debemos reconocer el dilema más profundo y negarnos a conformarnos con algo menos que romperlo. Un paso diminuto, tembloroso, pero decisivo, y con el que enfocar nuestro propio viaje hacia una vida ardientemente bien vivida. No es fácil. Lo sé. Puede parecer paralizante, debilitante, e inducir el pánico. Pero he aquí el secreto dentro del secreto. Las instituciones fallan. Pero la vida sigue».

68   Sobre este tema, voy a cederle la última intervención a Linda Babcock: Babcock escribe en el capítulo final de *Si lo quieres, ¡pídelo!*: «Conseguir siempre lo que pides en una negociación —escuchando siempre sí y nunca exponiéndote al no— significa que *nunca pides lo suficiente*. La prudencia excesiva, más que protegerte del rechazo o de perder la reputación, de hecho puede impedirte conseguir todo lo que vales, todo lo que mereces y todo lo que está disponible».

CAPÍTULO 4: IMITAR, NO INNOVAR

71   Gary Kildall tenía treinta años y era doctor: tres libros excelentes ofrecen relatos similares de la rivalidad entre Kildall y Gates: Robert X. Cringely, *Accidental Empires: How the Boys of Silicon Valley Make Their Millions, Battle Foreign Competition, and Still Can't Get a Date* (Reading, MA:

Addison-Wesley, 1991); James Wallace y Jim Erickson, *Hard Drive: Bill Gates and the Making of the Microsoft Empire* (Nueva York: Wiley, 1992); Stephen Manes y Paul Andrews, *Gates: How Microsoft's Mogul Reinvented an Industry—and Made Himself the Richest Man in America* (Nueva York: Doubleday, 1993). Además, un minuciosos capítulo dedicado a la historia de Gary Kildall aparece en el libro de Harold Evans, Gail Buckland y David Lefer, *They Made America: From the Steam Engine to the Search Engine: Two Centuries of Innovators* (Nueva York: Little, Brown, 2004).

73 A mediados de la década de 1980: el intento de Gary Kildall de vender Digital Research a Bill Gates se narra en Harold Evans et al., *They Made America*. El libro proporciona la siguiente entrada de las memorias no publicadas de Kildall con respecto a la reunión final con Gates: «Dejamos de ser amigos por alguna razón que todavía hoy no entiendo. Sin embargo, este rechazo de Bill fue uno de sus grandes errores empresariales».

78 Así que a finales de verano de 1980: en *Hard Drive*, James Wallace y Jim Erickson escriben: «En una serie de reuniones con Microsoft después del desplante inicial de Digital Research, Sams arrojó el problema de los sistemas operativos en el regazo de Gates. "Esta fue la táctica de negociación que usamos con ellos", dijo Sams. "Queríamos que ese fuera su problema, encontrarnos el sistema operativo adecuado, uno que pudiésemos integrar con éxito en nuestro calendario"».

80 ¿Dónde se equivocó Kildall?: la cita es de Gordon Eubanks, entrevistado para el documental de la PBS *Triumph of the Nerds*, Oregon Publi Broadcasting, 1996. Eubanks era amigo y socio desde hacía mucho tiempo de Kildall, y más tarde se convertiría en el presiente y director ejecutivo de Symantec, el fabricante de software antivirus. Una vez Eubanks le dijo a un entrevistador que aprendió del ejemplo de Kildall que «si vas a dirigir una compañía, debes adoptar una visión a largo plazo. Debes dirigirla para tener éxito, y debes dirigirla para la gente que trabaja en ella... Gary realmente no tenía la pasión ni el instinto. Era una gran persona y éramos muy buenos amigos. En verdad tenía un gran concepto de él. Era muy divertido, pero dirigir un negocio no era algo que estuviera entre sus prioridades... Bill [Gates], de todo cuanto puedas oír sobre él, Bill realmente quería construir un negocio, y era agresivo, tal vez despiadado. Pero mayormente era agresivo. En realidad Gary tenía la mejor mano.

Simplemente no jugó bien sus cartas». Gordon Eubanks Oral History, Computerworld Honors Program International Archives, Cupertino, CA, 2000, http://www.cwheroes.org/archives/ histories/Eubanks.pdf.

81 Thomas Edison no: Kendall F. Haven, *100 Greatest Science Inventions of All Time* (Westport, CT: Libraries Unlimited, 2006).

81 Y Henry Ford no: Joseph W. Barnes, "Rochester and the Automobile Industry", *Rochester History* 43, núm. 2 y 3 (abril y julio 1981).

81 Los apellidos Swan, Selden: las citas de Dobrev son de Sarah E. Needleman, "In Race to Market, It Pays to Be a Latecomer", *Wall Street Journal*, 20 enero 2011.

82 En *The Myths of Innovation*: Scott Berkun, *The Myths of Innovation* (Sebastopol, CA: O'Reilly, 2007).

82 La mayoría de los inventores que: Thomas Astebro, "The Return to Independent Invention: Evidence of Risk Seeking, Extreme Optimism or Skewness-Loving?", *Economic Journal* 113, núm. 484 (2003): pp. 226-239. El estudio también fue mencionado en un artículo sobre emprendedores, "Searching for the Invisible Man", *Economist*, 11 marzo 2006.

82 Según la estimación de Berkun: los ocho obstáculos de la innovación son: encontrar una idea, desarrollar una solución, patrocinio y financiación, reproducción (manufactura), alcanzar a tu cliente potencial, vencer a tus competidores, la planificación y, por último, seguir abierto. Toda invención requiere que su inventor supere esos ocho obstáculos, mientras que tropezar con cualquiera de ellos implica el fracaso de toda la obra. Es por eso que, escribe Berkun, hay más de cuatro mil patentes de trampas de ratones, pero solo veinte han reportado alguna vez beneficios a sus inventores.

82 La otra cara de la moneda: el último estudio de Paul D. Reynolds es *Entrepreneurship in the United States: The Future Is Now* (Nueva York: Springer, 2010).

83 Una encuesta entre un grupo mucho más selecto: *The Origin and Evolution of New Businesses* (Nueva York: Oxford University Press, 2000). [*Origen y evolución de nuevas empresas* (México: Universidad Iberoamericana, 2003)].

84 La idea de que puedes hacerte rico: las estadísticas del International Shark Attack File [Archivo nacional de ataques de tiburón] dicen que no hubo víctimas mortales por ataque de tiburón en Estados Unidos en

2011, y solo un total de once entre 2000 y 2011. Cada año, sin embargo, hay unas cincuenta víctimas mortales por picaduras de insecto, según el American College of Allergy, Asthma, and Immunology [Universidad Americana de alergias, asma e inmunología]. El Servicio Meteorológico Nacional contó veintinueve víctimas mortales por impacto de rayo en Estados Unidos en 2010. Durante el mismo año, la Oficina de Estadísticas Laborales registró 129 caídas fatales desde una escalera.

84 No fue hasta 2002: *The Perfect Store: Inside eBay* (Boston: Little, Brown, 2002).

85 Incluso sin semejante giro empresarial: Jeremy Seabrook, "E-mail from Bill", *New Yorker*, 10 enero 1994.

85 Si hay un daño que pueden causar: Pino G. Audia y Christopher I. Rider, "A Garage and an Idea: What More Does an Entrepreneur Need?", *California Management Review* 48, núm. 1 (otoño 2005).

86 Como Dan y Chip Heath escribirían: Dan Heath y Chip Heath, "The Myth about Creation Myths", *Fast Company*, 1 marzo 2007.

86 Audia y Rider llegaron a la conclusión: Audia y Rider, "A Garage and an Idea". Audia fue entrevistado para el programa de radio *This American Life*, episodio 383, "Origin Story", 19 junio 2009. Le dijo al presentador Ira Glass: «[Si] quieres convertirte en emprendedor, lo más obvio que puedes hacer es buscarte un trabajo en una industria que sea de tu interés y aprender, y al final, más tarde intentar crear una compañía».

86 Bhide llegó a una conclusión similar: la cita aparece en *The Origin and Evolution of New Businesses* (Nueva York: Oxford University Press, 2000), pp. 32-33.

86 Larry Ellison, el multimillonario fundador: Larry Ellison, director ejecutivo de Oracle Corporation, citado en el libro de Symonds y Larry Ellison. *Softwar: An Intimate Portrait of Larry Ellison and Oracle* (Nueva York: Simon and Schuster, 2003).

87 El paso del tiempo: «El genio [de Gates] nunca ha consistido en ver más allá que los demás, sino en ver el futuro próximo mucho más claramente, y entender mucho mejor que sus competidores cómo explotarlo. Una y otra vez, Microsoft ha reconocido el potencial en la idea de otro y simplemente la ha mejorado, siempre en la comercialización y, con menor frecuencia, en el diseño». "I Have a Dream", *Economist*, 25 noviembre 1995.

87 A los seis meses: una columna del periódico sindical de Gates en esa época: «Revisé *Camino al futuro* este año, y es una revisión tan a fondo que en muchos aspectos es nuevo. Reescribí diversos capítulos y he añadido unas veinte mil nuevas palabras… No es habitual revisar un libro completamente justo un año después de su publicación, pero era necesario porque mi visión a corto plazo del futuro ha cambiado mucho en el último año. El auge de Internet provocó que reinventara mi compañía, y el libro necesitaba la misma reevaluación». "Only Ever Wanted to Make Enough Money to Hire Friends", 23 octubre 1996.

87 «No importa cuánto afirme Bill Gates»: David L. Green, *IQuote: Brilliance and Banter from the Internet Age* (Guilford, CT: Lyons, 2007).

88 Steve Ballmer, responsable actual de Microsoft: la cita de Ballmer es de una entrevista para el documental de la PBS *Triumph of the Nerds*.

89 Era el verano de 2004: la cita sobre los números redondos y otros detalles es del artículo minuciosamente documentado y bien escrito "The Accidental Hero", de Matthew Boyle, *Businessweek*, 10 noviembre 2009; ver también una entrevista de Q&A con Frankel, "A Subway Hero", por Suzanne Zionts, FoxBusiness, 18 noviembre 2009, http://smallbusiness.foxbusiness.com/entrepreneurs/2009/11/17/qa-subway-franchise-owner-dollar-foot-long/.

89 Como idea: Robert M. Schindler, "The 99 Price Ending as a Signal of a Low-Price Appeal", *Journal of Retailing* 82, núm. 1 (2006), pp. 71-77.

90 La «irritantemente adictiva» sintonía: Boyle, "The Accidental Hero". «La idea era usar gestos de la mano y una sintonía irritantemente adictiva para expresar tanto el precio (cinco dedos) como el producto (las manos separadas a un pie de distancia)». Un ejecutivo de la agencia de publicidad de Subway fue citado diciendo: «Queríamos crear la sensación de que era un movimiento de abarcar algo».

91 Un consultor de restaurantes comentó: «Cinco dólares es ahora el número mágico», dice el consultor de restaurantes Malcolm Knapp. Boyle, "The Accidental Hero".

91 Paul Orfalea, el fundador de Kinko's: la historia de las veinticuatro horas de Kinko es de la brillante autobiografía de Orfalea, según le contó a Ann Marsh, *Copy This!: Lessons from a Hyperactive Dyslexic Who Turned a Bright Idea into One of America's Best Companies* (Nueva York: Workman, 2005), pp. 61-62.

91   Una leyenda llamada: puede encontrarse una versión de «Columbus and the Egg» escrita por el autor infantil nacido en Indiana James Baldwin en el Baldwin Project, www.mainlesson.com. En la isla española de Ibiza hay un monumento a Colón con la forma de un gran huevo que conmemora la leyenda.

92   Damien Hirst, el artista conceptual: Sarah Lyall, "Is It Art or Just Dead Meat?", *New York Times*, 12 noviembre 1995.

93   Cuando Paul Orfalea vendió: seis años después de que Orfalea y otros 125 socios de Kinko's vendieran una participación del 27.5 por ciento de Kinko's a una firma de adquisiciones de Nueva York, la compañía le pagó a Orfalea 116 millones de dólares por su participación restante. RiShawn Biddle, "Kinko's Cuts Ties to Founder", *Forbes*, 13 enero 2003.

93   Es cierto que, incluso según los cálculos de Orfalea: Orfalea and Marsh, *Copy This!*, p. 135.

93   Kinko's comenzó como un negocio de una sola persona: Ibíd. p. 7.

94   «El cliente entra en la tienda»: Ibíd. p. 22.

94   Orfalea descubrió que: Ibíd. p. 9.

94   A lo largo de *Copy This!*: Ibíd. p. 61.

95   La gente debería sentirse aliviada: Ibíd. p. 42.

95   Se enfadó cuando: Ibíd. p. 45.

95   En los años anteriores al correo electrónico: Ibíd. p. 55.

95   Una vez, Orfalea convenció al propietario: Ibíd. p. 43.

96   «En el sector minorista hay pocos secretos»: Ibíd. p. 202.

96   Perder a Bill Gates: Evans et al., *They Made America*.

97   «Yo esperaba demasiado de los educadores»: el amigo y compañero de Kildall, Tom Rolander, pronunció el panegírico en el funeral de Kildall y leyó en voz alta un fragmento de cuatro párrafos de las memorias inéditas de Kildall, de las cuales forma parte esta cita. El panegírico y otros documentos relacionados con Kildall y Digital Research pueden encontrarse en www.digitalresearch.biz. En la página web, el hijo de Kildall escribe un homenaje a su padre: «Como muchos otros grandes inventores antes que él, Gary se decepcionó enormemente cuando descubrió que la innovación se da de bruces con el mundo empresarial. Aprendió por el camino difícil que incluso en una industria tan joven, se dan prácticas empresariales despiadadas y no hay muchos productos con el triunfo

garantizado. Sencillamente no estaba en la naturaleza de Gary acaparar el conocimiento, comprar a sus competidores o llevarse el mérito por un trabajo que no era suyo».

98   Los inventores decepcionados: la película *Una idea brillante* está basada en parte en un artículo del *New Yorker* escrito por John Seabrook, "The Flash of Genius", 11 enero 1993. Más tarde fue incluido en el libro de Seabrook *Flash of Genius: And Other True Stories of Invention* (Nueva York: St. Martin's Griffin, 2008).

98   Kearns murió: Matt Schudel, "Accomplished, Frustrated Inventor Dies", *Washington Post*, 26 febrero 2005: «En sus últimos años, [Kearns] se movió con dos viejos vehículos, una camioneta Ford de 1978 y un Chrysler de 1965. Ninguno de los dos tenía limpiaparabrisas en los intermitentes». Ver también Reed Johnson, "The Cantankerous Man behind the Wipers", *Los Angeles Times*, 3 octubre 2008: «Aun así, la película omite la volatilidad y vehemencia de la vida real de Kearns. También minimiza drásticamente el resentimiento de su familia hacia los métodos intimidatorios y obsesivos de Kearns, que al final hicieron añicos su matrimonio de veintisiete años y provocaron que sus hijos se distanciaran físicamente de su padre. Como Tim, el segundo hijo de Kearns, me contó cuando le entrevisté: "Todos llegamos al punto donde era él o nosotros. Y uno siempre se elige a sí mismo"».

100 En los correos electrónicos desde que esto se hizo público: Evans et al., *They Made America*, p. 543.

100 La demanda se prolongó: Ibíd. p. 544.

CAPÍTULO 5: CONOCER EL CÓMO ES BUENO. «CONOCER EL QUIÉN» ES AÚN MEJOR

103 En 1951, un corredor de bolsa de veintiún años: la historia de la gasolinera fallida de Warren Buffett aparece en la biografía autorizada escrita por Alice Shroeder, *The Snowball: Warren Buffett and the Business of Life* (Nueva York: Bantam, 2008).

105 Ed, por si no lo habían adivinado: en fecha de marzo de 2012, Forbes clasificó a Buffett como el tercer hombre más rico del mundo, con un patrimonio neto de cuarenta y cuatro mil millones de dólares. La fortuna de Bill Gates se sitúa en segundo lugar, con sesenta y un mil millones, por

detrás de los sesenta y nueve mil millones de dólares del magnate mexicano de las telecomunicaciones Carlos Slim.

106 Ya en 1958: la historia de Buffett como un pirata corporativo está retratada vívidamente en el libro de Shroeder, *The Snowball*, y en la autobiografía no autorizada de Roger Lowenstein, *Buffett: The Making of an American Capitalist* (Nueva York: Broadway Books, 2001).

110 Durante sus primeras cuatro temporadas: Ian Halperin, *Guy Laliberté: The Fabulous Life of the Creator of Cirque du Soleil* (Montreal: Transit, 2009), pp. 40-45.

110 En 1985, cuando una fallida gira nacional: de Tony Babinski y Kristian Manchester, *Cirque du Soleil: 20 Years Under the Sun—An Authorized History* (Nueva York: Harry N. Abrams, 2004), pp. 78-81.

110 «Guy era un maestro de hacer contactos»: Ian Halperin, *Guy Laliberté*, p. 44.

112 Cada año abren cerca de 750,000: Scott Shane, *The Illusions of Entrepreneurship: The Costly Myths That Entrepreneurs, Investors, and Policy Makers Live By* (New Haven, CT: Yale University Press, 2008).

112 En 1998, Green tenía: las fuentes sobre Paul Green y la School of Rock incluyen las comunicaciones oficiales de la compañía y el artículo "History of the School of Rock" aparecido en www.sordc.com/history.shtml. Ver también James Iha, "Schoolhouse Rock", *Spin*, mayo 2002; "The Real School of Rock", *Guardian*, 22 febrero 2004; Lola Ogunnaike, "Class, Get in Touch with Your Inner Zappa", *New York Times*, 3 noviembre 2003; David F. Tilman, "In Record Time, Rock On, Paul Green!", *Jewish Exponent*, 5 febrero 2004; Joel Topcik, «"School' Daze", *New York Times*, 29 mayo 2005; Wendy Tanaka, "Profits of Rock", *Philadelphia Inquirer*, 26 mayo 2005; Joey Sweeney, "Academy Fight Song", *Philadelphia Weekly*, 2 enero 2002; Will Hodgkinson, "Rock School Saved My Life", *Guardian*, 26 agosto 2005; Becky Yerak, "School of Rock Rolls On with $5 Million Investment from Private Equity Group", *Chicago Tribune*, 19 abril 2012; y "Paul Green Joins Woodstock Film Festival as Music Coordinator", comunicado de prensa del Festival de Cine de Woodstock, 3 agosto 2011.

115 Conocer el quién introdujo a Green: «Una elevada incertidumbre y un bajo capital y coste de las oportunidades crea una proposición de "si sale

cara gano yo; si sale cruz no pierdo demasiado" para los emprendedores».
Amar Bhide, *Origen y evolución de nuevas empresas* (México: Universidad
Iberoamericana, 2003).

115 Un estudio dice que menos de cuatro de cada diez empresas: Paul D. Reynolds y Sammis B. White, *The Entrepreneurial Process: Economic Growth,
Men, Women, and Minorities* (Westport, CT: Quorum, 1997).

116 El más famoso inversor casual: "Body Shop Founders Sell Up in £625m
Deal", *Times* (Londres), 18 marzo 2006. Ver también Sam Greenhill,
"How a £4,000 Body Shop Loan Made £146m", www.thisismoney.co.uk,
26 junio 2010.

116 Según algunas estimaciones: Paul D. Reynolds, *Entrepreneurship in the
United States: The Future Is Now* (Nueva York: Springer, 2010).

117 Pocas personas que han coincidido con Bill Gates: Walter Isaacson,"In
Search of the Real Bill Gates", *Time*, 13 enero 1997.

117 Como dijo un ejecutivo informático: la cita acerca del conocimiento
de Gates sobre la industria informática es de un buen amigo de Gates,
Eddie Curry, que fue cofundador de la revista *PC*. Aparece en el libro
de James Wallace y Jim Erickson, *Hard Drive: Bill Gates and the Making of the Microsoft Empire* (Nueva York: Wiley, 1992). El argumento
de Curry era que alguien como Gates, que lo sabía todo acerca de la
industria y sus jugadores (alguien que conocía el quién en vez de tener
simplemente conocimientos técnicos), era necesario para traer orden al
fragmentado mercado del PC. «No podrías haber confiado en gente
como Gary Kildall», dijo Curry. «Él no tenía la visión, ni la comprensión de los problemas», p. 213.

118 La palabra *emprendedor:* el término «agujero estructural» viene de Ronald S. Burt, *Structural Holes: The Social Structure of Competition* (Cambridge, MA: Harvard University Press, 1992). Burt escribe en la página
2 de la Introducción: «Los agujeros estructurales son oportunidades empresariales para información, acceso, planificación, referencias y controles... La ventaja competitiva es un asunto de acceso [a los agujeros estructurales en los mercados]».

119 Las encuestas siguen mostrando: Nicholas A. Christakis y James H.
Fowler, *Connected: The Surprising Power of Our Social Networks and How
They Shape Our Lives* (Nueva York: Little, Brown, 2009). [*Conectados:*

El sorprendente poder de las redes sociales y cómo afectan nuestras vidas (Barcelona: Taurus, 2010)].

119 La mayoría de los estadounidenses: Christakis y Fowler atribuyen al sociólogo Peter Marsden haber acuñado el término «núcleo de discusión».

121 La creación de redes de este tipo: A. Tversky y D. Griffin, *Strategy and Choice* (Cambridge, MA: Harvard University Press, 1991).

122 Christakis y Fowler se preguntan si esto ayuda parcialmente a explicar: Christakis y Fowler, *Connected*: «Cuando es más fácil buscar y navegar por las redes sociales, el bucle de crítica positiva entre las relaciones sociales y el éxito podría crear una lupa social que concentre aún más poder y riqueza en manos de aquellos que ya los poseen», p. 167.

123 Los autores de *Connected* admiten: Ibíd. p. 107.

CAPÍTULO 6: EL *TODOS GANAN* SIGNIFICA PERDER

127 Adam McKay había sido jefe de guionistas: puedes escuchar a Adam McKay contar la historia completa de su negociación de los términos de contratación para *Saturday Night Live* en el podcast de WTF con Marc Maron, episodio 119, 1 noviembre 2001.

130 En otoño de 1983, en Silicon Valley: los hechos biográficos sobre Philippe Kahn proceden de la entrada de Khan del libro de Harry Henderson *A to Z of Computer Scientists* (Nueva York: Facts on File, 2003). La historia sobre cómo Kahn introdujo los ordenadores Borland en la revista Byte fue contada por Kahn a Robert A. Mamis en "Management by Necessity", *Inc.*, 1 marzo 1989.

134 Una vez que conviertes en prioridad: G. Richard Shell, *Bargaining for Advantage: Negotiation Strategies for Reasonable People* (Nueva York: Viking, 1999). [*Negociar con ventaja: Estrategias de negociación para gente razonable* (Barcelona: Antoni Bosch, 2005)]. «Una vez tuvimos un conferenciante sobre negociación que dijo que el problema con muchas personas razonables es que confunden el "todos ganan" con lo que él llamó una actitud de "ellos ganan". El negociador del tipo "ellos ganan" solo se enfoca en su balance; el negociador del tipo "todos ganan" tiene metas ambiciosas», p. 32.

134 En su libro *De entrada, diga no*: Jim Camp, *De entrada, diga no: Las herramientas que los negociadores no quieren que usted conozca* (Barcelona:

Empresa Activa, 2004). Camp lidera el Camp Negotiation Institute, www.campnegotiationinstitute.com.

135 Covey cuenta la historia: Stephen R. Covey, *The Seven Habits of Highly Effective People: Restoring the Character Ethic* (Nueva York: Simon and Schuster, 1989), p. 212. [*Los 7 hábitos de la gente altamente efectiva* (Barcelona: Paidós Ibérica, 2014)].

136 El gurú de la negociación Michael C. Donaldson: Michael C. Donaldson, *Fearless Negotiating: The Wish-Want-Walk Method to Reach Solutions That Work* (Nueva York: McGraw-Hill, 2007). Donaldson es un abogado del sector del entretenimiento de Beverly Hills y también el coautor, junto con Mimi Donaldson, de *Negociación para Dummies* (Santiago de Cali: Grupo Editorial Norma, 2006).

137 Dominick Misino, exnegociador de rehenes: Dominick J. Misino y Jim DeFelice, *Negotiate and Win: Proven Strategies from the NYPD's Top Hostage Negotiator* (Nueva York: McGraw-Hill, 2004).

137 La investigación muestra que escribir: Robert B. Cialdini, *Influence: How and Why People Agree to Things* (Nueva York: Morrow, 1984). Cialdini escribe en su clásico de la sociología que «algo especial sucede cuando la gente personalmente pone su compromiso en un papel: cumplen las expectativas de lo que han escrito», p. 80.

138 Un estudio muy conocido en el Reino Unido: el estudio es tratado en el texto de Shell, *Bargaining for Advantage*, p. 12. Ver también Neil Rackham y John Carlisle, "The Effective Negotiator—Part 1: The Behavior of Successful Negotiators", *Journal of European Industrial Training* 2, núm. 6 (1978): pp. 6-11; y "The Effective Negotiator—Part 2: Planning for Negotiations", *Journal of European Industrial Training* 2, núm. 7 (1978): pp. 2-5.

138 Un ejemplo famoso: Jeff Bailey, "Trash for Sand and Vice Versa; Oceanside and Arizona May Have a Perfect Trade", *Wall Street Journal*, 6 marzo 1997.

139 Misino, que en su trabajo se enfrentó con frecuencia: Adam D. Galinsky, William W. Maddux, Debra Gilin y Judith B. White, "Why It Pays to Get Inside the Head of Your Opponent: The Differential Effects of Perspective Taking and Empathy in Negotiations", *Psychological Science* 19, núm. 4 (2008): pp. 378-384. Ver también "Inside a Deal: It Pays to Get Inside Your Opponents' Heads Rather Than Their Hearts", *Economist*, 1 mayo 2008.

140 Pero ¿qué ocurre si realmente necesitas ese acuerdo?: Camp, *Start with No: The Negotiating Tools That the Pros Don't Want You to Know* (Nueva York: Crown Business, 2002), pp. 32-34. [*De entrada, diga no: Las herramientas que los negociadores no quieren que usted conozca* (Barcelona: Empresa Activa, 2004)].

141 Una cita apócrifa: una cita similar se atribuye a Bill Gates, sin mencionarlo, en el libro de Michel Villette y Catherine Vuillermot, *From Predators to Icons: Exposing the Myth of the Business Hero* (Ithaca, NY: ILR, 2009). Vale la pena repetir aquí un párrafo de la página 79 porque refleja algunos de mis puntos de vista sobre la audacia en los negocios de Gates como clave para su éxito: «En cuanto a Bill Gates él es, por supuesto, un científico informático, pero también es hijo de un abogado corporativo y de una banquera. Su eslogan es un programa en sí mismo: "En los negocios, no recibes lo que mereces. Consigues lo que negocias". En resumen, incluso los empresarios que se enfocan en la tecnología tienen dos conjuntos de habilidades. La concentración por un tiempo limitado en los problemas técnicos decisivos es una manifestación de su sentido de lugar de mercado y sus habilidades como negociadores y estrategas mucho más que ignorancia o incapacidad para involucrarse en transacciones de mercado». Gates se centraba en los problemas de programación de computadoras solo si le proporcionaban una solución a un problema empresarial, como satisfacer a IBM. La programación era un medio y un fin para Gates, no un fin placentero en sí mismo, como era para Kildall.

142 Así pues, con cientos: Shell, *Bargaining For Advantage*, p. 32. Shell escribe en la página 33: «Una cierta cantidad de insatisfacción es algo bueno cuando empiezas a pensar seriamente en mejorar tu forma de negociar. La insatisfacción es una señal de que estás estableciendo tus metas a un nivel lo suficientemente alto para encontrar resistencia de otros grupos y para asumir el riesgo de que tal vez ellos se alejen».

144 Sin embargo, según Stephen Covey: Covey, *The Seven Habits*, p. 219.

146 El maquiavelismo ha sido descrito: Anna Gunthorsdottir, KevinMcCabe y Vernon Smith, "Using the Machiavellianism Instrument to Predict Trustworthiness in a Bargaining Game", *Journal of Economic Psychology* 23 (2002): pp. 49-66. Las descripciones del maquiavelismo citadas en el estudio de Gunthorsdottir et al. incluyen «una actitud general fría,

manifestada como una postura distante y oportunista hacia los valores y las normas sociales». Ver también P. E. Mudrack y S. E. Mason, "More on the Acceptability of Workplace Behaviors of a Dubious Ethical Nature", *Psychological Reports* 76, núm. 2 (abril 1995): pp. 639-648. «Racionales y a menudo materialistas, [los que puntúan alto en los test de maquiavelismo] pueden identificar de forma calmada la estrategia óptima en cada situación [y] se molestan más con la ineficacia que con la injusticia». R. Christie y F. Geis, *Studies in Machiavellianism* (Nueva York: Academic Press, 1970), p. 353.

146 En un experimento clínico: Gunthorsdottir et al., "Using the Machiavellianism Instrument".

148 Una de las mejores historias: Michael Lewis, *The New New Thing: La historia de Silicon Valley* (Barcelona: Ediciones Península, 2001).

CAPÍTULO 7: REPARTE EL TRABAJO, REPARTE LA RIQUEZA

153 Para ser alguien que solo se había graduado: la historia de Jay Thiessens se ha extraído de las siguientes fuentes: Sandra Chereb, "Nevada Entrepreneur Built Million-Dollar Firm before Learning to Read", Associated Press, *Chicago Tribune*, 8 junio 1999; Michael Barrier, "Meeting Challenges the Blue Chip Way: Blue Chip Enterprise Initiative Program Winners", *Nation's Business*, junio 1999; Karen Brailsford, "Reader's Block", *People*, 9 agosto 1999; Dade Hayes, "Toolmaker Jay Thiessens", *Investor's Daily*, 9 septiembre 1999; Jean Dixon, "Sparks Man's Courage Featured on National TV", *Reno Gazette-Journal*, 16 septiembre 2000; y Gail Liberman y Alan Lavine, *Rags to Riches: Motivating Stories of How Ordinary People Achieved Extraordinary Wealth* (Chicago: Dearborn, 2000).

155 Un estudio de 2007 concluyó: Julie Logan, "Dyslexic Entrepreneurs: The Incidence, Their Coping Strategies, and Their Business Skills", Cass Business School, Londres, 2007.

155 «Sé que suena muy extraño»: Julie Logan, entrevista con Steve Inskeep, Radio Pública Nacional, 26 diciembre 2007.

156 Como explicó Logan: Brent Bowers, "Tracing Business Acumen to Dyslexia", *New York Times*, 6 diciembre 2007.

156 El empresario disléxico de mayor éxito: en fecha de marzo de 2012, *Forbes* estimó la riqueza de Schwab en 3,500 millones de dólares.

156 Cuando Schwab envió su solicitud a las universidades: Richard Lee Colvin, "Word of Honor", *Los Angeles Times*, 30 abril 1996.

156 Era muy debilitante: Charles Schwab, entrevista en vídeo con Mark C. Thompson, "Transform Your Biggest Weaknesses into Your Greatest Strengths", Leadership Dialogues, www.LeadertoLeader.org.

156 La escuela de empresariales fue algo más fácil: Betsy Morris, "Overcoming Dyslexia", *Fortune*, mayo 2002.

157 La oficina de Orfalea en Kinko's: Paul Orfalea y Ann Marsh, *Copy This!: Lessons from a Hyperactive Dyslexic Who Turned a Bright Idea into One of America's Best Companies* (Nueva York: Workman, 2005), pp. xvii-xviii. Orfalea solía llamarse a sí mismo «vagabundo en jefe» de Kinko's debido a su afición a escaparse de la oficina y visitar las tiendas.

158 Cuando se les asignaba un proyecto de grupo grande: Ibíd. pp. 6-7.

158 Repasando su historia, dice: Ibíd. p. 2.

158 Después de vender su participación: Ibíd. p. xvi.

159 Durante su educación: Richard Branson, *Losing My Virginity: How I've Survived, Had Fun, and Made a Fortune Doing Business My Way* (Nueva York: Three Rivers, 2004), p. 17. [*Perdiendo la virginidad: Cómo he sobrevivido, me he divertido y he ganado dinero haciendo negocios a mi manera* (Barcelona: Alienta, 2013)].

159 En 1967, a los dieciséis años de edad: Ibíd. p. 30.

159 Cuando ese año Branson dejó la escuela: Ibíd. p. 35.

159 Hoy la riqueza de Branson: a fecha de marzo de 2012, *Forbes* estimó el patrimonio de Branson en 4,200 millones de dólares, convirtiendo su fortuna en la cuarta más grande del Reino Unido y colocándola en el puesto número 255 del mundo.

159 Una vez, en una reunión de la junta: Branson le contó a Maria Bartiromo de la CNBC en 2002: «Soy ligeramente disléxico. Puede ser bastante absurdo... porque aunque poseemos el mayor grupo de empresas privadas, hasta hace aproximadamente un año, aún no podía entender la diferencia entre neto y bruto. Y por eso, ya sabes, en las reuniones de la junta teníamos discusiones del tipo "¿Eso son buenas o malas noticias?". Pero al final, alguien me llevó a un lado y me dijo: "Piensa en una red de pesca en el mar y en los

peces que hay en la red. Y lo que queda... todo lo demás es bruto... Eso es lo que no tienes"». *After Hours with Maria Bartiromo*, CNBC, 29 julio 2002.

159 Branson ha explicado: Branson, *Losing My Virginity*, p. 408.

160 Libre de atender: GlennRifkin, "How Richard Branson Works Magic", *Strategy+Business*, núm. 13, 1 octubre 1998.

160 De acuerdo con un informe: Ibíd.

160 Confío mucho más en el instinto: Branson, *Losing My Virginity*, p. 177.

160 Una vez dijo en *60 minutos*: Branson, entrevista con Steve Kroft, "Richard the Lionhearted", *60 Minutes*, 29 noviembre 1992.

160 De hecho, ya puedes cortar camino a través del paralizado tráfico de Londres: www.virginlimobike.com y www.virgingalactic.com/booking. El actor Ashton Kutcher es el «pionero» número 500 en reservar un asiento en el Virgin Galactic con un depósito reembolsable de doscientos mil dólares.

161 La estrella de rock Peter Gabriel bromeó una vez: Branson, *Losing My Virginity*, p. 411.

161 Charles Schwab ha señalado: Schwab, entrevista en video con Thompson.

161 Hay un gran sentido común: Marcus Buckingham, *Go Put Your Strengths to Work: 6 Powerful Steps to Achieve Outstanding Performance* (Nueva York: Free Press, 2007), p. 20. [¡No te detengas! Activa tus fortalezas: El mejor rendimiento en seis pasos (Barcelona: Ediciones Granica, 2008)]. «Pregúntale a la gente sin rodeos "¿Es encontrar tus debilidades y solventarlas la mejor manera de lograr un rendimiento excepcional?" y, en repetidas encuestas, el ochenta y siete por ciento están de acuerdo o muy de acuerdo».

161 Cuando se les pidió elegir: Ibíd., p. 40.

162 Cuando Gallup preguntó a los padres: Marcus Buckingham y Donald O. Clifton, *Now, Discover Your Strengths* (Nueva York: Free Press, 2001), p. 123. [*Ahora, descubra sus fortalezas* (Barcelona: Ediciones Gestión, 2007)].

163 Buckingham tiene una receta de sentido común: Buckingham, *Go Put Your Strengths to Work*, p. 201: «Vas a ir a tu gerente y tener una dura conversación con él. Vas a describirle a esta persona qué te refuerza y qué te debilita, y vas a tener que hacerlo de tal modo que acabe pensando no que estás tratando de facilitarte la vida ti mismo, sino que eres un compañero responsable buscando formas de contribuir más y, al mismo tiempo, hacerle *a él* la vida más fácil».

164 Norm Brodsky estaba bastante seguro: Norm Brodsky y Bo Burlingham, *Street Smarts: An All-Purpose Tool Kit for Entrepreneurs* (Nueva York: Portfolio, 2010). Las citas de Brodsky son de una entrevista personal, 15 abril 2010. Ver también Robert A. Mamis, "Fatal Attraction", *Inc.*, marzo 1989.

168 La renuencia a delegar: Robert F. Hurley, *The Decision to Trust: How Leaders Create High-Trust Organizations* (San Francisco: Jossey-Bass, 2012), pp. 41-48.

168 Brodsky destaca: entrevista personal con Norm Brodsky, 15 abril 2010.

170 En 1988, su esposa: Elaine Brodsky, "Confessions of a Woman Married to a Man Married to His Business", *Inc.*, septiembre 1988.

170 Estas cifras apuntan: Thomas J. DeLong y Sara DeLong, "Managing Yourself: The Paradox of Excellence", *Harvard Business Review*, junio 2011.

171 Green había alcanzado: Roger S. Schulz, "Whose Job Is It?", *Journal of Financial Service Professionals*, septiembre 2000.

171 A primera vista: Tom Nawrocki, "Dan Sullivan on Tapping Your Entrepreneurial Strengths", *Journal of Financial Planning*, marzo 2011; "Here's One Way to Improve Profits in 2002—Give Up Your Office", boletín de noticias de Strategic Coach, *Business Wire*, 16 enero 2002; Neil Young, "Small Business Owner, It's Time to Take a Vacation", *Kansas City Daily Record*, 6 agosto 2005; Dan Sullivan, "How Would You Employ Your Clone?", *Toronto Globe and Mail*, 20 octubre 2010.

172 Los asesores de la compañía de Sullivan: Gay Jervey, "Workaholics (Anonymous)", *Fortune Small Business*, marzo 2003: «Dan Sullivan es el último gurú empresarial en captar a multitudes de fans y crear una compañía joven y en crecimiento. Su receta para el éxito: tómate más días libres. El orador *desmotivacional* más exitoso del país está construyendo un imperio».

173 En los ejecutivos, este enfoque sobre el trabajo como «apaga-fuegos»: Edward Hallowell, "Overloaded Circuits: Why Smart People Underperform", *Harvard Business Review*, enero 2005.

174 Hace doce años: entrevista personal con Stan Doobin, 12 enero 2012.

CAPÍTULO 8: NADA COMO FRACASAR PARA TENER ÉXITO

179 Una enorme tormenta de nieve: un premiado caso práctico sobre la masacre de San Valentín en JetBlue, escrito por el aspirante a grado de

maestría de la Universidad de Carolina del Norte Gregory G. Efthimiou, puede encontrarse en http://www.awpag esociety.com/images/uploads/ 08JetBlue_CaseStudy.pdf.

180 Mientras los nueve aviones esperaban para despegar: Jeff Bailey, "Long Delays Hurt Image of JetBlue", *New York Times*, 17 febrero 2007; Bailey, "JetBlue Cancels More Flights in Storm's Wake", *New York Times*, 18 febrero 2007; Bailey, "JetBlue's C.E.O. Is 'Mortified' after Fliers Are Stranded", *New York Times*, 19 febrero 2007.

180 Algunos pasajeros estuvieron atrapados: John Doyle et al., "Air Refugees in New JFKaos", *New York Post*, 16 febrero 2007; Jennifer 8. Lee, "JetBlue Flight Snarls Continue", *New York Times*, 16 febrero 2007; "Trapped on an Airplane", editorial del *New York Times*, 23 febrero 2007.

181 Por ejemplo, la aerolínea: Mel Duvall, "What Really Happened at Jet-Blue", *CIO Insight*, 5 abril 2007, http://www.cioinsight.com/c/a/Past-News/What-Really-Happened-At-JetBlue/.

182 En los días posteriores a la tormenta: Patricia Sellers, "Lessons of the Fall: Ex-CEOs from JetBlue, Starbucks, and Motorola Discuss What They Learned When They Lost Their Jobs", *Fortune*, 29 mayo 2008.

182 El cese marcó la tercera vez: James Wynbrandt, *Flying High: How JetBlue Founder and CEO David Neeleman Beats the Competition—Even in the World's Most Turbulent Industry* (Hoboken, NJ: Wiley, 2004).

184 El gurú del marketing Seth Godin: Godin, entrevistado por Bryan Elliot, www.behindthebrand.tv.

184 En mi anterior libro: para la historia de Steve Dering, ver Russ Alan Prince y Lewis Schiff, *The Influence of Affluence: How the New Rich Are Changing America* (Nueva York: Broadway Books, 2009), capítulo 7.

187 Estos períodos de lucha: Seth Godin, *El abismo: Un pequeño libo que le enseñará cuándo renunciar (y cuándo perseverar)* (Santiago de Cali: Grupo Editorial Norma, 2008).

188 Por ejemplo, Pixar Animation: David A. Price, *The Pixar Touch: The Making of a Company* (Nueva York: Alfred A. Knopf, 2008).

190 Esa es una gran historia: Ibíd., p. 8.

191 También es una historia que Steve Jobs: "A Discussion with Steve Jobs and John Lasseter", *Charlie Rose*, 30 octubre 1996.

191 Cuando el escritor: Walter Isaacson, *Steve Jobs: La biografía* (Barcelona: Debate, 2011).

192 Ellen Langer, profesora de psicología: Ellen J. Langer, *El poder del aprendizaje consciente* (Barcelona: Gedisa, 2000).

193 La literatura de psicología muestra: Mark D. Cannon y Amy C. Edmondson, "Failing to Learn and Learning to Fail (Intelligently): How Great Organizations Put Failure to Work to Innovate and Improve", *Long Range Planning* 38 (2005): pp. 299-319. Cannon y Edmondson citan dos libros en este aspecto: Daniel Goleman, *El punto ciego* (Barcelona: DeBolsillo, 2008), y Shelley E. Taylor, *Positive Illusions: Creative Self-Deception and the Healthy Mind* (Nueva York: Basic Books, 1989).

194 Volviendo a 1983: este pasaje sobre Neeleman proviene substancialmente de Wynbrandt, *Flying Hard*, así como de otras fuentes citadas con anterioridad.

197 Lo que hace del fracaso: Randy Komisar, "The Biggest Successes Are Often Bred from Failures", Stanford Technology Ventures Program Entrepreneurship Corner, Escuela de ingeniería, Universidad de Stanford, 28 abril 2004.

198 Pero en el resto del mundo corporativo: Cannon y Edmondson, "Failing to Learn".

198 Otro profesor de Harvard: la cita de Thomke aparece en "How Failure Breeds Success", *Bloomberg Businessweek*, 9 julio 2006.

198 Incluso Pixar, un estudio extremadamente exitoso: el cronograma de Pixar desde 1979 a la actualidad puede verse en http://www.pixar.com/about/Our-Story. Pixar Image Computer solo se menciona una sola vez, accidentalmente, como una herramienta para la creación del primer cortometraje *Red's Dream* [El sueño de Red]. Los esfuerzos de la compañía y lo cerca que estuvo del fracaso han sido eliminados del cronograma, por lo que la historia de Pixar parece ser un ascenso firme al éxito impulsado por el objetivo claro de la producción de largometrajes.

198 Un tercio de los directores ejecutivos de las compañías con mayor crecimiento enumerados en la revista *Inc:* Amar V. Bhide, *Origen y evolución de nuevas empresas* (México: Universidad Iberoamericana, 2003).

198 Los hallazgos más alarmantes: Amy C. Edmondson, "Learning from Failure in Health Care; Frequent Opportunities, Pervasive Barriers",

Quality and Safety in Health Care 13, suplemento 2 (2004): pp. ii3-ii9. Edmondson escribe: «Cuando los pequeños fracasos nunca son identificados ampliamente ni discutidos ni analizados, es muy difícil prevenir los fracasos más grandes». Este principio está en el corazón de la producción de resultados positivos a través de cualquier sistema sinérgico, incluyendo la brillantez para los negocios.

198 A pesar de todas las declaraciones públicas: el estudio original sobre el que Edmondson trabajó, en el cual descubrió que las mejores unidades de enfermería reportaban tasas de error más altas, era de L. L. Leape, D. W. Bates, D. J. Cullen et al., "Systems Analysis of Adverse Drug Events", ADE Prevention Study Group, *Journal of the American Medical Association* 274 (1995): pp. 35-43.

203 Por un lado, las conversaciones sobre el fracaso: Amy C. Edmondson, *Teaming: How Organizations Learn, Innovate, and Compete in the Knowledge Economy* (San Francisco: Jossey-Bass, 2012).

CAPÍTULO 9: EL DOMINIO DE LO COTIDIANO

207 Pero cuando un par de profesores: Richard J. Goossen, *Entrepreneurial Excellence: Profit from the Best Ideas of the Experts* (Franklin Lakes, NJ: Career, 2007), p. 189.

208 Un educador llamado Doug Lemov: Lemov, *Teach Like a Champion: 49 Techniques That Put Students on the Path to College* (San Francisco: Jossey-Bass, 2010).

210 Atkins declara que: Ibíd., p. xi.

Bibliografía

Albrecht, Ernest J., *The New American Circus* (Gainesville: University Press of Florida, 1995).

Babcock, Linda, y Sara Laschever, *Las mujeres no se atreven a pedir: Saber negociar ya no es solo cosa de hombres* (Barcelona: Amat Editorial, 2005).

_____, *Si lo quieres, ¡pídelo!: Aprende a ser una buena negociadora* (Barcelona: Ediciones B, 2009).

Babinski, Tony, y Kristian Manchester, *Cirque du Soleil: 20 Years Under the Sun—An Authorized History* (Nueva York: Harry N. Abrams, 2004).

Berkun, Scott, *The Myths of Innovation* (Sebastopol, CA: O'Reilly Media, 2007).

Bhide, Amar V., *Origen y evolución de nuevas empresas* (México: Universidad Iberoamericana, 2003).

Branson, Richard, *Perdiendo la virginidad: Cómo he sobrevivido, me he divertido y he ganado dinero haciendo negocios a mi manera* (Barcelona: Alienta, 2013).

Brodsky, Norm, y Bo Burlingham, *Street Smarts: An All-Purpose Tool Kit for Entrepreneurs* (Nueva York: Portfolio Trade, 2010).

Buckingham, Marcus, *¡No te detengas! Activa tus fortalezas: El mejor rendimiento en seis pasos* (Barcelona: Ediciones Granica, 2008).

Buckingham, Marcus, y Donald O. Clifton, *Ahora, descubra sus fortalezas* (Barcelona: Ediciones Gestión 2000, 2007).

Burt, Ronald S., *Structural Holes: The Social Structure of Competition* (Cambridge, MA: Harvard University Press, 1992).

Camp, Jim, *De entrada, diga no: Las herramientas que los negociadores no quieren que usted conozca* (Barcelona: Empresa Activa, 2004).

Chapman, Jack, *Negotiating Your Salary: How to Make $1,000 a Minute.* Edición revisada (Berkeley, CA: Ten Speed Press, 1996).

_____, *Negotiating Your Salary: How to Make $1,000 a Minute.* Séptima edición (Wilmette, IL: Jack Chapman, 2011).

Christakis, Nicholas A., y James H. Fowler, *Conectados: El sorprendente poder de las redes sociales y cómo afectan nuestras vidas* (Barcelona: Taurus, 2010).

Cialdini, Robert B., *Influence: How and Why People Agree to Things* (Nueva York: Morrow, 1984).

Cohen, Adam, *The Perfect Store: Inside eBay* (Boston: Little, Brown, 2002).

Covey, Stephen R., *Los 7 hábitos de la gente altamente efectiva* (Barcelona: Paidós Ibérica, 2014).

Cringely, Robert X., *Accidental Empires: How the Boys of Silicon Valley Make Their Millions, Battle Foreign Competition, and Still Can't Get a Date* (Reading, MA: Addison-Wesley, 1992).

Deci, Edward L., y Richard Flaste, *Why We Do What We Do: The Dynamics of Personal Autonomy* (Nueva York: G. P. Putnam's Sons, 1995).

DeLong, Thomas J., y Sara DeLong, "Managing Yourself: The Paradox of Excellence", *Harvard Business Review* (junio 2011).

Dennis, Felix, *How to Get Rich* (Londres: Ebury; Nueva York: Random House, 2006).

Dominus, Susan, "Suze Orman Is Having a Moment", *New York Times Magazine* (14 mayo 2009).

Donaldson, Michael C., *Fearless Negotiating: The Wish-Want-Walk Method to Reach Solutions That Work* (Nueva York: McGraw-Hill, 2007).

Edmondson, Amy C., *A Fuller Explanation: The Synergetic Geometry of R. Buckminster Fuller* (Pueblo, CO: Emergentworld, 2009).

_____, *Teaming: How Organizations Learn, Innovate, and Compete in the Knowledge Economy* (San Francisco: Jossey-Bass, 2012).

Evans, Harold, Gail Buckland, y David Lefer, *They Made America: From the Steam Engine to the Search Engine: Two Centuries of Innovators* (Nueva York: Little, Brown, 2004).

Gates, Bill, Nathan Myhrvold, y Peter Rinearson, *Camino al futuro* (Madrid: McGraw-Hill, 1995).

Godin, Seth, *El abismo: Un pequeño libo que le enseñará cuándo renunciar (y cuándo perseverar)* (Santiado de Cali: Grupo Editorial Norma, 2008).

Goleman, Daniel, *El punto ciego* (Barcelona: DeBolsillo, 2008).

Goossen, Richard J., *Entrepreneurial Excellence: Profit from the Best Ideas of the Experts* (Franklin Lakes, NJ: Career Press, 2007).

Green, David L., *IQuote: Brilliance and Banter from the Internet Age* (Guilford, CT: Lyons Press, 2007).

Grunden, Naida, *The Pittsburgh Way to Efficient Healthcare: Improving Patient Care Using Toyota-based Methods* (Nueva York: Healthcare Performance, 2008).

Hagstrom, Robert G., *Warren Buffet: Estrategias del inversor que convirtió 100 dólares en 14 billones de dólares* (Barcelona: Ediciones Gestión 2000, 2002).

Halperin, Ian, *Guy Laliberté: The Fabulous Life of the Creator of Cirque du Soleil: A Biography*. Segunda edición (Montreal: Transit, 2009).

Haven, Kendall F., *100 Greatest Science Inventions of All Time* (Westport, CT: Libraries Unlimited, 2006).

Henderson, Harry, *A to Z of Computer Scientists* (Nueva York: Facts on File, 2003).

Hurley, Robert F., *The Decision to Trust: How Leaders Create High-Trust Organizations* (San Francisco: Jossey-Bass, 2012).

Infection Prevention and Control: Current Research and Practice (Oakbrook Terrace, IL: Joint Comission Resources, 2007).

Isaacson, Walter, *Steve Jobs: La biografía* (Barcelona: Debate, 2011).

Jones, Randall, *The Richest Man in Town: The Twelve Commandments of Wealth* (Nueva York: Business Plus, 2009).

Kohn, Alfie, *Punished by Rewards: The Trouble with Gold Stars, Incentive Plans, A's, Praise, and Other Bribes* (Boston: Houghton Mifflin, 1993).

Langer, Ellen J., *El poder del aprendizaje consciente* (Barcelona: Gedisa, 2000).

Lemov, Doug, *Teach Like a Champion: 49 Techniques That Put Students on the Path to College* (San Francisco: Jossey-Bass, 2010).

Lewis, Michael, *The New New Thing: La historia de Silicon Valley* (Barcelona: Ediciones Península, 2001).

Liberman, Gail, y Alan Lavine, *Rags to Riches: Motivating Stories of How Ordinary People Achieved Extraordinary Wealth* (Chicago: Dearborn, 2000).

Lowenstein, Roger, *Buffett: The Making of an American Capitalist* (Nueva York: Broadway Books, 2001).

Making Health Care Safer: A Critical Analysis of Patient Safety Practices (Rockville, MD: Agency for Healthcare Research and Quality, 2001).

Manes, Stephen, y Paul Andrews, *Gates: How Microsoft's Mogul Reinvented an Industry—and Made Himself the Richest Man in America* (Nueva York: Doubleday, 1993).

Michaelides, Marios, y Peter R. Mueser, "Recent Trends in the Characteristics of Unemployment Insurance Recipients", *Monthly Labor Review* (Washington, DC: Bureau of Labor Statistics, julio 2012).

Misino, Dominick J., y Jim DeFelice, *Negotiate and Win: Proven Strategies from the NYPD's Top Hostage Negotiator* (Nueva York: McGraw-Hill, 2004).

O'Hurley, John, *It's Okay to Miss the Bed on the First Jump: And Other Life Lessons I Learned from Dogs* (Nueva York: Hudson Street, 2006).

Orfalea, Paul, y Ann Marsh, *Copy This!: Lessons from a Hyperactive Dyslexic Who Turned a Bright Idea into One of America's Best Companies* (Nueva York: Workman, 2005).

Orman, Suze, *Atrévase a ser rico: Cómo crear una vida de abundancia material y espiritual* (Barcelona: Ediciones Granica, 2001).

_____, *The Money Class: How to Stand in Your Truth and Create the Future You Deserve* (Nueva York: Spiegel and Grau, 2012).

Pinkley, Robin L., y Gregory B. Northcraft, *Get Paid What You're Worth: The Expert Negotiator's Guide to Salary and Compensation* (Nueva York: St. Martin's Griffin, 2000).

Price, David A., *The Pixar Touch: The Making of a Company* (Nueva York: Alfred A. Knopf, 2008).

Prince, Russ Alan, y Lewis Schiff, *The Influence of Affluence: How the New Rich Are Changing America* (Nueva York: Broadway Books, 2009).

Reynolds, Paul D., *Entrepreneurship in the United States: The Future Is Now* (Nueva York: Springer, 2010).

Reynolds, Paul D., y Sammis B. White, *The Entrepreneurial Process: Economic Growth, Men, Women, and Minorities* (Westport, CT: Quorum, 1997).

Schroeder, Alice, *The Snowball: Warren Buffett and the Business of Life* (Nueva York: Bantam, 2008).

Seabrook, John, *Flash of Genius: And Other True Stories of Invention* (Nueva York: St. Martin's Griffin, 2008).

Shane, Scott, *The Illusions of Entrepreneurship: The Costly Myths That Entrepreneurs, Investors, and Policy Makers Live By* (New Haven, CT: Yale University Press, 2008).

Shell, G. Richard, *Negociar con ventaja: Estrategias de negociación para gente razonable* (Barcelona: Antoni Bosch, 2005).

Sinetar, Marsha, *Haz lo que amas, el dinero te seguirá: Descubre el verdadero sentido de tu vida* (Sunrise, FL: Taller del Éxito, 2010).

Slott, Ed, *Parlay Your IRA into a Family Fortune: 3 Easy Steps for Creating a Lifetime Supply of Tax-Deferred, Even Tax-Free, Wealth for You and Your Family* (Nueva York: Viking, 2005).

Symonds, Matthew, y Larry Ellison, *Softwar: An Intimate Portrait of Larry Ellison and Oracle* (Nueva York: Simon and Schuster, 2003).

Taylor, Shelley E., *Positive Illusions: Creative Self-Deception and the Healthy Mind* (Nueva York: Basic Books, 1989).

Thompson, Donald N., *El tiburón de 12 millones dólares: La curiosa economía del arte contemporáneo y las casas de subasta* (Barcelona: Ariel, 2009).

Vinjamuri, David, *Accidental Branding: How Ordinary People Build Extraordinary Brands* (Hoboken, NJ: John Wiley and Sons, 2008).

Wallace, James, y Jim Erickson, *Hard Drive: Bill Gates and the Making of the Microsoft Empire* (Nueva York: Wiley, 1992).

Wynbrandt, James, *Flying High: How JetBlue Founder and CEO David Neeleman Beats the Competition—Even in the World's Most Turbulent Industry* (Hoboken, NJ: Wiley, 2004).

Índice

Sobre el autor

Lewis Schiff es director ejecutivo de Inc. Business Owners Council, cooperativa que trabaja para la revista *Inc.* y sus mayores emprendedores y propietarios de la Sociedad Anónima Cerrada; y mantiene un blog sobre administración empresarial en Inc.com. Schiff ha coescrito dos libros: *The Influence of Affluence: The Rise of the New Rich and How They Are Changing America*, que define el ascenso del crecimiento de la clase media americana, por medio de encuestas únicas y de análisis; y también de *The Armchair Millionaire*, que describe un sistema de creación de riqueza influenciado por los métodos de ganadores del Premio Nobel.